HIMALAYA
The Exploration & Conquest
of the Greatest Mountains on Earth

ヒマラヤ探検史

地勢・文化から現代登山まで

フィリップ・パーカー［編］／ピーター・ヒラリー［序文］
藤原多伽夫［訳］

東洋書林

HIMALAYA
The Exploration & Conquest of the Greatest Mountains on Earth
edited by Philip Parker

First published in Great Britain in 2013 by Conway An imprint of Bloomsbury Publishing Plc
Japanese translation rights arranged through Owls Agency Inc.

1

2

1　融合する信仰（▶本文 p69）――――ネパールのトリスリ渓谷にあるゴサイクンダ湖へ向かう巡礼者。
2　ティンモスガンの城塞（▶コラム p62）――――標高 3000 メートルを超える断崖の上にそびえ立つ。

3　アンナプルナへの道（▶本文 p86）———ネパールのマナン渓谷を流れるマルシャンディ川。

5

6

4　氷河（▶本文 p94）———全長約 60 キロにも及ぶカラコルムのバルトロ氷河。
5　悲劇の雪崩（▶本文 p113）———ナンガ・パルバットの山腹で発生した雪崩。
6　マッシャーブルム（▶本文 p169）———バルトロ氷河の上にそびえる、標高 7821 メートルのマッシャーブルムを空撮。

7　非情の山（▶本文 p182）――――中国の新疆ウイグル自治区に位置する、世界第 2 位の巨峰 K2（8611 メートル）の北壁。

 ヒマラヤ登山の拠点（▶本文 p189）———ネパール中部の町、ポカラのフェワ湖の背景に横たわるアンナプルナ山群。

9　費やされる労力（▶本文 p213）———ベースキャンプへ物資を運ぶヒラリーのシェルパ隊。

10　登頂への期待（▶本文 p269）———カンチェンジュンガの西稜の最上部に達したあと、ジョー・ブラウンが撮影したジョージ・バンドの姿。

11　山の偉容（▶本文 p242）———ナンガ・パルバットの北壁（ディアマ壁）にあるディアマ稜。

12　カラコルムの冬（▶本文 p341）———2011 年 2 月の夜明け、ガシャーブルム II 峰を着実に登るカザフスタンのデニス・ウルブコとイタリアのシモーネ・モロ。

13　天からの光（▶本文p289）―――エヴェレスト南西壁に陽光が降り注ぐ。

ヒマラヤ探検史

地勢・文化から現代登山まで

《目次》

《コラム目次》

《凡例》

- 訳註は本文内に［　］で示した。
- 邦訳のある文献はその情報を訳註化し、それ以外の文献名には原書記述に基づく英題を付した。
- 生物のラテン語学名は原書記述に準じた。

■編者・執筆者

フィリップ・パーカー（Philip Parker）
歴史家（古代史、中世史）、作家。編書に *The Great Trade Routes: A History of Cargoes and Commerce Over Land and Sea*（2012）、山岳関連の寄稿書に *Mountaineers: Great Tales of Bravery and Conquest*（2011）がある。著書：*The Empire Stops Here: A Journey around the Frontiers of the Roman Empire*（2009）、*Eyewitness Companion Guide to World History*（2010）、*The Northmen's Fury: A History of the Viking World*（2014）など。

ピーター・ヒラリー（Peter Hillary）
サー・エドマンド・ヒラリーの長男。5回のエヴェレスト遠征を含め、世界各地で40回以上の遠征を行う。父エドマンドが設立した基金の運営にも携わり、地域の協力のもと、ヒマラヤの保健・環境・教育関連の支援に取り組む。執筆・講演活動、冒険旅行の運営にも従事。

マデリン・ルイス（Madeleine Lewis）
マルチメディア制作者。環境問題とそれに関わる持続可能性をテーマに活動する。ＢＢＣオンラインおよびラジオのプロデューサー、ライターとしても活動。著書：*The Times Explorers: A History in Photographs*（リチャード・セールとの共著、２００４）など。

ゲオルギオス・Ｔ・ハルキアス（Georgios T. Halkias）
オックスフォード大学Ph. D（チベット・ヒマラヤ研究）。インドとネパールで広範囲にわたるフィールドワークを行う。ヒマラヤの歴史・文化、チベット仏教とその伝来史を主に研究し、ヒマラヤ北西部の文化・宗教史に関連するいくつかの著作がある。２００９年よりオックスフォード仏教研究所フェロー。

ステュアート・ウィーヴァー（Stewart Weaver）
ニューヨーク、ロチェスター大学教授（歴史学）。著書：*Fallen Giants: A History of Himalayan Mountaineering from the Age of Empire to the Age of Extremes*（モーリス・イッサーマンとの共著、２００８）など。

アマンダ・フェイバー（Amanda Faber）
映画、テレビ、演劇のプロデューサー、ディレクター。ジム・シンプスン中佐、マイケルとサリーのウェストマコット夫妻に登山の薫陶を受けて長年トレッキングのリーダーを務め、ヨーロッパやアメリカ、アフリカ、ニュージーランド、オーストラリア、ヒマラヤ、中央アジアで登山やトレッキングを行う。王立地理学会特別会員、英国山岳会会員、王立アジア協会会員。

スティーヴン・ヴェナブルズ（Stephen Venables）

登山家、作家。40年以上の登山歴があり、南アメリカや南極大陸、ヒマラヤで数多くの初登頂を行う。無酸素でエヴェレストに登頂した初のイギリス人でもある。山岳旅行や登山史に関する11の著書があり、うち2冊はバンフ国際山岳祭で賞を受けたほか、処女作の *Painted Mountains*（1986）がボードマン・タスカー賞を受賞。ＩＭＡＸ映画「The Alps」の脚本も担当し、ラジオやテレビのドキュメンタリー番組にも関わる。世界各地での講演活動に従事する傍ら、南極地方の山岳探検隊も率いる。

ミック・コンフリー（Mick Conefrey）

ドキュメンタリー制作者、作家。探検や登山をテーマに活動する。エヴェレスト初登頂50周年を記念したＢＢＣ「The Race For Everest」のディレクターも務める。著書：*Everest 1953*（2012）など。

ピーター・ギルマン（Peter Gillman）

イギリスを代表する山岳作家。２０００年、ジョージ・マロリーの伝記 *The Wildest Dream*（レニ・ギルマンとの共著）が、優れた山岳文学に与えられるボードマン・タスカー賞を受賞。英国アウトドア作家・写真家協会からの賞を6度受賞。

ダグ・スコット（Doug Scott）

登山家。アジアの高峰への遠征を45回行う。登頂40回のうち半数が新ルート経由、ないし初のアルパインスタイルによる初登頂となる。１９７５年、ドゥーガル・ハストンとともにイギリス人として初となる南西壁からのエヴェレスト登頂に成功。英国山岳会元会長で、１９９４年に大英帝国コマンダーを受勲し、１９９９年には登山と山岳知識にもたらした貢献によって王立地理学会のパトロン・メダルを授与される。２０１１年には、ヴァルテル・ボナッティ、ラインホルト・メスナーに続き、ピオレドール賞を受賞。

序文——Foreword

ピーター・ヒラリー

地球最大の山脈であるヒマラヤは、地理的な側面にとどまらず、地質学や生物学、気象学、人類の文化や移動、高度な冒険など、あらゆる面において圧倒的なスケールを誇っている。

ヒマラヤの歴史が始まったのは4500万年前のことだ。この頃から、地球の表面を覆う岩盤「プレート」同士の衝突が始まり、やがて2つの大陸がぶつかり合って、山脈を形成し始めた。地表に姿を現したばかりの若い山脈は、気象とモンスーンの性質を変え、現在のヒマラヤ山脈の南側に雨を集め、その「雨の陰」となった中央アジアの高原を乾燥地帯へと変化させた。

山脈の麓には広大な森林や低木地帯が横たわり、無数の動物をはぐくんでいる。何千万年にもわたって成長し続けるヒマラヤ山脈で風景を主に形づくってきたのは、こうした動植物だった。南北の幅がわずか100キロしかない細長い一帯だが、その平野にはゾウや勇猛なウシの仲間ガウル、森林に覆われた山麓にはサルの仲間のラングール、そして峰々には人目を忍ぶユキヒョウやヒゲワシ、キバシガラスというように、熱帯性から高山性まで、驚くほど多様な動植物が棲息している。そんな野生の楽園にも、直立二足歩行をする人類が、アフリカから南アジアの海岸線に沿って到達した。人間はやがて、インダス川やガンジス川が形成した広大な平野に住み着くようになった。

現在のインドがある地域は、何千年も前から数多くの移民を受け入れてきた。複数の文化が入り交じったインドの豊かな文化は、多種多様な民族や伝統を吸収することで形成された。母なるガンジス川の懐で大地を耕しながら、人類は北に目を向け、白く輝く「雪の棲む場所」ヒマラヤを見出すことになる。幾筋もの大河を生み、モンスーンをもたらす雲が高々と湧き上がり、雷鳴とどろく大山脈。インド・アーリア系の民族が南の山麓から入植し、チベットやモンゴルの人々がヒマラヤの北の山麓に住み始めるにつれ、この世界最大の山脈の谷間には、まるで1枚のタペストリーを織りなす色彩豊かな糸のように、多様な民族と伝統が息づくことになった。

人類は古くからヒマラヤに魅了されてきた。ヒンドゥー教の苦行者は霊感と悟りを求め、川をさかのぼってヒマラヤの高地にやって来た。山々の奥深くに建てられたいくつもの寺院を、巡礼者が訪れては去っていく。仏教やイスラーム教が到来するあいだにも、ヒマラヤの険しい山腹に暮らす農民は道をつくり、段々畑を造成し、石造りの家を建てた。彼らはここを故郷とし、風景が語りかけてくる声に耳を傾け、ヒマラヤの一部を感じとっていた。

やがて強大なヒマラヤの周辺にも、いくつもの帝国が進出してきた。アショーカ王は前3世紀にインドで仏教を広め、ムガル帝国は17世紀にイスラーム教とその建築物をもたらし、大英帝国は19世紀以降、鉄道と商業をもたらした。ヒマラヤ山脈はこれらの帝国と、その北に君臨するチベットや、略奪の機会をうかがうモンゴル、あるいは歴代の中国王朝とを隔てる境界となった。そして、キプリング〔ラディヤード（1865-1936）。ムンバイ生まれの英国人作家〕が言うところの中央アジアをめぐる「グレート・ゲーム」がロシアとイギリスのあいだで繰り広げられるなか、変わり者のイギリス貴族が結成した小さな一団が、「登山」という名の探求に乗り出していく。

この新たな娯楽はそもそもヨーロッパ・アルプスで発展したが、ヒマラヤ全域でグレート・ゲームが勃発し、地理の知識と地域住民への影響力を獲得する動きが活発化すると、前人未踏の山に挑む機会が本格的に生まれることになった。

フランスの偉大な登山家リヨネル・テレイは、アルプスの登山家を「無益な征服者」と呼んではいたものの、登山が人間の精神の探求であることを誰よりもよく理解していた。山頂に立った者であれば誰もが、凍傷による水ぶくれと自分のもろさへの惨めな恐怖が収まってだいぶ経ってからもなお、「限界を超えた」という歓びが常に自らと

■父と息子———ピーターと父エドマンド。1990年、ピーターがエヴェレスト初登頂を達成した直後に撮影された。関連HPのURLは下記。
ピーター本人のHP：www.peterhillary.com
父エドマンドのHP：www.edhillary.com
ピーターが運営に携わるヒマラヤ基金のHP：www.himalayantrust.org

ともにあることを感じているはずだ。

イギリスによるエヴェレスト遠征の途上にあった私の父とシェルパのテンジンは、1953年5月29日の朝、山頂をめざすにあたって現地のコンディションに懸念を示したという。南峰《サウス・サミット》のすぐ下に積もっていた雪が不安定で、雪崩の危険があったからだ。仮にそこがニュージーランドの南アルプス山脈だったなら、慎重を期して引き返していた。そう父は語ったものである。だが、あのときは頭のなかで、ぷつりと何かが切れたのだろう。父は自分に言い聞かせたのだそうだ——「エド、おいおい、ここはエヴェレストだぞ」。さしずめ、目標を達成するためには「もうひと踏ん張り」しなければならないときがあるのだと、少年の私に教えようとしたのだろう。エヴェレストへのアタックは、まさにそんな状況のひとつだったのだ。

実際、ほかの登山家の成功によって、登頂が可能なことが証明され、我々はみな自由を得た。エヴェレストをはじめとするヒマラヤの高峰への初登頂が、まさにそれを象徴している。私にとって、偉大な取り組みというのは人間の潜在能力を高めてくれるものだ。それこそがヒマラヤの歴史であり、この先もそうあり続けるに違いない。今このときも、偉大なる登山家たちが人間の限界を広げている。彼らにとってヒマラヤは究極の遊び場だ。「登山家の棲む場所」と言ってもいいだろう。とはいえ、世界で最も偉大なるこの山脈は、登山の歴史よりもはるかに長いあいだ、人間の自己実現の場であり、哲学の形成の場でもあったのだ。

叡智を探求し、探検の精神を追い求める営みが表されている場所は、地球広しといえどもヒマラヤのほかにないのである。

はじめに——Introduction

フィリップ・パーカー

世界最高峰のエヴェレスト初登頂から、60年以上が経過した。登山史に燦然と輝くこの偉業はまた、地球上で最も雄大な山脈と人類との「交流」の決定的瞬間を疑いなく示している。エドマンド・ヒラリーとテンジン・ノルゲイによる初登頂は世界に知れわたる事実ではあるが、それは「雪の棲む場所」であるヒマラヤと人類との長い関係からすれば、ひとつの通過点にすぎない。

ヒンドゥーの経典に記された最古の記述から、複雑な文化といくつもの王国の誕生、17世紀のヨーロッパ人による探検の始まり、主に1800年以降にイギリスが主導した大規模な測量事業を経て、19世紀後半に始まった登山まで、ヒマラヤには実に豊かな歴史が息づいている。本書では、ヒマラヤで本格的な登山が始まり、高峰がその頂上を人類に明け渡した1920年代からの黄金時代について語るほ

か、新たなルートや登山技術によって60年前には考えもつかなかった偉業が達成されている現代の登山にまつわる物語も盛り込んでいる。

世界最高峰のエヴェレストを擁するヒマラヤ山脈は、地球上の8000メートル峰14座すべてを含み、気高く、しかしゆがんだ笑みを浮かべているかのようなカーブを描きながら、中央アジアを横断する。長さ2400キロに及ぶこの大山脈は、地表を覆うユーラシア・プレートとインド・プレートが衝突して生まれた。人類誕生からはるかにさかのぼる4500万年前のことだ。ヒマラヤの発見までに至る道は長く、それは誤解と思いがけない発見の連続だった。ヒマラヤ山脈に初めて言及したヨーロッパ人は、前5世紀のギリシアの歴史家ヘロドトスで、そこには「金《きん》を掘るアリ」がいると彼は記している［『歴史』巻3-102（松平千秋訳、岩波文庫を参照したが、引用は独自訳を採った）］。だが、そのような生き物は「イエティ」以上に目撃例が少ない。巨体にかかわらず内気な、毛むくじゃらの「雪男」イエティのほうには、20世紀のヒマラヤ探検隊による目撃証言がいくつもある。

最初期の頃から、ヒマラヤは一連の「断層」の上に横たわってきた。それは山脈を生んだ地質学的な断層というだけでなく、心理的な断層も含まれる。ヒマラヤは出合った者すべてを魅了するが、その力は魅惑的でもあり、恐ろしくもある。古今の人類が山に宗教的な畏敬の念を抱いたり、興奮にも似た固い意志をもって頂上をめざしたりしてきたのは、そうした魅力の表れだろう。ヒマラヤ山脈には、政治的な断層とも言える国境線も走る。長大な歴史を誇る中国とインドは、中央アジアとヒマラヤ山脈に息づいた複雑で移ろいやすい文化と衝突してきた。国境をめぐる衝突は、20世紀を過ぎた今も完全には終わっていない。

■ヒマラヤ東部―――NASA（アメリカ航空宇宙局）の地球観測衛星「テラ」が撮影した、ヒマラヤ東端部の着色合成画像。山脈の遠景を印象的にとらえている。カラーで見た場合、山腹斜面が赤、雪で覆われた尾根が白で強調され、谷間を縦横に流れる川は青で着色されている。

ヒマラヤに足を踏み入れた最初のヨーロッパ人は、17世紀のイエズス会の宣教師たちだった。その目的は実務的で、人々に改宗を勧めることを第一として、作物があまり豊かに実らないようなときには、地域の支配者との外交的な仲介役を務めることもある。さらには、チベットのダライ・ラマの宮廷という、最も魅惑的な目的地に入る狙いもあった。19世紀になると、大英帝国の役人が「大三角測量」のためにやってきた。ヒマラヤの山々を測量してその全貌をとらえ、地図上にはっきりと等高線を描きたいという彼らの欲求は、宣教師の行為主義《プラグマティズム》を受け継いだかのようだが、ヒマラヤの峰々に挑む登山家が現れるにつれて、まもなく冒険心と巡礼の心が入り交じった精神へと変わっていった。

マーティン・コンウェイが１８９２年に実施した先駆的なカラコルム探検から１２０年余りが経ち、今ではエヴェレスト登頂のためのツアーまで登場した。これまでに成し遂げられた偉業は数知れず、無数の峰々への登頂が達成され、勇敢な行為、悲劇、過酷な斜面での死も数えきれないほどあった。これらを公平に紹介するのは不可能だ。人類がヒマラヤの８０００メートル峰の頂上にようやく立ったのは、１９５０年６月２日のモーリス・エルゾーグとルイ・ラシュナルによるアンナプルナ登頂だったとだけ記しておけば、ここでは充分だろう。その後の成果については、さらに不公平感が増すことになるが、イタリアの南チロル出身のラインホルト・メスナーが１９８６年に８０００メートル峰の全14座登頂を（エヴェレストへの無酸素登頂を含めて）世界で初めて達成したことに触れておきたい。この偉業を成し遂げた登山家は、現在までに世界で30人程度しかいない。

本書には、コンウェイやエルゾーグ、メスナーの偉業のほか、20世紀初頭に女性として誰よりも早く活躍した登山家ファニー・ブロック・ワークマンや、１９２４年にエヴェレスト山中で消息を絶っ

■シニオルチュー――――イタリアの偉大な山岳写真家ヴィットリオ・セラがとらえたシニオルチューの頂。ダグラス・フレッシュフィールドが 1899 年に実施したカンチェンジュンガ周辺への遠征で撮影された。ゼム氷河から標高 6888 メートルの頂を望んだフレッシュフィールドは、氷の美しさと、雪化粧をした絶壁が峰々に囲まれてそびえ立つ風景をして、「ジョットの鐘楼が、イタリア中のほかのドームと鐘楼に囲まれているかのようだ」と語っている［ジョット（1267–1337）の鐘楼は、フィレンツェ、サンタ・マリア・デル・フィオーレ大聖堂に隣接して建設された］。

たジョージ・マロリーとサンディ・アーヴィン（2人が登頂を果たしたのかどうかは今も謎のままだ）、そして、8000メートル峰で最後まで未登頂だったシシャパンマへの登頂を1964年に果たしたチベット・中国の登山隊についても記している。

主要峰への初登頂が達成されたあとも、ヒマラヤ探検は続く。最終章では、ヒマラヤ登山の限界を押し広げた登山家たちの功績を振り返る。新しいルートの開拓、単独での登頂、無酸素での登頂、アルパインスタイルの採用、そして、難易度がきわめて高い頂への登攀といった難関への挑戦だ。一方、大規模な観光産業の発達に伴って、新たな難題も浮上してきた。ひとつは環境面での問題である。地球規模の気候変動によって氷河が融解し、風景が変わっただけでなく、登山者の数が増えるにつれて汚染もいっそう進んでいる。もうひとつは、道徳上の問題で、エヴェレストなど、ヒマラヤの山々への登頂ツアーを組む旅行会社の増加に伴い、登山の危険も増しているのである（観光産業というのはどこでもそうだが、ヒマラヤでも、地元住民にこの観光ブームの恩恵が行き渡っているわけではない）。

今後はこうした課題に対処しなければならず、ヒマラヤにおける長い人類史のなかで最も困難な時代となるだろう。この地域で谷間を探査し、頂に立った探検家や開拓者、巡礼者、冒険家の長大な物語に、新たなページを加える人物も登場する。そして、インド・プレートが風雨による浸食のペースを上回る速度で着々と隆起するなか、古くから描かれていた山々の等高線もやがて変わることだろう。

ヒマラヤの山の標高をめぐる問題も厄介だ。測量技術が発達するにつれ、文献によって標高の数値にわずかな違いが認められるようになった。たとえば、エヴェレストの標高は以前から8848メートルという数値が受け入れられてきたが、近年のアメリカによる測量によって、それより2メートル高いことが判明した（ただし、ネパール政府はまだこの変更を受け入れていない）。

過酷なスケジュールにもかかわらず、驚くほど優れたユーモアとともに編者のあらゆる要求に応え、本書に原稿を寄せてくれたすべての執筆者に感謝したい。彼らの力作がひとつにまとまり、ヒマラヤに関する包括的な情報が手に取るようにわかる魅力的な本ができあがった。コンウェイ社の発行人であるジョン・リーの構想と忍耐力なしにこのプロジェクトは成り立たなかったし、クリストファー・ウェスソープによる巧みな編集には、どの執筆者も謝意を惜しまないことだろう。ジェン・ヴィールは豊富な知識を駆使して、すばらしい写真を探し出してくれた。そして地図製作を担当したマーティン・ブラウンもまた、主要な登山隊が歩んだルート図を描くのに優れた才能を発揮してくれたのである。

——ロンドンにて

■空から見たヒマラヤ――全長2400キロのヒマラヤ山脈の全体像。山脈は西のギルギット川から東のブラフマプトラ川まで延び、その160キロ北にはチベット高原が広がる。

第1章

ヒマラヤを解剖する（山脈の形成と地形）

Anatomy of the Himalaya: The formation and topography of the range

マデリン・ルイス

人里から遠く離れた奥地にそびえ立ち、危険な香りを放つヒマラヤ。この壮麗な山脈は、何千年にもわたって、探検家や作家、そして地元の住民の想像力をかき立ててきた。世界で最も高い山脈、あるいは世界で最も若い山脈、そして地球上でここにしかないという標高8000メートル峰を擁し、世界最大規模の水系を生み出す。ヒマラヤ山脈を描写しようとすれば、どうしても最上級を使った表現が必要になる。

全長2400キロのヒマラヤ山脈はブータンやインド、ネパール、中国、パキスタンを横断し、その東西はインダス川とブラフマプトラ川が境界となっている。西はパキスタンのナンガ・パルバット、

■解ける氷河――ネパールのクーンブ氷河から流れ出る水。地球温暖化の影響で、ヒマラヤの多くの氷河が後退している。山岳地帯では次々と新しい氷河湖が形成されていて、この影響でブラフマプトラ川やガンジス川といった主要河川の水かさが増して、流域で洪水のリスクが高まっている。

■ガンジスの源———ガンゴトリ氷河の末端に形成されたガウムクー（「牛の口」の意）洞窟が、ガンジス川の源流部である（1890年代に撮影）。毎年7月から8月のカヴァド・ヤトラ祭の時期になると、何千人もの信者が聖なるガンジス川の水を汲みに訪れる。持ち帰った水を、故郷の寺院に供えようというのである。

東はチベットのナムチャ・バルワの各峰となるが、北東に位置するカラコルム山脈もヒマラヤの一部とされることが多く、本書でもその通例に従う。ヒマラヤとは、サンスクリット語で「雪の棲む場所」という意味だ。この山脈は、その規模の大きさゆえに南の温暖湿潤なモンスーン気候と冷たく乾いた北風とを隔てる「壁」となり、周辺の天候に影響を及ぼすばかりか水の供給にも重要な役割を果たしている。

インダス川、ガンジス川、そしてブラフマプトラ川は、パキスタンやインド、バングラデシュ、ミャンマーのそれぞれの流域に暮らす無数の人々が利用する農業用水の供給源や水上の輸送路となっているだけでなく、農耕に適した肥沃な堆積物を運ぶ役割も果たしている。河川の多くはチベットの山々の北部に源を発し、ヒマラヤ山脈を通る過程で、氷河が解けてできた水を集めながら、大河となって海をめざす。インダス川はアラビア海へ注ぎ、ガンジス川とブラフマプトラ川はバングラデシュで合流して、ベンガル湾へと流れ込む。

これらの河川はヒマラヤ山脈よりも古くから存在していたと考えられ、山々が少しずつ隆起するのと並行して大地を刻み、この難攻不落の山脈をどうにか通り抜けている。こうした河川の働きによって、東ヒマラヤのヤルンツァンポ大峡谷をはじめとする深い峡谷が誕生した。中国は水力発電所建設の候補地としてこの峡谷に注目しているが、この動きは実のところ氷山の一角にすぎない。開発の波が押し寄せつつあるのもヒマラヤの現実なのである。

ヒマラヤの住民が直面しているのは、水に関する問題だけではない。国境をめぐる紛争をはじめ、環境や社会に関連する問題も浮上しつつある。森林伐採もそのひとつで、デリー大学の2006年の研究によると、1970年から2000年のあいだに、インド・ヒマラヤ地域の森林の15%が失われたのだという。気候の変動や環境汚染、食料安全保障、生物多様性の喪失もまた懸念されている。

淡水域に棲むカワイルカの一種、ガンジスカワイルカは絶滅の危機に瀕している。ヒマラヤの山麓からベンガル湾にかけて棲息している同種は、水質汚染や乱獲、棲息域の変化、そして、ダム建設や灌漑事業に起因する食料不足によって数を減らした。

地質と山脈の形成

ヒマラヤとその周辺の地形と地理は、主にあるひとつの地質学的な現象によって生まれた。それが、およそ4500万年前に起きたユーラシア・プレートとインド・プレートの衝突である。

ユーラシアは「複合大陸」と言われることもある。過去8億年のあいだにさまざまな陸塊が衝突し、結合することによってできたからだ。大半の衝突は2億年以上前に起きた。インド・プレートはユーラシア大陸に最も新しく加わった陸塊で、その衝突の境界線の全長はおよそ2400キロにも及ぶ。

インド・プレートは「ゴンドワナ大陸」と呼ばれる巨大な大陸から1億2000万年前に分離し、6000万年前頃には、ユーラシアのおよそ5000キロ南の地点を年間15から20センチの速度で北上していた。現在のヨーロッパと北アメリカが互いに離れていく速度は年間2から4センチだから、これと比べると、インド・プレートはかなりの高速で移動していたということになる。

インド・プレートはユーラシア・プレートと衝突するや速度を弱めたが、それでも止まることはなく、衝突してから現在までに2000から2500キロほどの北上を続けている。では、インド・プレートは衝突後にどんな動きをしているのだろうか。関連するいくつかの現象が確認されている。

ひとつは、インド・プレートがチベットの下に

■避暑地――インド・西ベンガル州ダージリンから望んだ、最東の8000メートル峰となるカンチェンジュンガ。標高2000メートルを超え、過ごしやすい気候のこの地に、1835年、イギリスが避暑地を建設した。1850年代には茶の栽培が始まり、今では主要産地のひとつになっている。

◉政治的な「断層」

現代のヒマラヤでは、地震活動よりも政治的な対立のほうが活発だ。国境地帯では、ジャンムー・カシミール州をめぐるインドとパキスタンの対立、そして、アクサイチン（こちらもカシミール地方）とアルナチャル・プラデシュ州をめぐるインドと中国の対立がやまず、きわめて不安定な情勢が続いている。武力紛争がたびたび起きるため、これらの国境地帯は世界でも最も危険な地域のひとつであると考えられている。

カシミールでは、1972年のシムラ協定で停戦ラインが設けられたが、国際社会でその合法性が認められているわけではないために、かえってさらなる緊張状態を生み、依然として予断を許さない状況が続いている。カシミール渓谷では、帰属をめぐって2国が争うばかりか、独立運動も高まってきた。さまざまな見方はあるが、こうした紛争で、これまでに4万から10万人の死者が出たと推定されている。

中国は、アクサイチンに位置するカシミール地方の一部の領有を主張している。ここはインドのジャンムー・カシミール州と中国の新疆ウイグル自治区が接する高原の砂漠地帯で、これら2つの地域のあいだには（停戦ラインと混同するほど酷似している）実効停戦ラインが引かれ、非公式ではあるが実質的な国境となっている。

さらに、ヒマラヤの東では、中国とインドがアルナチャル・プラデシュ州をめぐる係争の最中（さなか）にある。インド最東端のこの州を、中国は「南チベット」と呼んでいる。インドはマクマホン・ライン（1914年にイギリスとチベットの代表者のあいだで合意した境界）を国境と見なしているが、中国はその南側に広がる地域の大部分が自国の領土であると主張している。

世界経済の重心がアジアに移るにつれ、核保有国が互いに国境紛争を起こしていることに、懸念が生じている。両国とも世界最大級の軍隊を抱え、それを支えるインフラを整備しているのである。ヒマラヤは、アジアの大国同士がぶつかり合う「断層」のひとつとも言える。

カシミール紛争と中国との緊張を抱えたインドは、この地域への軍隊のアクセスを向上させた。なかでも要地とされるのが、レー・マナリ・ハイウェイにあるロータン峠と、スリナガルとレーを結ぶハイウェイのゾージ峠（ゾージ・ラ）である。

どちらの峠も、天候が不安定であるために、1年のうち限られた期間しか開通しない（ロータンとは「死体の山」という意味で、この一帯の過酷な天候を象徴している）。悪天候でも年間を通じて峠を越えられるよう、インドは国内最長となるトンネル（全長9キロ）を建設中だ。これが開通すれば、インド軍の行動はより迅速になる。

沈み込んでいるということで、2つ目はインド・プレートが「くさび」のような役割を果たしてユーラシアを分裂させ、インドシナ半島を東へ押しやったということだ。そして3つ目に確認されているのが、大陸地殻を隆起させて山脈を形成する「造山運動」である。この3つは現在もなお進行中と考えられており、ヒマラヤという世界屈指の壮大な山脈の形成は、3つ目のメカニズムに由来している。

インドとユーラシアの衝突は、決して過去のものではない。インド・プレートは現在も年間およそ5センチの速度でユーラシア大陸に食い込みながら、広範囲にわたって地震を引き起こしているし、場所によっては、衝突による地盤の隆起速度が浸食のペースを上回ると見られている。つまり、ヒマラヤの一部は、人間で言えばティーンエイジャーのようなもので、まだ成長を続けているということなのだ。

ヒマラヤの3つの地帯

ヒマラヤと呼ばれる地域は、山麓にあたるシワリク丘陵と、小ヒマラヤ（別名レッサー・ヒマラヤ、ミドル・ヒマラヤ）、そして、エヴェレストなど世界の高峰を擁する大ヒマラヤ（別名グレーター・ヒマラヤ）という、平行に走る3つの山岳地帯からなる。これらの南北の幅を合わせると240から320キロにもなり、山脈はまるでいびつな笑顔を見せるかのように、南寄りのカーブを描きながら西から東へと延びていく。

シワリク丘陵はシワリク山脈、あるいはネパールではチュリア丘陵としても知られ、ヒマラヤで最も標高が低く新しい山脈で、「サブ＝ヒマラヤ」とも言われる。ヒンドゥー神話では、3大神のひとつであるシヴァの棲処がヒマラヤにあるとされ、実際、シワリクとは「シヴァの所有物」を意味している。

シワリク丘陵は大ヒマラヤの南側を平行に走り、平均の標高は１０６６から１２２０メートルで、幅は狭いところでは10キロ、広いところでは50キロに及ぶ。いくつかの交通の要となる峠があり、そのひとつが、インド北部のサハーランプルとデラドゥン、避暑地のムスーリーを結ぶ道路にあるモハン峠だ。シワリク丘陵はかつて森林に厚く覆われ、トラやクマ、ゾウといった野生動物の棲息地だった。それ以外にも、キリンやカメの化石が見つかっている。しかし、森林伐採や開発の影響で、今や野生動物の多くは保護区にひっそりと暮らすだけになっている。

そのシワリク丘陵と大ヒマラヤのあいだに横たわるのが、小ヒマラヤである。シワリク丘陵とは、多くの場所で「ドゥン」と呼ばれる広い平野に隔てられている。シワリクよりも古く、地質学的にも複雑で、幅は平均でおよそ１００キロにも及ぶ。大ヒマラヤよりも標高が低いとはいえ、モンブランよりも高い標高４８７７メートルを超

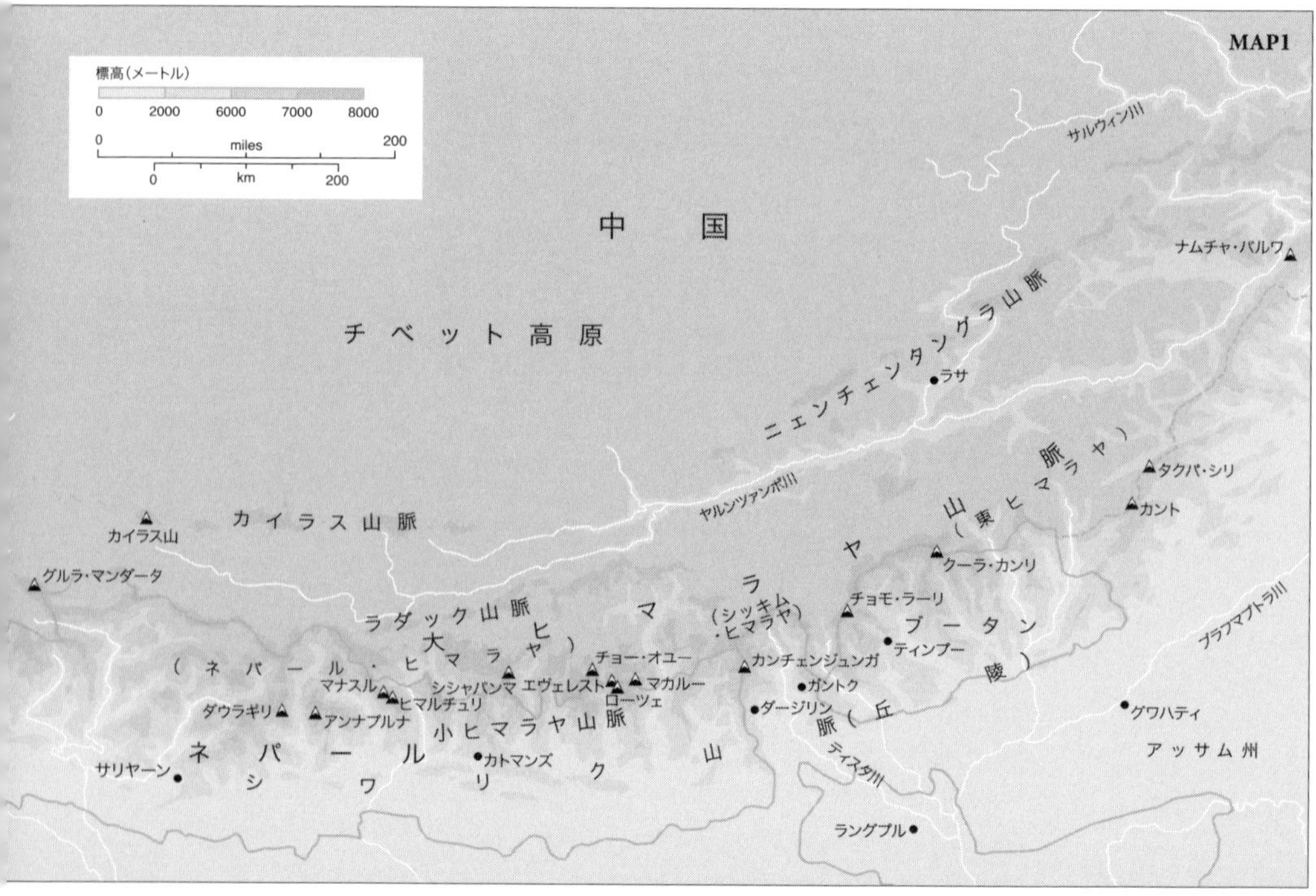

える山々を擁し、世界有数の高さを誇っている。

大ヒマラヤに守られるように横たわる小ヒマラヤは、気候が温暖で、ヒマラヤスギの森が広がり、茶のプランテーションといった農業が盛んな地域となっている。また、ダージリンやシムラーなどのイギリス統治時代の避暑地があることでも知られ、夏には、標高の低い都市のうだるような暑さから逃れられる場所でもある。

そして最後に控えるのが独自の神話を生み出した地、大ヒマラヤである。この世界屈指の高峰が連なった「世界の屋根」は、人口もまばらで、動植物にしても限られた種のみが分布し、河川や峠道が通る場所を除けば、標高が５５００メートルを下ることはまずない。

その複雑な地形と規模から、インド測量局のサー・シドニー・バラードは20世紀初めに大ヒマラヤを6つの地域に分類した。この分類法は、ヒマラヤの歴史を綴った名著『ヒマラヤ――その探検と登山の歴史』(1955)［田辺主計、望月達夫訳、白水社］を著した軍人で地理学者のケニス・メイスンがのちに採用し、広大で入り組んだヒマラヤ地域を説明する際には今なお

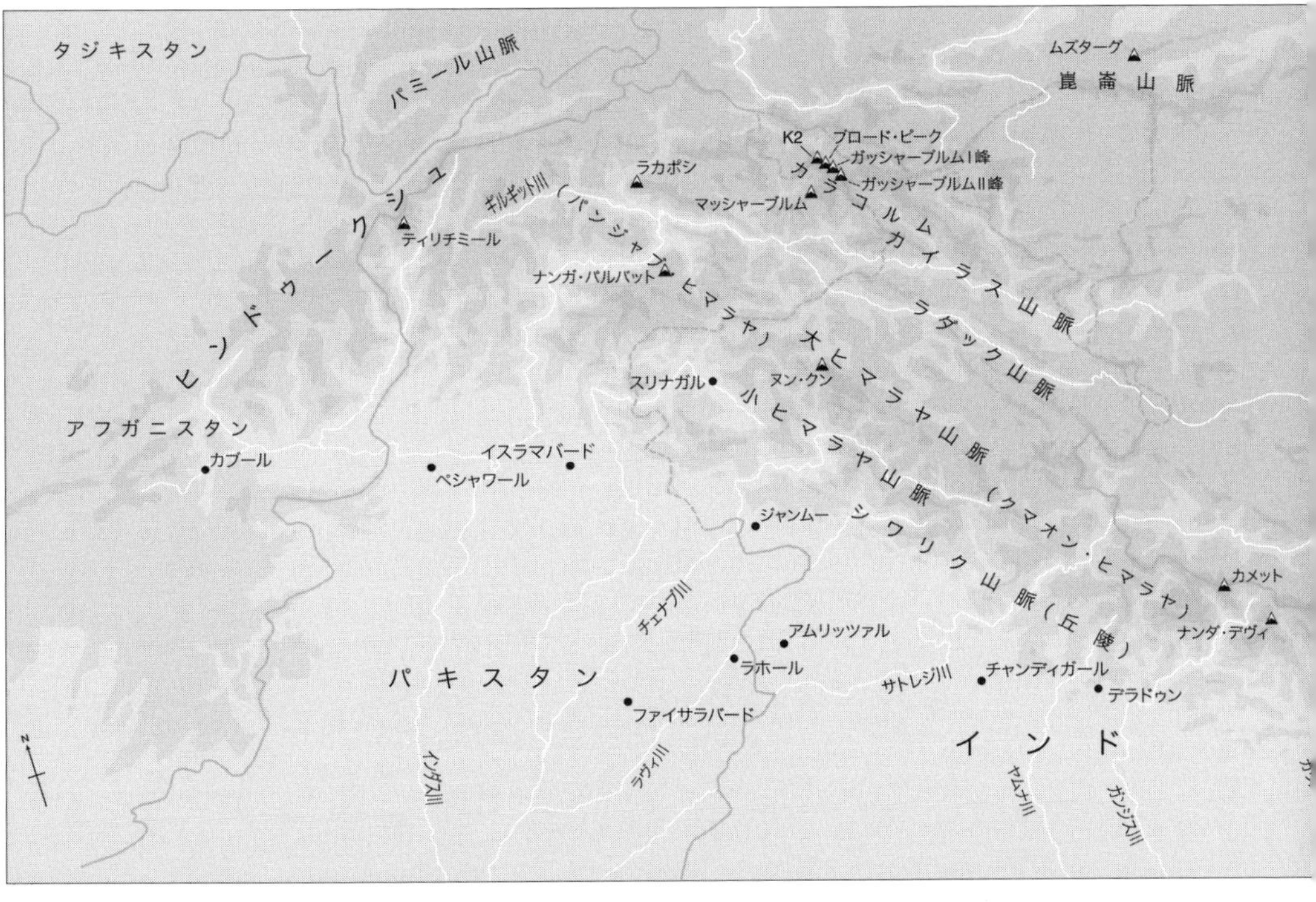

使われている。それぞれの名称は、西から、パンジャブ・ヒマラヤ、カラコルム、クマオン・ヒマラヤ、ネパール・ヒマラヤ、シッキム・ヒマラヤ、東ヒマラヤとなる。

パンジャブ・ヒマラヤ

パンジャブとは「5本の川の土地」という意味だが、現在この地域はジェラム川、チェナブ川、ラヴィ川、ベアス川という4本の河川の源となっている（5本目の河川であるサトレジ川の源は、ヒマラヤのすぐ北のチベット高原にある）。これらはインダス川の支流としてミネラル分を運び、下流に肥沃な平野を形成してきた。ジャンムー・カシミール州（インドが統治しているが、パキスタンも領有権を主張）、アクサイチン（中国が統治しているが、インドも領有権を主張）という2つの係争地も、この地域に含まれている。

パンジャブ・ヒマラヤにひときわ高くそびえるのは、世界第9位の標高を誇る8000メートル峰ナンガ・パルバットだ。インダスの谷からそびえ立つ峰は実に壮麗だが、そこには大きな危険が潜んでいる。登頂はきわめて難しいことで知られ、これまでにも数多くの悲劇が繰り返されてきた。

カラコルム

パキスタンとインド、中国にまたがり、パンジャブ・ヒマラヤの北方をほぼ平行に走る地域である。カラコルムという名称は「黒い砂利（あるいは岩石）」という意味のチュルク語に由来し、渓谷の一面に転がっている黒い石を見た商人たちがそう名づけたのだという。カラコルムはヒマラヤ山脈よりもやや北側に位置するが、ヒマラヤと多くの部分で歴史を共有し、ユーラシア・プレートとインド・プレートの衝突という同じ地質現象で形成されたことから、通常は大ヒマラヤの一部として扱われる。

カラコルムほど８０００メートル峰が集中している地域は世界でも例がなく、ヒマラヤにあっても記述の際は最上級を使った表現が欠かせない。ひとつの山脈として見た場合、６１００メートルという平均標高は地球上で最も高く、全長は４８０キロにも及ぶ。

カラコルムが擁する山々のなかでも特筆すべきは、世界第2位の高峰Ｋ２である。エヴェレストよりも数百メートル低いだけのこの山は、登頂をめざした登山家が次々と命を落とし、アタックの際の死亡率が高いことから「非情の山」と呼ばれている。Ｋ２という名前は、19世紀（１８０２年から）の大三角測量の際に、測量士が地元での呼び名を確認できなかったためにつけられた。名称が不明だったのは、おそらく人が足を踏み入れることができない辺境の地にあるからだろう。

しかし、そんな状況も、１９７９年のカラコルム・ハイウェイの開通によって一変することになる。これは中国とパキスタンを結ぶ道路で、標高４６９３メートルのクーンジェラーブ峠を通ることから、世界で最も標高の高い舗装された国際道路となった。ハイウェイの開通によって中国とパキスタンとの交易ルートが生まれたばかりか、冒険・探検を目的とした観光の市場も拡大している。

カラコルムはまた、極地を除いて、最も広く氷に覆われている地域でもある。インダス川の主要な源であるシアチェン氷河は全長70キロに及び、極地以外では2番目に長い氷河だが、同時に、カシミールの帰属をめぐってインドとパキスタンが争いを繰り広げる「戦場」にもなっている。あまりに荒涼とした一帯にあることから、シアチェン氷河には明確な停戦ラインが設けられているわけではなく、両国がシアチェン氷河に軍隊を駐留させている。この最果ての地でいったいどれだけの命が失われたのかはわからないが（一説には数千人規模と言われている）、戦闘での死者以上に、過酷な気象条件によって命を落とす者が多い。

カシミールでの紛争と中国との緊張状態を抱えたインド軍は、この地域へとつながる交通の利便性を改善している。要所はレー・マナリ・ハイウェイのロータン峠と、スリナガルとレーを結ぶハイウェイのゾージ峠（ゾージ・ラ）だが、どちらも降雪と荒天のために1年のうち半分は閉鎖されているため、インドは年間を通じて通行可能な道路を造ろうと、国内でも最長規

■茶畑――――茶などの換金作物は、ヒマラヤの町や村にとっての重要な収入源になっている。この茶畑は人里離れたアンナプルナ保護区の高地にあり、山腹の浸食を防ぐのにも役立っている。

模となる全長9キロのトンネルの建設に着手している。開通の暁には、迅速な対応を要する事態が発生してもインド軍はすぐさま行動できるようになる。

クマオン・ヒマラヤ

パンジャブ・ヒマラヤの南東、チベットとネパールに隣接するインドのウッタラーカンド州に位置している。ガンジス川とジャムナ川に注ぐ支流の源流域であり、シヴァ神の妃パールヴァティが棲むとされるナンダ・デヴィを擁するほか、インドでも屈指の訪問者数を誇る観光地や神殿がある。標高7816メートルのナンダ・デヴィは、ネパールと国境を「共有」する標高8586メートルのカンチェンジュンガを除外して考えれば、インドの最高峰ということになる。実際には2つの頂を持つ山塊で、ドゥナギリ（7066メートル）やトリスルI峰（7120メートル）といった標高6000から7500メートルの山々に守られるかのようにそびえ立つ偉容は圧巻と言えるだろう。

ナンダ・デヴィは世界屈指の急峻な山で、登攀の難易度は高い。一帯はナンダ・デヴィ国立公園に指定され、ユネスコの世界遺産にも登録されている。ナンダ・デヴィは環のように連なる山地に囲まれ、その内側の盆地は「ナンダ・デヴィ・サンクチュアリ」と呼ばれている。登山のためにここに入るには、西へ流れる険しいリシ峡谷を通らなければならない。

内陸国であるネパールの名を冠したこの地域には、ヒマラヤの至宝である８０００メートル峰14座のうち8座がそびえ立つ。ネパール・ヒマラヤは、この地域に流れる3本の主要河川によって、西からカルナリ、ガンダキ、コシと、さらに細かく分類されることが多い。カルナリ地域は、標高世界第7位のダウラギリI峰（８１６７メートル）、第8位のマナスル（８１５６メートル）を含んでいる。アンナプルナの山塊をあいだに横たえるこの2峰の麓には、チベットとインドを結ぶ古い交易ルートでもあり、世界で最も深い峡谷とも言われるカリ・ガンダキ峡谷が走っている。

さらに東で、コシ川とその支流の源流となっている地域では、ヒマラヤ屈指の壮観な風景が見られ、そこには、世界第6位までの山のうち、チョー・オユー、エヴェレスト、ローツェ、マカルーの4座が含まれる。エヴェレストはここ数十年、商業化が進んでいるものの、その人気は衰えず、頂上付近では登山者が列をなして登頂の順番を待つ光景が見られる。１９９６年には登頂をめざしていた15人が命を落とし、そのうち8人が5月のわずか2日間で亡くなったとあって、この大量遭難のあと、登山の倫理をめぐる激しい議論が巻き起こった。

この地域の西隣には、チベットのラサとネパールのカトマンズを結ぶハイウェイ（中国では中尼公路《ちゅうに》、ネパールではアルニコ・ハイウェイと呼ばれる）が通っている。この道路が走るヤルンツァンポ大峡谷からは、エヴェレストとその周辺の峰々の壮麗な風景を見ることができる。ネパールに入ると、ハイウェイは急斜面のすぐ下を走り、なかには地すべりが起きやすい箇所もあるため、ネパールで最も危険な道路のひとつとされている。

シッキム・ヒマラヤ

この地域とネパールの境界部に位置しているのが、世界第3位の高峰カンチェンジュンガである。5つの峰を持つこの山の名前は「雪の五宝」という意味で、言い伝えによれば、それは金、銀、宝石、穀物、そして聖なる書なのだという。この峰々を讃える地元の信仰を尊重し、すべての登山を頂上のすぐ手前で終えるのが習わしとなっている。カンチェンジュンガの周辺には、ジャヌー(7710メートル)、シニオルチュー(6888メートル)といったほかの有名な峰が数多くそびえている。

インドのシッキム州とブータンの国境付近に位置するチュンビ渓谷では、シッキム州の州都ガントクからナトゥ・ラを経由してチベットのラサまで続く、シルクロードの重要な古道が、交易のため2006年に再び開通した。これは、1962年の中印戦争で閉鎖されて以来、ほぼ半世紀ぶりのこととなる。この一帯は戦略的に重要な地域で、中国とブータン、インドのあいだで行われる領土交渉の争点となっている。

東ヒマラヤ

バラードの分類で最後に挙げられる東ヒマラヤは、ブータンとチベット、インドのアッサム州、そして、国境紛争を抱えたアルナチャル・プラデシュ州にまたがっている。８０００メートル峰がないため、西側の地域より注目されることは少ない。最もよく知られている山は、ヤルンツァンポ川の大屈曲部とその大峡谷の内側にそびえるナムチャ・バルワである。川は下流でブラフマプトラ川と名前を変え、ヒマラヤの東の境界になっている。

第2章

ヒマラヤの初期の王国（1700年までの政治と文化の歴史）

Early Kingdoms of the Himalaya: The political and cultural history of the region to 1700

ゲオルギオス・T・ハルキアス

神々の百代をもってしても、ヒマチャルの栄光を語り尽くすことはできない。
――プラーナ［ヒンドゥー教の聖典］より

山々と渓谷が三日月のように並ぶヒマラヤ山脈は、ラダックやバルティスタンが位置する西ヒマラヤ地域を流れるインダス川から、チベット南部から東ヒマラヤを流れるヤルンツァンポ川（ブラフマプトラ川）までの、地質学的なひとつの連続体をなしている。標高の高いこの一帯の気候は、多くの場合乾燥しているために米や小麦の栽培には適さず、唯一まとまった量を収穫できる穀物といえば大麦だけで、高地に位置する町や村にとって伝統的に生活を支える産業となるのは、ヤクとヒツジの畜産と交易ということになる。ヒマラヤの住民は自然環境との関係を通じて、共同体の社会的・経済的な役割や、公的機関、美的な感性、そして、水や動植物を大切に使うための暗黙の習慣を形成してきた。

険しく壮大なヒマラヤ山脈は、南に広がるインドの平原と中央アジアの広大なステップを隔てる地政学的な障壁となっているにもかかわらず、山脈を横断する交易にとって戦略的に重要な峠があることから、古くから移住者が多く、侵略も受けやすい地域となってきた。現在のヒマラヤの西部と中部、東部の全域で文化の多様性が見られるのは、言語や文化、民族が異なるさまざまな人々が、時代を異にして東西南北あらゆる方角からヒマラヤに移住し、この地域を支配してきた結果である。

南のインド系の人々は、主としてヒマラヤの山麓に、インド・アーリアの文明、言語、カースト制に基づくヒンドゥーの信仰をもたらした。北のチベット高原との境界沿いでは、チベットの民族意識や伝統を持った人々が、独自の仏教文化とそれに基づく統治形態を確立した。西のカシミールやバルティスタン、カルギルでは、アフガニスタン人やイラン人がイスラームの信仰、習慣、法を打ち立て、東では、ビルマ人や多様な少数民族がさまざまな伝統や言語、工芸品、慣習を持ち込んだ。

ヒマラヤで形成されたこうした政体は、古くから互いに交流しており、地域の覇権の変遷に影響を受けてきた。その政治史は多様かつ複雑で、実にさまざまな言語や方言、口承や書物を通して伝えられてきた伝統、宗教、信仰が生まれることになった。ほかの地域から隔絶され、長く厳しい冬には活動が停滞することから、住民には独特の知識体系を構築し洗練する時間が充分すぎるほどあった。ヒマラヤ産の薬草や動物の部位、ミネラル分を使った伝統薬、木や竹を彫った工芸品、金属細工、銀や金の装身具、肩掛けや絨毯といった織物などが、

■聖地———ネパールのダウラギリのムクティナート寺院にある絵画。おそらく、怒りに満ちた神ヤマ（閻魔）を描いたものだろう。この寺院はチベット仏教とヒンドゥー教の両方の信者の拝礼地になっている。チベット仏教では「空の踊り子」である女神ダキニを祀るとされ、ヒンドゥー教では、「シャラグラマ・シラス」と呼ばれるアンモナイトをビシュヌ神として崇拝している。

その例である。ヒマラヤの建築や芸術には、チベット、インド、ネパール、ペルシア、そして諸部族の文化と自然環境によって形成された独特の様式があり、そこからの影響が、公的な祝祭、伝統的な習慣や儀式、音楽、歌、踊り、地元の食べ物、そして、大麦や米、キビを使った酒などに見受けられる。

伝承から山岳の王国まで

ヒマラヤに関する記述は、古くはサンスクリット語の叙事詩や、石碑、王家の家系図、碑文の題材に見受けられる。そのどれもが、ヒマラヤ山麓とガンジス川流域のあいだで行われていた政治や文化の交流を明らかにするものだ。チベットやペルシア、中国、中央アジア、ギリシアの文献にも、ヒマラヤに関する古い記録がある。古代のギリシアやローマでは、ギリシアの歴史家ヘロドトスが前5世紀に記載した「金《きん》を掘るアリ」の話が知られているが、それによると「インドの民のなかでもいっそう北に暮らす人々」は「ほかのどの部族よりも好戦的」で、「キツネよりも大きく、犬よりも小さい巨大なアリ」が運ぶ「金《きん》を手に入れる」ために遣わされたのだという。インドと地中海地域に古くから商業的なつながりがあったことを考えれば、ギリシア人が西チベットの金鉱やかの地とヒマラヤ地域との国境を越えた金の取引の存在を知っていたとしても不思議ではない。またヒマラヤには、アレクサンドロス大王の末裔という口伝を残す異色の共同体があるが、これもまた黄金の存在の例証になるかもしれない。もっともこの場合は、前4世紀のアレクサンドロス大王による東方遠征のあと、一攫千金を求めて中央アジアに移住したマケドニアの兵士が定着したと言ったほうがより正確だろう。「巨大なアリ」が金《きん》を掘るというのも架空の物語めいた記述だが、いずれにせよその基となった生き物は実在する。それがヒマラヤマーモット（*Marmota himalayana*）で、高所の荒れ地に棲息し、地中深くまで巣穴を掘る習性がある。

ヒマラヤの人々の起源における多様性と、仏教王国やヒンドゥー国家の形成とを、同じ歴史的枠組みで論じることはできない。ヒマラヤの共同体は、地域独自の歴史、そして民族性や交易や移民を通じてもたらされた社会的な力学や文化的な変動、あるいは社会と自然環境とに重点が置かれる関係性をもって規定されるのである。高山という特殊な地理のなか、肥沃な渓谷や地域などと同じ数だけの行政区分が生まれた。その領域は、存続可能な政治体制を維持するのに足りる農業と商業が発達し

◉荒ぶる女神カーリーに捧げられた寺院

ネパールの首都カトマンズから20キロ、ファルピン村の郊外に、緑豊かな丘がある。生い茂った植物に隠れるようにひっそりと立つのが、この国で最も重要なヒンドゥー教寺院のひとつ、ダクシンカリ寺院だ。ここに祀られているのが、髪をふり乱し、血走った目をして、戦場のここかしこで倒れた犠牲者の血をすするという女神カーリーである。花やヤシの実、米といった供物を携えた数多くの熱心なヒンドゥー教徒がネパールとインドから訪れるこの寺院には、香（こう）や供物を燃やした煙が常に立ち込め、鐘（写真参照）の音が不気味に鳴り響いている。ここではカーリーへの供犠として、毎週3000頭もの動物が殺されるのだという。かき切った首から生温かい血が飛び散り、女神の石像に降りかかる。生贄の血に歓んだ女神はそれに応えて厄を祓い、実生活上の願いを叶えてくれると信じられている。

ている範囲で仕切られる。人口にも経済的資源にも限りがあり、政治体制の規模を拡大することもできないため、少数の例外を除いて、国家の形成は小規模で地域的なものだった。7世紀から9世紀には吐蕃《とばん》〔当時チベットにあった統一王国〕がヒマラヤに進出し、16世紀にはナムギャル朝がラダックを支配したものの、どちらも、交易上の対立や内部分裂のために長続きはしなかった。

仏教の僧院制度

ヒマラヤの高地に位置する共同体の社会と政治は、吐蕃の時代以降、仏教の慣習やそれを奉じる人々によって形成されてきた。カリスマ的な仏教指導者は君主の宗教顧問として多大な影響力をふるい、君主には僧団（サンガ）の支援と僧院の建立が次々と求められていった。

　この地の交易路は、ほかの国境地帯の経済と同

■虎の巣穴――――ブータンのパロ渓谷上流の断崖絶壁に位置し、「虎の巣穴」と呼ばれているタクツァン僧院。賢人パドマサンバヴァが弟子のイェシェ・ツォギャルを雌虎に変え、その背に乗ってここまで飛んできたと言われている。

様に、谷や川、湖、氷河、峠などの地勢に応じて形成され、国境を越える交易には共同体同士の協力が欠かせない。ヒマラヤ独特の自然環境は、チベット仏教の僧院の建設にも影響を及ぼし、戦略的に重要な地域や主要な交易路沿いの丘陵には、僧院が砦として造られた。なかにはヒマラヤ西部のタボ僧院やアルチ僧院のような、芸術的な美しさを誇る建築物として知られるものもある。

僧院の経済的な地位は、貴族階級のそれと共通点が多い。多くの僧院は広大な土地を所有する。村人

◉アティツェの隠遁所

仏教で言う苦行は、僧院制度とともに家長や貴族の支持を得て、ヒマラヤにおけるチベット仏教定着に重要な役割を果たした。ヒマラヤには苦行の場となる隠遁所が数多くあるが、それらはたいてい、過去に高僧が瞑想したとされる人里離れた渓谷や山頂にひっそり設えられている。そんな隠遁所のひとつが、ラダックでも最古の部類となる12世紀のアティツェである。ディクン・カギュ派のラマユル僧院に属するこの隠遁所は、カルギルとレーを結ぶ車道の数百メートル上方にある。15世紀にはイスラーム軍の侵攻でラダックの数多くの僧院が略奪や破壊の憂き目に遭ったが、ラマユル僧院はその被害を逃れ、18世紀までムスリムの地域と仏教徒の地域を隔てる境界の役目を果たしていた。この僧院はもともと、「水に囲まれた卍の地」を意味するユンドゥン・タルパ・リンと呼ばれており、その起源は、チベット仏教の普及以前のボン教が信仰されていた時代にさかのぼる。古い神話によれば、かつてこの聖地は、蛇のような精霊「ナーガ」が棲む大きな湖に浮かぶ島だったのだという。インドの偉大な高僧でヨガ行者のナロパ（1016–1100）が隠遁して苦行に励んだ洞窟が、現在のラマユル僧院の敷地内にあるとされている。

はその土地で小作をして、収穫物の何割かを僧侶に納めていた。また、ラダックのヘミス僧院のように、交易事業の一環として、宗教使節や献上使節をチベットへと定期的に派遣するところもあった。このように僧院は、労働の場の提供、農産物や畜産物の収益の徴収、そして、ヒマラヤを通過する交易の統制において、重要な役割を果たしたのである。インドやネパール、チベット、中央アジアのあいだでは、塩、硼砂《ほうしゃ》［ガラスやエナメル塗料の原料］、磚茶《たんちゃ》［葉屑を干して固形にした茶］、綿布、銅のほか、麝香《じゃこう》、砂金、宝石、毛皮、ナツメグ、白檀、中国産の絹や絹織物といった貴重な品々も取引された。7世紀以降、他国との貿易は、ヒマラヤに君臨した数々の王国の統合に重要な役割を果たし、地域の政体同士による政治的な同盟の形成にも貢献したほか、逆に同盟をめぐる争いまでも引き起こした。ヒマラヤの僧院は、1年の大半にわたって人がほとんど住まず通行もできない高地に隔てられ、互いにおおむね独立した状態にあり、20世紀に入ってもしばらくは、北と南で起きていた大きな政治的変化とも無縁だった。

ヒマラヤ西部——チベットの領域、信仰の融合

ラダック、スピティ、ラホールからなるヒマラヤ西端の地域は、古くは紀元1世紀から3世紀のクシャーナ朝の時代から、ヒマラヤ山脈の南に広がるヒンドゥスタン平原と西チベットや中央アジアを結ぶ国内外の交易にとって欠かせない玄関口として栄えてきた。ラダックとバルティスタンは吐蕃（7世紀から9世紀）の西方進出の標的となったが、最後のチベット皇帝ラン・ダルマの子孫であるニマゴンが西チベットのこの地域を独立国として支配したのは、10世紀になってからのことである。ニマゴンの死後、

上ラダック、ザンスカール、スピティ、グゲ、プランの領地は3人の息子に分け与えられた。ラダック王国はパルキゴンが創設したと見られ、16世紀初めからのナムギャル朝の時代に最盛期を迎えた。キー、ダンカール、タボという荘厳な僧院が位置するスピティと、ガンドラ、ゲムル、カルダンといった僧院を擁する「氷河の地」ラホールは、ラダック王国と政治や宗教、交易の歴史を共有してきた。1630年、センゲ・ナムギャル王（在位1616–1642）は、600年にわたって存続してきたグゲ王国や近隣の国とラダックを併合し、レーの町を見下ろす9階建ての城塞から首都を治めることにした。しかし1684年、センゲの後継者であるデデン・ナムギャル（在位1642–1694）は、1679年に始まったチベット・ラダック・ムガル戦争に敗れると、西側の領地をラサに割譲し、ムスリムが支配するカシミールに譲歩するため、レーにジャーマー・マスジッド・モスクを建設することを余儀なくされた。この戦争を境に、ヒマラヤの仏教王国のなかで最古にして最強だった王国の政治が衰退していった。

■チベット仏教の経典――金や銅、瑠璃色の精緻な文字で書かれたチベット仏教の経典「カンジュール」。ラダックのバスゴにあった僧院共同体の影響が見られる。ラダックなどヒマラヤの仏教王国の僧院は、このように仏教の中心地を支援し保護する役割を担うことで、その正統性を維持している。

　ヒマラヤ西部では、インド人と中央アジアの人々、

◉ティンモスガンの城塞

標高3000メートルを超える断崖の上にそびえ立つティンモスガンの城塞は、15世紀にラダックのダクパ・ブム王によって建造され、ここに都が置かれた［▼カラー図版2］。王は敬虔な仏教徒だったが、カシミール地方のイスラームの王女と結婚し、2人のあいだに生まれた息子には、ドゥンパ・アリというチベットとイスラームの複合名を与えた。ヒマラヤの多くの仏教国は、古代の吐蕃の政治的・宗教的な伝統を部分的に受け継いでいる。ナムギャル（「勝者」の意）として知られる王朝の起源は、ダクパ・ブムの孫であるバガンにまでさかのぼる。過去には、ラダックの仏教徒の王とカシミールやバルティスタンのイスラームの王女が結婚するなど、異教徒同士の結婚は王族のあいだでも平民のあいだでも珍しくなかったが、こうした風習は文化の均一性と異教徒の排除を求める現在の人々とはかなり異なっていると言えるだろう。

　ティンモスガンは、その創設者の時代にさかのぼる古い寺院を囲んでいる。この寺院に祀られているマイトレーヤ（弥勒［みろく］菩薩）は、台座に腰掛ける等身大の像として表現されている。かつてこの聖地のあらゆる壁を飾っていた古い壁画は、ラダックとチベットの境界を定めるティンモスガン条約が結ばれた1684年には存在しており、この地の栄枯盛衰を目撃した「証人」でもある。とはいえ、昔から変わらないのは、ヒマラヤのこの一帯で信仰されているチベット仏教の魅力だろう。ティンモスガンの城塞から曲がりくねった道を数キロ行くと、水をたたえたオアシスを囲むように、ツァルカルポ隠遁所がひっそりと立っている。そこには、チベット密教の開祖パドマサンバヴァの恩恵に満ちているとされる小さな洞窟がある。この隠遁所が属するディクン・カギュ派は、チベット仏教の四大宗派のひとつであるカギュ派の分派で、ラダックの宗教と文化の歴史に大きな影響を及ぼしている。

チベット系民族のバルティ人、モンゴル人、ムガル人、チベット人が何世紀にもわたって互いに交易を続け、争いを繰り返してきた。ラダックやバルティスタンで話されている言語とチベット東部のアムドやカムの言語との類似性、そしてチベット文化圏の全域で英雄となっているゲセル王を描いた叙事詩の共通性は、チベットの文明の影響がヒマラヤ全域に及んでいることを示している。これらの地域で信仰されているチベット仏教は大乗仏教に属するが、密教の儀式や慣習も数多く含んでいる。チベット仏教が西ヒマラヤにもたらされると、この地域を支配していたシャンシュン王国で盛んだったボン教［チベットの民俗宗教］は衰退した。アイベックス［ヤギ属の動物］や聖なる木の崇拝といった、古いアニミズムの伝統は廃れ、それに代わってストゥーパ［仏塔］、マニ石［経典が刻まれた石］、カンカニ［仏教建築物］がこの地域に見られるようになった。一方、ヒマラヤの宗教芸術には、壁画や仏像、仏画に彩られた仏教寺院だけでなく、ヒンドゥー教やイスラーム教に基づいた図像や表象、モチーフも含まれる。ヒンドゥーの神々に捧げられた寺院や聖地が数多くあるヒマラヤには、信仰に関するさまざまな要素が見られ、特にヒマラヤで瞑想して長い年月を過ごしたとされるシヴァ神を祀る寺院が

■祈りの石――――ラダックのムグルブにあるマニ石。チベット仏教の影響を受けた地域では、通りがかった巡礼者が石に経文を刻む。マニという名称は、六字大明呪である「オーン・マ・ニ・パド・メー・フン」に由来するとされ、多くのマニ石にこの呪文が刻まれている。

多い。ラホールの中心地キーロンから50キロ離れたトリロクナト・ヴィハールの神殿にある六臂《ろっぴ》の神像は、仏教徒には菩薩として、またヒンドゥー教徒にはシヴァ神として崇められているが、どちらの信者も互いの宗教活動に参加している。

ヒマラヤ中部

ヒマラヤ中部は大まかに、主にヒンドゥー教徒が暮らすガルワールとクマオン（現在のインド・ウッタラーカンド州）と、チベット文化圏のネパール中北部に分けられる。その山麓に暮らす人々は、多様な集団で構成され、彼らの基本的な文化様式は共通しているものの、方言やカースト制度、芸術、建築、衣装、装飾品、婚姻の儀式は地域によってさまざまである。ガンジス川流域で最も上流にある町、ガンゴトリには、シヴァ神やガンガー女神を崇めに山麓から巡礼者が訪れ、伝統的に数多くのグル［ヒンドゥー教の導師］やヨガ行者、スワーミ［ヒンドゥー教の学者］が瞑想や苦行のために暮らしていた。チベットとの交易は、ヒマラヤのすべての共同体にとって重要な営みだった。ネパールのカトマンズ盆地からは、仏教徒のネワール人がキャラバンを率いて危険なインドとチベットの境界を越えた。彼らの多くは、長い歳月のあいだにラサやシガツェ、ギャンツェといった都市に定住し、ネパールからの「交易離散民《ディアスポラ》」となった。

　ネパールでは、ヒンドゥー教と仏教が共存している。チベット仏教の影響だけが認められる宗教芸術と建築を擁するのは、ムスタンとドルポの国境地帯だけだ。ムスタンはかつてロ王国として知られ、チベット民族が暮らし、一妻多夫制など数多くのチベットの伝統文化を保ってきており、18世紀にネパールに併合されるまで、チベットと中央アジア、インドとのあいだで行われた塩、茶、ヤクの尾と毛、穀物、麝香《じゃこう》、香辛料などの取引で重要な役割を果たしていた。かつて王国だったドルポは、現在は主にボン教を信仰し、過去にはロ王国に支配されたこともあったが、その起源は吐蕃の時代にさかのぼる。同国は、20世紀に入ってもなおしばらくのあいだ、ヒンドゥー教の影響を実質的に受けなかった。

◉帝国と王国――モンゴル、ムガル、ラダック

ヒマラヤに君臨した仏教王国は峠道を支配し、ヒンドゥー国家やイスラーム国家の支配の影響をそれほど受けなかった。歴史的にも宗教的にも政治的にもチベットとの結びつきが強く、インド亜大陸と中央アジアを結ぶヒマラヤ越えの交易路で重要な位置にあるのが、その理由だろう。だが、同じ仏教国とはいえ、チベットとの関係は常に良好というわけではなかった。1679年7月7日、西チベットの交易路と資源の支配権を取り戻すため（この地域はその半世紀前にラダックの王センゲ・ナムギャルに占領されていた）、ダライ・ラマ5世であるロサン・ギャツォ（1617–1682）がラダックに対する報復攻撃を自軍に命じ、モンゴルの王子ガデン・ツェワンにその作戦の指揮を依頼した。ラダックのデレク・ナムギャル王は、バスゴの難攻不落の砦でチベット・モンゴル合同軍の包囲戦に3年間持ち応えたが、これ以上耐えられないと判断するやムガルに支援を要請し、カシミールとバルティスタンからの援軍を受け入れた。しかし、ムガルはチベットと密約を結んでいたため、結局ラダックは戦いに敗れ、領土の半分以上を失った。1679年から1684年のチベット・ラダック・ムガル戦争のあと、ラダックの王はティンモスガンの城塞でムガルとチベットそれぞれと条約を結んだ。

　ラダックのピヤン僧院に描かれた守護神のマハーカーラ（「大いなる時間」または「大いなる黒」の意）は、モンゴル軍の兜をかぶった姿をしており（写真）、両国の関係を偲ばせる。ピヤン僧院のマハーカーラを祀る薄暗い小さな本堂には、壁に描かれた精緻な仏画やタントラ教の像とともに、チベットとモンゴルが東ヒマラヤに侵攻した時代のモンゴル軍の盾や武器が置かれている。

◉仏教、シク教、ヒンドゥー教の聖なる湖

レワルサル湖では、ヒンドゥー教とシク教、仏教が出合っている。標高１３６０メートルに位置し、「師の棲む湖」とも言われるこの湖では、シヴァ神が祀られている。偉大な賢人リシ・ロマはこの湖でシヴァ神から教えを受け、ヒンドゥーの神々の姿を目の当たりにし、長寿の祝福を受けたのだという。シヴァ神にまつわる特別な日には、ヒンドゥー教徒の巡礼者が湖に入り、身を清めて罪を洗い流す。

　湖の名前は、ヒマラヤ北東部、現在のインドのヒマチャル・プラデシュ州にあったマンディ王国を支配していたレヴァ王の息子、レワルの名からとられた。シク教の第10代グルであるゴービンド・シング（1675–1708）はマンディにやって来て、レワルの大敵ヤクシャを殺し、ムガル帝国皇帝ムハンマド・アウラングゼーブ（在位1658–1707）に対抗するため、ヒマラヤの22の公国に団結を呼びかけた。現在では、グル・シングの追悼のために湖の近くに建てられた寺院をシク教徒が訪れ、自らの罪を償う。

　チベット仏教の巡礼者は、8世紀のチベット密教の開祖パドマサンバヴァ（蓮華生大師）に関連して、レワルサル湖をツォ・ペマ（「蓮の湖」の意）と呼んでいる。パドマサンバヴァはヒマラヤ全域で崇敬されている人物であり、彼にまつわる聖地や巡礼地はチベットだけでなく、ネパールやブータン、インドのシッキム州、そしてヒマラヤ西端部を含めて数多くある。この地の自然風景は、パドマサンバヴァの生涯における重要なエピソードと結びつけられている。レワルサル湖そのものは、マンダーラヴァー王女に言い寄ったパドマサンバヴァを火刑に処するため、父親であるサホールの王が用意した薪の山の周りに形成されたと言われている。薪の山は何日にもわたって燃やされたが、パドマサンバヴァは勝ち誇ったように蓮の葉に乗り、8歳の少年として姿を現した。この出来事を記念するため、チベット仏教の僧院が湖の周りにいくつも建造されたほか、銅でめっきされたパドマサンバヴァの高さ40メートルの巨像が湖を見下ろすように立っている。

ブータンとインドの高地

ヒマラヤに対する認識は、見る者によって違ってきたし、これからもそうだろう。地元の住民、外国からの訪問者、イエズス会やモラヴィア教会の宣教師、商人、侵略者、そしてこの地域を訪れた欧米の探検家のそれぞれが異なる見方をしている。地元住民のなかでも、ボーティア、グルカ、レプチャ、モンパ、ネパールなど、この地域に長く暮らしてきた民族には、それぞれ異なる考え方があるものだ。主にブータン王国とインドのシッキム州、アルナチャル・プラデシュ州、ダージリンからなる東ヒマラヤには、雪男イエティとヒマラヤ山中のベユルと呼ばれる「隠れ谷」にまつわる地域伝承がある。ベユルはそれを必要とする者にとっては身も心も守ってくれる場所であり、敬虔なチベット仏教徒にとっては人の手によって汚されていない経典に預言された聖地である。なかに

■聖塔――――ストゥーパはそもそも仏舎利［仏陀の遺骨］を安置するための塔で、ネパールやブータン、チベットでは「チョルテン」と呼ばれる。写真は、ブータンのチミラカン寺院にほど近いプナカ渓谷にあるチョルテンで、同寺院は「風狂の聖」と言われるドゥクパ・クンレによって1499年に建立された。

はペマコやケンバルンなどの実際に見つかっているベユルもあるが、さらなる発見が待たれるところだ。

歴史と伝説は、ときとして共存することがある。この地の最も偉大な建築家にして芸術家、技師でもあるタントン・ギャルポ（1385–1464）の場合がそうで、彼はヒマラヤに鉄製の鎖橋を架けたことで尊敬を集め、地域住民の記憶のなかに深く刻み込まれている。チベット仏教徒は土着のボン教の信仰から多くを取り入れながら、地勢に名をつけ、土地を住みよく改良してきた。ヒマラヤでは、山、湖、洞窟、川、渓流、樹木などが聖地とされ、仏教の普及前の時代には、氷河で覆われた山が地域のさまざまな先住民

◉ラマとターキン

ウシ科ターキン属に分類されるターキン（*Budorcas taxicolor*）は、体のがっしりしたヤギを思わせる不思議な草食動物である。狩猟や密猟、そして棲息地の自然破壊が原因で、地域によっては絶滅危惧種に指定されている。

ターキンには4つの亜種があるが、そのひとつであるブータンターキン（*Budorcas taxicolor whitei*）はブータンの宗教史において重要な役割を果たしている。ブータンのラマで、常識破りの行動から「風狂の聖」と言われるドゥクパ・クンレイ（1455–1529、図左）は、信徒から奇跡を起こすように頼まれたとき、まず牛とヤギを1頭ずつ持ってくるように言った。両方の肉をむさぼり、骨だけが残ったところで、彼はヤギの頭を牛の胴体の上に載せ、命令を出した。すると驚いたことに、動物は息を吹き返し、草原へ走っていって、草を食み始めたのだという。

ターキンはブータン王国の国獣である。夏には緑豊かな渓谷の森で草や葉を食べ、冬になると高山帯まで草を探しにいく。首都ティンプー近くのモティタン・ターキン保護区では、数は少ないながらも実物のターキンが見られる。

■融合する信仰（▶カラー図版 1）―――ネパールのトリスリ渓谷にあるゴサイクンダ湖へ向かう巡礼者。シャーマニズム、仏教、ヒンドゥー教の諸要素が習合した光景には、信仰が極度に混淆したヒマラヤ地域の特徴が表れている。ゴサイクンダ湖への巡礼は、8 月の満月の日に行われる。

の祖先として崇められていた。そして現在、自然界の多くの場所が仏教徒にとっての重要な巡礼地となっている。偉大なる聖人パドマサンバヴァが弟子のイェシェ・ツォギャルとともに瞑想したというブータンのパロ渓谷にあるタクツァン僧院、そして灯火を携えたペマ・リンパが潜ってパドマサンバヴァが何世紀も前に隠した貴重な経典を発見したとされる、ブムタン地方の「燃ゆる湖」メンバル・ツォなどがそれである。

吐蕃が崩壊し、その後、ライバル関係にあるチベット仏教の宗派が権力争いを繰り広げた12世紀と13世紀を経てブータンが統一されたのは、17世紀初めのことだった。1616年、チベットから逃れてきたガワン・ナムギャルがチョギャル（仏法王）としてブータンを統治し始めてから、この王国はゾン［要塞化された仏教寺院］による二重の統治システムを採用した。要塞の役割も備えた行政体として機能するゾンは、同時にチベット仏教のドゥク派の僧院としても利用される。

ブータンは、古来より変わらず独立を維持してきたヒマラヤ唯一の王国である。この国からの侵略を阻止するため、仏教王国だったシッキムは、チベットに何度も軍事支援を要請せざるを得なかった。とはいえ、「米の隠れ谷」という意味を持つシッキムもまた、初代チョギャルのプンツォク・ナムギャルによってチベット王家の傍流としての基礎を築いた1642年以降、チベット仏教のニンマ派の本拠地としてある程度の自治を護持してはいる。

ブータンの東に境を接しているのは、インドのアルナチャル・プラデシュ州だ。山麓地域の芸術や文化には、10世紀頃からヒンドゥー教の影響が認められる。この地域を流れるブラフマプトラ川とヒンドゥー神ブラフマーとの関係はインド神話によって伝えられており、ヒンドゥー教の巡礼者の熱情を古くからかき立てずにはおかなかっただろう。しかし、数多くの民族が暮らし、多様な歴史があることから、この地域の政治史や社会史をひもとくのは容易ではない。

ブラフマプトラ川の北側の高地には、モンパ族が暮らしている。彼らは仏教徒だが、アニミズムとシャーマニズムの儀式や風習もこの地域に散見される。多くの仏教寺院と僧院は、インド最大級の仏教施設であるタワング僧院の支配下にある。ダライ・ラマ6世（1683–1706）がタワング地域のモンパ族の一家に生まれたことを、モンパの人々は誇りに思っている。

第3章

初期の旅行家と冒険家（1815年までのヒマラヤ）

Early Travellers and Adventures:
The Himalaya to 1815

ステュアート・ウィーヴァー

遅くとも前2千年紀の半ばには、ヒマラヤは神聖な巡礼地となっていた。その頃、東へ移動を始めていたインド・ヨーロッパ語族の遊牧民は、イラン高原を横断し、ヒンドゥークシュ山脈を越えてインドへと入り、ヒマラヤの山々を彼らが信仰するヴェーダの神々の棲処に見立てた。特に、西チベットにあるカイラス山は、シヴァ神が棲む場所としてヒンドゥー教徒に崇められている（おそらく、インダス川、ガンジス川、ブラフマプトラ川というインド亜大陸の三大河川の源流域にほど近いという、この山の地勢ゆえのことだろう）。これ以外にも多くの山が聖地とされ、遠い昔からあらゆる宗教の巡礼者を惹きつけてきた。残念ながら、古代の巡礼者は山に関する記録をほとんど残していないが、ヴェーダ時代の

古文献からは、彼らがどれだけ深く山を崇拝していたかを、わずかではあるがうかがい知ることができる。スカンダ・プラーナの有名な一節にはこうある――「神々の百代をもってしても、ヒマチャルの栄光を語り尽くすことはできない。そこにはシヴァが棲み、ヴィシュヌの足下からはガンジス川が蓮の花の茎のように細く優雅に流れ下る。陽光に照らされて朝露が乾いていくように、人類の罪もヒマチャルの姿によって消え去っていく」。

巡礼者と宣教師

中国に仏教が伝来したのは紀元1世紀である。その数世紀のちには、数多くの敬虔な信者が仏教の遺産を探してヒマラヤを越え、インドまで旅をするようになった。知られているなかでも最古の旅行家は法顕《ほっけん》である。彼は399年に故郷の長安を徒歩で西へ出発し、人跡未踏のタクラマカン砂漠を横断したあと、南へ下ってパミール高原を越え、現在のパキスタンにあったペシャワールの王国に到達した。パミール高原（彼は「葱嶺山《そうれい》」と呼んでいた）を横断する際の記録には、正確な道のりは記載されていないものの、この地に対する恐怖がありありと描かれている。

これらの山々は冬も夏も雪に覆われている。そこには、怒らせると毒を吐く危険な竜もいる。風、雨、雪、そして吹きつける砂や小石――行く手を遮るさまざまな困難を乗り

■巡礼を終えて――経典を求めるインド巡礼の長旅から帰還した中国の僧侶、玄奘（596-664頃）。旅では中央アジアのほとんどの山脈を通り、天山山脈では10メートルの雪の吹きだまりが行く手に立ちはだかった。鳥も飛び越えられずに歩いて越えるほど峠はあまりに高いといった記述からは、ヒマラヤに関する玄奘の記録に空想が紛れていることがうかがえる。

◉アレクサンドロス大王

ヒマラヤを旅した最初のヨーロッパ人は、アレクサンドロス大王率いる兵士だった。当時知られていた限りの世界のすべてを支配しようと、大王の軍勢は山脈の北西部を抜ける伝統的なルートであるカイバル峠を越えてインドに入り、前３２６年にはビーアス川にまで達した。おそらく大王は、現パキスタンのスワート地域にあるアオルノスの砦より先には足を踏み入れていないと思われるものの、山がちなフンザ渓谷におけるシカンドラバードという町の存在は、この冒険好きなギリシア人によるなんらかの接触を示唆している。バルティスタンのギルギット道路沿いにあり、Ｋ２への拠点となっているスカルドゥは、バルティ語で「アレクサンドロス」を意味する「イスカンダリア」を想起させるように考えられており、地元の伝承によると、初期のＫ２探検隊がスカルドゥでインダス川を渡るのに使った艀（はしけ）はそのマケドニア王が造ったものとされ、「アレクサンドロスの艀」と言われている。前３２５年に内部で起きた反乱によってアレクサンドロス大王軍はインドから撤退したため、大言壮語の果ての「侵略」は、短期間の急襲くらいにしかならなかった。とはいえ、１９２０年代にインド考古調査局が実施した発掘によって、大王の軍勢が山岳地帯の広域に及び、ヒマラヤにギリシア文明の影響が残っていることが明らかになり、古典の素養がある初期の登山家の想像力をかき立てた。

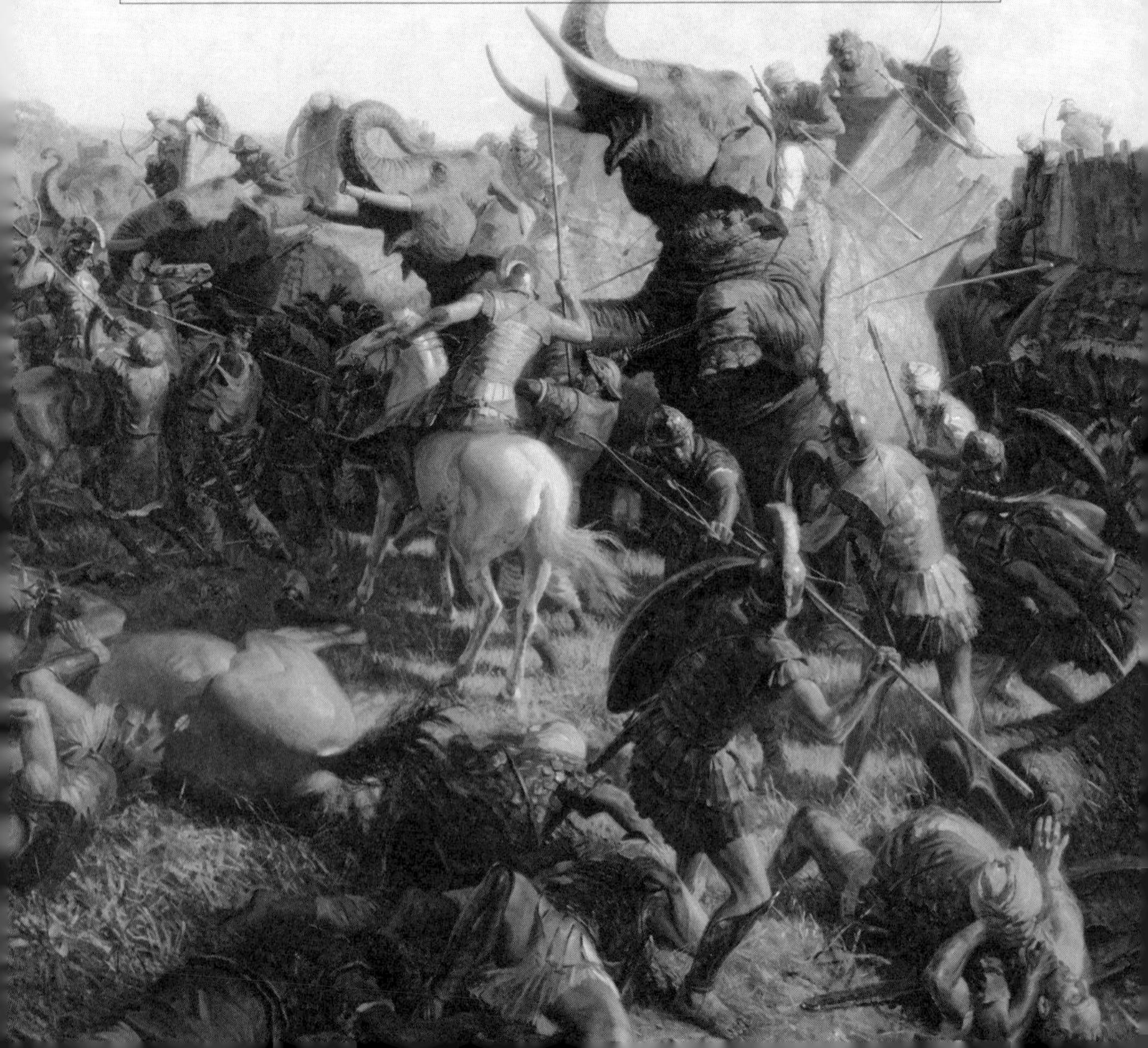

越えて生き残る者は、1万人にひとりもいない。(……)険しい断崖や絶壁が次々と行く手を阻む。高さ3000メートルもある山が、岩壁のようにそそり立つ。断崖から遠くを望むと景色は混乱し、不毛の地を進んでいくと、やがて足が言うことを聞かなくなって、自分がどこにいるのかわからなくなる。麓には新頭河(インダス川)と呼ばれる川が流れている。昔の男たちは崖を切り拓いて道を通し、岩を刻んで降下用に700段もの階段をつくった。それらを通り過ぎると、川には縄の橋が架けられ、旅行者が川を渡れるようになっている。

[*Travels of Fah-Hian and Sung-Yun, Buddhist Pilgrims, From China to India (400 A.D. and 518 A.D.)*」London, 1869 のサミュエル・ビールによる英訳より]

ペシャワールを訪れた法顕は、そのあと東

■ポタラ宮――――オランダ人のアタナシウス・キルヒャーが1667年に刊行した『中国図説』掲載のこの版画は、1661年にラサを訪れたオーストリア人のイエズス会士ヨハン・グリューバーからの伝聞に基づいて、同書の著者が制作した。写真が登場するまでは、ヨーロッパの多くの人々にとってダライ・ラマの宮殿を描いた唯一の図像だった。

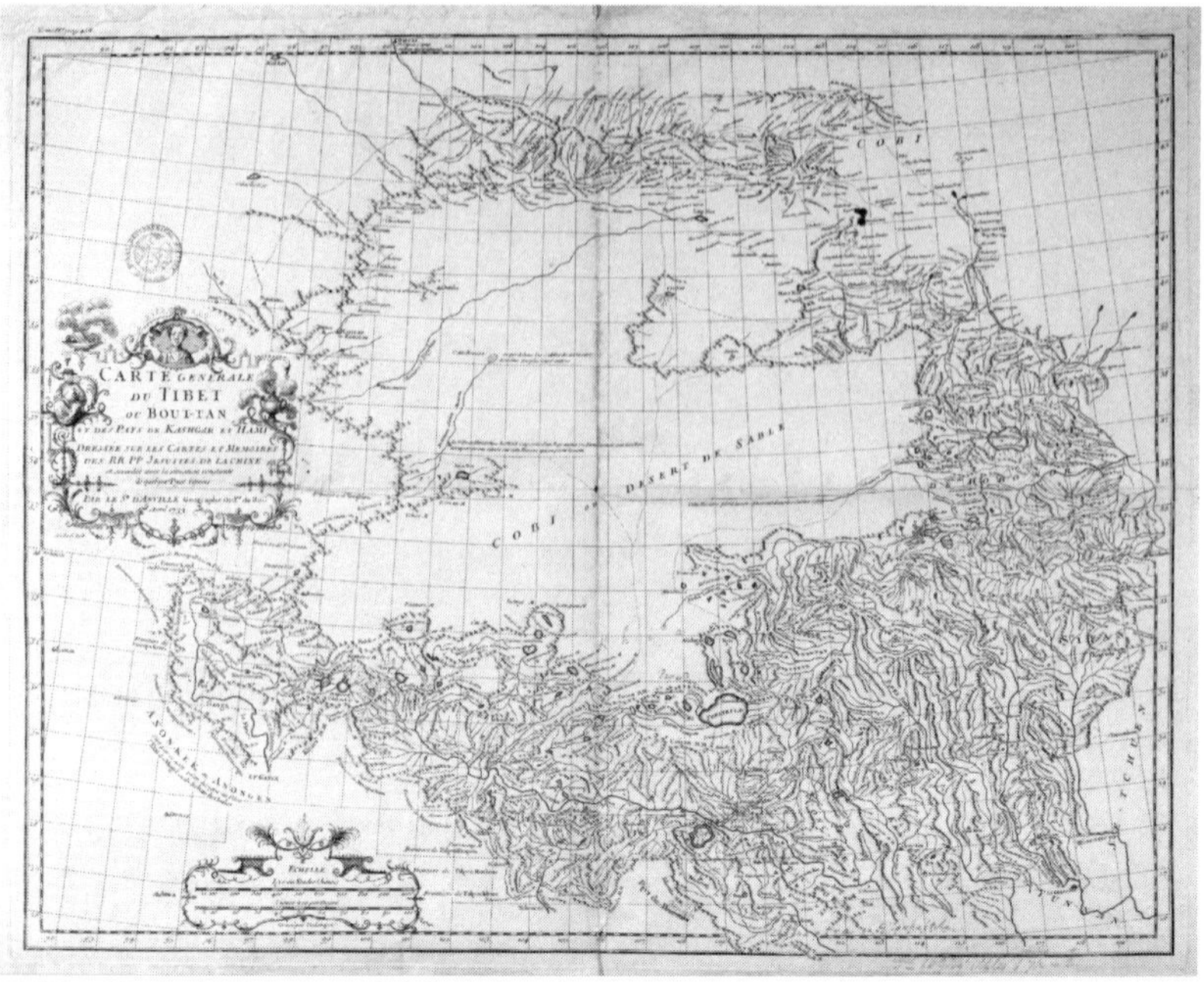

■間違いだらけの地図―――18世紀半ば、最も広く出回ったヒマラヤの地図。フランスの地理学者ジャン＝バティスト・ブルギニョン・ダンヴィルが製作し、1735年刊行の『中国の帝国について』に収録されている。残念ながら、ヒマラヤに関する彼の情報は、1705年から1717年に清の康熙帝が命じた測量からの引用であり、山を流れる川筋の多くに誤解がある。

へ進んでガンジス川流域の平野に入り、その一帯に何年も滞在したあと、船で帰途についた。それから2世紀ほど経つと、玄奘《げんじょう》（三蔵法師）が、仏教の世界観の中心にある聖なる山、須弥山に昇る夢を見て発心し、カシミールやネパールの険しい山岳地帯のほか、中央アジアの大半とインドをめぐる16年間の旅に出た。彼はわずかに空想を交えて書いている――「道は険しく危険で、身を切るような寒風が吹きすさび、獰猛な竜がたびたび行く手を遮って旅を妨害してくる」。玄奘がたどった詳しい道のりを記録から再現することはできないが、彼は（おそらくカラコルムを除く）パミールからヒマラヤまでの、南アジアと中央アジアのすべての山脈を訪れた記録を残した最初の旅行家と言われている。

ヴェネツィアの大旅行家マルコ・ポーロは、バルフからパミール高原を横断してカシュガルに達したほか、1272年か1273年に中国へ行く途中でカラコルムのすぐ北側を通ったと見られる。だが、あの『東方見聞録』［愛宕松男訳、平凡社ライブラリー］の相応の紙幅をこの地域の旅に割いているにもかかわらず、ヒマラヤに関しては並外れて高い正体不明の山々という一般的な記述がひとつあるだけだ。ヒマラヤ山脈に本格的に入った最初のヨーロッパ人は、当時ポルトガル領だったインド南西部のゴアから北へ向かったイエズス会の宣教師たちだった。チベットのキリスト教共同体から何度も報告を受けていた信徒のベント・デ・ゴイスは（だが実際のところ、報告は虚偽だった）、1603年、商人のキャラバンを引き連れてラホールからカブールへと入り、そこからパミール高原を抜けてヤルカンドにまで到達した。これまで確認されているなかで、インドから中国まで陸路で旅行した最初のヨーロッパ人は、彼ということになっている。ヨーロッパ人で初めて実際にヒマラヤを横断したのは、アントニオ・デ・アンドラーデ神父と信徒のマヌエル・マルケスだ。1624年3月にインド北部のアグラを発ち、ガルワールの危険なマナ峠（約5500メートル）を抜けて、出発から4カ月後にサトレジ川上流のツァパランに到着した。翌年、アンドラーデはチベットで最初のイエズス会の伝道本部を設けて、短期間ではあったが熱心に布教活動に取り組んでおり、マナ峠やロタン峠（クル渓谷とラホール渓谷を結び、ヒマラヤの外側のピル・パンジャール山脈を越えるルート）を経由して聖職者が次々とやって来た。東では、ジョン・カブラルとステファン・カセラというポルトガル人のイエズス会士がチュンビ渓谷とタン峠（タン・ラ）を通って山々を越え、1631年まで続くことになる2つ目の伝道本部をツァンポ川沿いの都市シガツェに

■聖なる都――ラサのポタラ宮。1650年代末の建造以来、1959年になるまでは、チベット仏教の最大宗派であるゲルク派の最高位者ダライ・ラマの本拠地だった。オーストリア人のイエズス会士ヨハン・グリューバーは、1661年にこの宮殿を目にしたことを報告しているが、これはヨーロッパ人が残した最古の記録である。

設置した。その30年後、オーストリア人のイエズス会士ヨハン・グリューバーとベルギー人のアルベール・ドルヴィルが、北京から陸路でラサとカトマンズを経由してインド北部のアグラに到達した。シシャパンマとチョー・オユーという巨峰のあいだを通ってネパール・ヒマラヤを抜ける際、彼らがヨーロッパ人として初めてエヴェレストを見たのはほぼ確実だが、エヴェレストを見て心を動かされなかった最後のヨーロッパ人でもあるだろう。グリューバーの日記のどこにも、ヒマラヤの山々に関する記述は残っていない。17世紀の人々の（あるいはイエズス会士の）鋭い感性を考えると、興味深い事実ではある。

初期の測量士と密偵

1720年以降にイエズス会の伝道活動が下火になると、ヒマラヤ探検の主導権は、イギリス東インド会社の兵士や測量士、駐在員に移った。1600年12月に国王の認可をもって設立された同社は、1612年にインド西部のスラトを流れるタプティ川沿いに最初の貿易拠点を設けた。当初、東インド会社には領土拡大に乗り出す意図はなく、ムガル皇帝の黙許によって、スパイスや織物の貿易のためだけにこの地へと進出したのだが、ムガル帝国の権勢が徐々に衰退し、フランスとの貿易競争が激化していくにつれて現地の権力闘争への関与を強め、次第に代理統治機関として台頭するようになっていった。「英領インド」の誕生した日は、ロバート・クライヴ大佐がプラッシーのマンゴー林でシラージュ・ウッダウラの軍を破り、ベンガルでの支配権を確立した1757年6月23日とするのが大方の見解である。1772年に英領インドの首都が置かれたカルカッタは、それに先立つ1690年にはジョブ・

チャーノックがフーグリ川沿いに設けた小さな貿易拠点としてすでに機能していたが、遷都によって総督の活動拠点になると同時に、イギリス人によるヒマラヤ探検を有利に進める北部の重要拠点とされるようになり、以来ヒマラヤへの理解は深まって、最終的な掌握へと続いていくことになる。

１７６７年、ロバート・クライヴはインドを離れる前にベンガルの次期測量長官としてベンガル工兵隊のジェイムズ・レンネルを指名したが、多くの場合これをしてインド測量局の創設と解釈される。英領インドのベンガル管区に駐在していたレンネルは、東インド会社の全領地の地図化をめざし、主に既存の路線測量の資料をまとめる作業を推進した。たとえば、ジョージ・キンロック大尉は、１７６７年にネパールのマッラ王朝がグルカ兵［ネパールの山岳民族によって構成される戦闘集団］に領土を侵略されたとき、王朝を支援するために小規模な探査を実施している。このときの戦闘でアジアに駐留するイギリス軍は初の大敗を喫したものの、キンロックはネパール南部の国境地帯に関する有用なスケッチを持ち帰っている。レンネル自身はフィールドワークにほとんど参加しなかったものの、北のブータン国境付近まで赴いたときには、北側にそびえる冠雪した峰々を望み、「旧大陸で最も高い山々」ではないかと推測している(当時のヨーロッパ人は「新世界」のアンデス山脈を世界一高い山脈と考えていた)。こうした推測はやがてインド測量局の科学的好奇心を刺激することになるが、当時のイギリスは山脈そのものよりも、むしろその向こうにある地域のほうに興味を抱いていた。アジアにおけるイギリスの影響力を拡大したいと考えた初代インド総督ウォレン・ヘイスティングズは、１７７４年5月、スコットランド出身で当年28歳となるジョージ・ボーグルを使節としてチベットへと派遣した。現地の地理を調査し、貿易を展開する可能性を総合的に評価するのが彼の任務だった。

　軍医のアレグザンダー・ハミルトンと、何人かのベンガル人従者からなる、誰ひとりとして雪を見たことがないという一行を従えて、ボーグルはまずアッサム・ヒマラヤを越え、ブータンの行政をつかさどるデブ・ラジャが拠点を置くタシチョ・ゾン［国内仏教の総本山で、中央執政機関でもある］を訪れた。3カ月にわたる外交交渉の末、ようやくチベットに入る許可を得た一行は、まず西へ進み、その後チュンビ渓谷を北上した。ここは鉄壁のヒマラヤに開けているよく知られた渓谷で、シッキムとブータンを結び、イギリスの初期の遠征隊にとって（遠回りになるとはいえ）エヴェレストへの主要ルートとなった。谷の向こうには聖なる山チョモ・ラーリが「壁のごとくほぼ垂直に」そびえている——

■変装の旅———1812年にヒンドゥーの修行者を装って西チベットに入った、ウィリアム・ムーアクロフトとハイダー・ヤング・ハーシー。2人は数多くの貴重な発見をしつつラムガンガ川をさかのぼり、ナンダ・デヴィの南東にある源流域へと分け入った。帰路、彼らはチベット人やグルカ兵に何度か監禁されている。

◉恐ろしいほど荒涼とした地域

ヒマラヤを最後に旅した初期の聖職者といえば、イタリア人宣教師イッポリト・デシデリ（1684–1733）ということになるだろう。1715年5月、彼はカシミールのスリナガルからゾージ峠（ゾージ・ラ）を通り、ラダックのトランス・ヒマラヤ地域にあるレーに達した。デシデリは、最初の本格的なチベット探検家であると広く考えられているほか、チベットの言語と文化に共感し、それらを学んだ最初のヨーロッパ人でもあった。とはいえ、山を愛していたわけではないようで、ゾージ峠を越えるときの話にはそれがはっきりと表れている。山々について彼が書いているのは、以下のようなことである。

（……）荒廃、恐怖、そして死そのものが、はっきりと表れ、それぞれが互いに積み重なっている。高所から猛烈な勢いで流れ下る急流との距離はほとんどなく、岩に打ちつける水の轟音には、どれほど屈強な旅行家であってもひるんでしまう。そびえ立つ山々は、その麓でさえも人間の行く手を阻む。斜面の途中を通って前進するしかないうえ、その小道は概して狭く、足を置く場所もほとんどないほどだ。（……）一歩間違えば、奈落の底へ転がり落ちて命を失うか、運が良くても、腕や脚を骨折してしまうだろうし、仲間の何人かはすでにそのような目に遭っている。どこかにつかまれる低木が生えていればよいのだが、この一帯は木どころか草もまったく生えていない不毛の地だ。山をひとつでも越えようと思ったら、何本もの激流を渡らなければならない。しかも橋はなく、ぐらぐらする細い板が渡してあるだけか、緑色の若い枝で編んだ縄が何本か張ってあるだけである。足がすべらないよう、靴を脱いで歩かなければならない場所も多い。こうした恐ろしい旅の出来事を一瞬でも思い出すだけで、私は身震いしてしまう。

荘厳な山々をロマンティックにとらえる見方が、1715年の西洋人にはまだなかったようだ。この宣教師にとってのヒマラヤは、やむを得ず越えなければならない、恐ろしいほど荒涼とした障害物でしかなく、宣教という目的がなければ決して足を踏み入れたくない場所だったのだろう。

ボーグルは目撃した驚きをこう記している。西には、世界第3位の高峰カンチェンジュンガなど、シッキムの高峰がわずかに見えただけだったという（カンチェンジュンガについて、ボーグルは「ディナジプルやベンガルのほかの平野から見える、雪に覆われた丘陵」だと、どこかしらつじつまの合わない記述を残している)。ボーグルとハミルトンはチュンビ渓谷から標高4500メートルを超えるタン峠を通り、ヒマラヤを越えてチベット高原に足を踏み入れた初めてのイギリス人となった。だが彼らはラサに入ることを禁じられていたため、代わりにシガツェを訪れることにした。ボーグルはそこでチベット人の妻をめとり、当時まだ未成年だったダライ・ラマの摂政としてチベットを統治していたパンチェン・ラマ6世、ロプサン・ペルデン・エシェの信頼を得て友情をはぐくんだが、東インド会社にとって商業的な利益になるような成果はほとんどなく、ほぼ徒手空拳の状態で帰還した。9年後、ヘイスティングズは、副官のサミュエル・ターナーを2人目の使節としてシガツェに派遣した。ボーグルもターナーも勇敢な旅行家で、文化の観察にかけては鋭い眼力を持っていたが、専門的な訓練を受けた測量士を随行させなかったため、ツァンポ川とアッサムのブラフマプトラ川が同一であるのを特定したほかは、ヒマラヤの地理的知識の向上にほとんど寄与しなかった。1788年にジェイムズ・レンネルによって刊行された『ヒンドゥスタンの地図』*Map of Hindoostan* 第2版を見ると、外側の丘陵地帯の北には「未知の土地」としか書かれておらず、その広大な空間には、山脈を示す抽象的な線が無造作に描かれているだけだった。

1792年、ぶ厚いベールに包まれていた中央ヒマラヤの正体を垣間見る好機が訪れた。ネパールのグルカ兵の支配者が、中国の支援を受けて北から侵攻してくるチベットを止めてほしいと、カルカッタに支援を要請してきたのである。その求めに対し、ウォレン・ヘイスティングズから総督の地位を受け継いだ冷静沈着なコーンウォリス卿は、軍隊の派遣こそ見送ったものの、紛争の仲裁に入るためにウィリアム・カークパトリック大佐率いる外交使節団を派遣した。1793年、カークパトリックがカトマンズ渓谷に到達した頃に紛争は終結し、仲裁の必要もなくなっていたが、使節団は現地に3週間とどまった。そのときの記録をまとめたカークパトリックの著書『ネパール王国の話』*Account of the Kingdom of Nepaul*は、現地を訪れたヨーロッパ人による初めての手記となった。その本にはカトマンズへのルートをスケッチした初めての地図も添付されている。地図を描いたのは、使節団の護衛兵だったジョン・ジェラード中尉で、彼はその後ベンガル軍の高級副官となった。

イギリスとネパールが友好関係を発展させていることにいら立ったチベットは、ラサで中国が影響力を強めていることもあって、イギリス人によるチベット入域を禁止した。これ以降、1904年にフランシス・ヤングハズバンドが暴力的にチベットへの扉を開くまで、不法侵入者を除き、イギリス人がタン峠を越えてチベット高原に入ることはなかった。一方、ネパールは1801年から1803年までカトマンズにイギリス人が住むことを許していた。この期間にネパールにいたイギリス人のひとりが、測量士のチャールズ・クローフォードである。周囲の山々をわずかに垣間見ることができた彼は、山は「かなりの高さ」で、ともすれば観測所からの高さは最高で6100メートルもあるのではないかと考えた。軍部も科学界もこうした推論を受けて大きな関心を示したが、クローフォードにはそれを確認する時間も手立てもなかった。1803年、イギリス人がカトマンズから引き上げると、クローフォードのスケッチや測量日誌はどういうわけか行方不明になり、中央ヒマラヤの正体は再びベールに包まれた。1802年にクローフォードが簡易な測量を始めたネパール東部のコシ県に、外国人旅行者が再び入れるようになったのは1950年のことである。

インドでは、マラーター同盟［1708年、デカン高原を中心とする地域に発足したヒンドゥー教を奉じるマラーター諸部族による連合体］に対する東インド会社の攻撃が、

1805年には北のデリーにまで拡大していた。軍が進出するところには、必然的に測量士も随行する。レンネルの後継者としてベンガルの測量長官を務めていたロバート・コールブルックは、ガンジス川の源を見つけようと、1807年にフィールドワークを開始した。インド北東部ビハール州のパトナから、支流のゴグラ川とラプティ川をさかのぼってゴーラクプルに達した彼は、そこでネパール・ヒマラヤを初めて観測した。その後、北西へ進み、サブ＝ヒマラヤのロヒルカンド地域にあるピリビトに到達し、そこから山々を再び観測すると、彼はこう確信する――「南アメリカのコルディエラ山系よりも高いとは言わないが、同等の高さであることは疑いようがない」。コールブルックはさらに、当時ネパール王国の一部だったガルワール地方とクマオン地方に潜入するつもりだったが、1808年初めに赤痢にかかって倒れたため、代わりに、彼の助手を務めていたベンガル歩兵第10連隊のウィリアム・ウェブ中尉をガンジス川の源流探索に派遣した。

ウェブは、同じく第10連隊のF・V・レイパー大尉と、インド生まれのイギリス人傭兵ハイダー・ヤング・ハーシーとともに、ガンジス川支流のダウリ川をさかのぼってタポバンに達し、標高3600メートルを超えるクアリ峠まで登り、初めてクマオン・ヒマラヤの全容を見たヨーロッパ人となった。ヒマラヤが世界で最も高い山脈であることはどこを見回しても疑いようがなかったが、ウェブが決定的な証拠をつかむのは1810年になってからのことだ。平野に設けた4カ所の観測所から、ダウラギリと呼ばれていた山の標高を測定したところ、8187メートルという驚くべき数値を得たのである（現在通用している標高との誤差は20メートルしかない）。しかし、ヨーロッパの専門家たちは、アンデス山脈が世界最高の山脈であるという考え方をいっこうに変えようとせず、ウェブの発見は東洋

■アンナプルナへの道（▶カラー図版3）———ネパールのマナン渓谷を流れるマルシャンディ川。アンナプルナへ至る道の途中にある。この渓谷はラサに通じる交易路にあり、地元民は伝統的に商才があるとされている。

かぶれの夢想者の戯言として、一般には受け入れられなかった。世界で最も高い山脈をめぐる論争が決着し、ヒマラヤがその地位にあると認められたのは、ジョージ・エヴェレストが北部で大三角測量を実施した1830年代になってからである。

1808年12月、ウィリアム・ウェブがいち早くガルワール探検を実施してまもなく、イギリスの獣医ウィリアム・ムーアクロフトが東インド会社の種馬飼育場の新しい管理者としてベンガルにやって来た。だが、飼育場にいる馬の頭数は絶望的なまでに少なかった。そんな状況を知ったムーアクロフトは、英領インドの最果ての地までの2400キロを旅し、馬を買い、情報を集め、地元の人々と知り合い、地理を把握した。馬の頭数不足を解消する手立ては峠の向こうにある——ベンガルに戻ってそう確信したムーアクロフトは、1812年4月、ウェブの旧友であるハイダー・

ヤング・ハーシーを伴って、正式な許可もなく再び馬を探す旅へと出発した。2人はヒンドゥー教のサドゥー［修行者］を装ってクマオンに入り、ラムガンガ川をさかのぼって、ナンダ・デヴィの南東にある源流域をめざしたが、立ちはだかる山を越えられないことが判明するや、かつてウェブがたどったルートを使ってダウリガンガ川を溯上し、標高5068メートルのニティ峠を越えて西チベットのガルトクに入った。そこでは、馬をほとんど見つけられなかったが、高価なウール素材であるパシュミナを大量に発見したほか、少し前までこの地域にロシア人がいたことを示す興味深い証拠も見出した。ナポレオンの脅威で頭がいっぱいだったイギリスは、当時同盟関係にあったロシアに対する不安をほとんど抱いていなかったとはいえ、ムーアクロフトがトランス・ヒマラヤでロシア人を発見した事実は、デリーでもカルカッタでも見過ごされず、忘れ去られることもなかった。その後、ムーアクロフトとハーシーは、聖地カイラス山の麓に横たわる神聖な湖、マナサロワール湖への古い巡礼の道をイギリス人として初めてたどったが、チベットの奥への侵入は許されず、インドへの帰途についたのだった。

第4章

ヒマラヤを測量する（1815-1892）

Surveying the Himalaya 1815–1892

ステュアート・ウィーヴァー

1814年、表向きはグルカ兵に領土を侵略されたという理由で、イギリス東インド会社はネパール王国との戦争へと突入し、山岳地帯のガルワール地方とクマオン地方を攻略して、ヒマラヤ山脈の北部から南部（チベットからインド）までを初めて母国の統治下に置いた。そんななか、北西山岳地域の測量士に任命されたジョン・アンソニー・ホジスンは、ネパールの実質的な国境となったカリ川の西の渓谷を、終戦の前から調査し始めていた。4年後、彼の後継者であるジェイムズ・ハーバートがヒマラヤ測量の最初の基線をサハーランプルに設置し、峰々の標高の算出を開始した。そ

■測量用具――――1802年に始まったインドの大三角測量で、1830年から1843年までサー・ジョージ・エヴェレストが持参していた経緯儀の正面図。ジェイムズ・ニコルスンはこの経緯儀を使って、のちにエヴェレストと命名される山の標高を測定し、それが世界最高峰であることを決定づけるデータとなった。

DRAWINGS
Illustrative of the 3 feet
THEODOLITE
Constructed for
The H. E. India Company
by
Mess.rs Troughton & Simms.

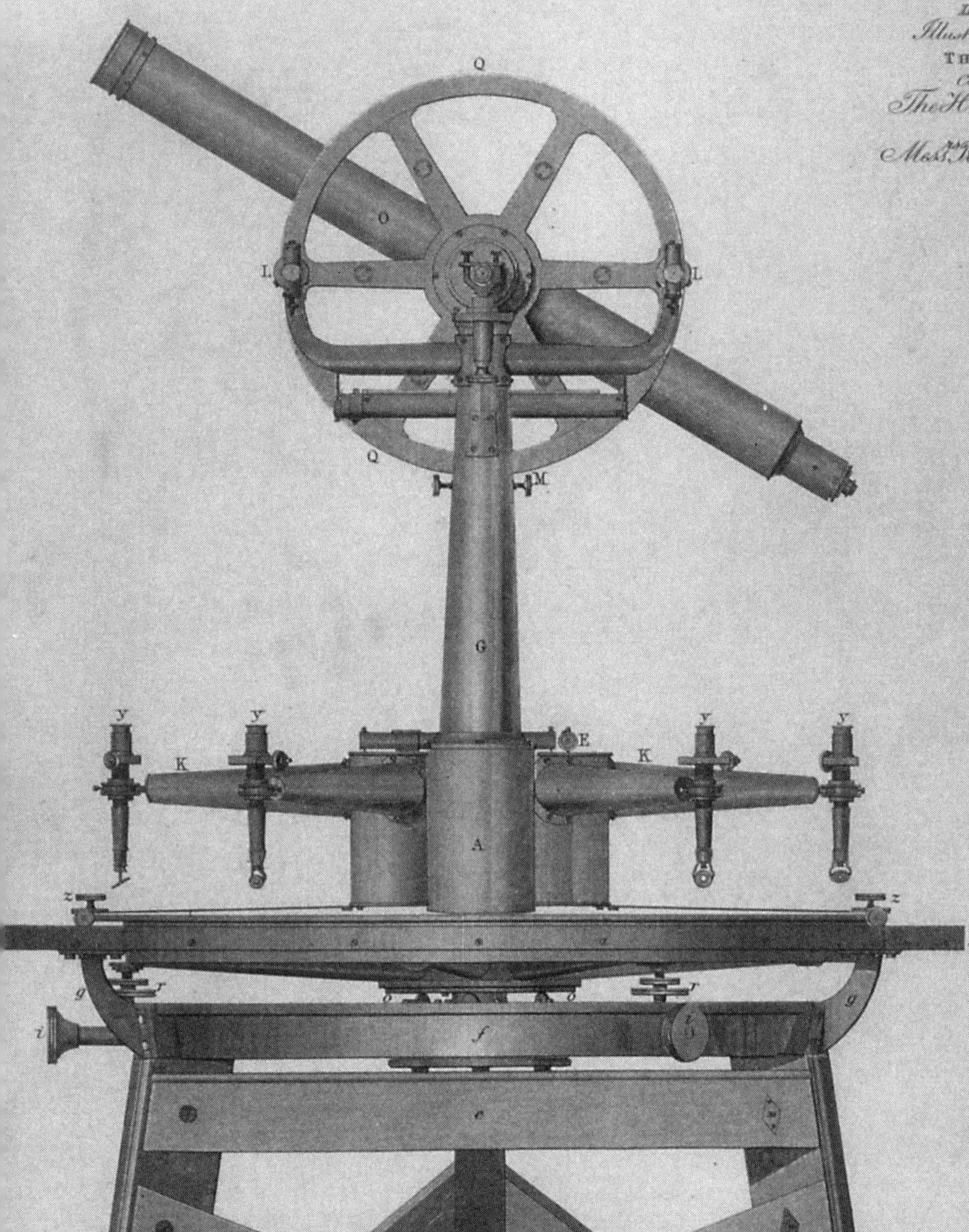

Surveyor General's Office, Calcutta 1874.

◉ヒマラヤを旅した科学者

測量士に続いてヒマラヤを旅した博物学者は多いが、そのなかでも最も重要な人物が、ダーウィンの年下の友人でもあるジョゼフ・ダルトン・フッカー（1817-1911）である。1847年にインドを訪れた彼は、2年間の滞在期間の多くをシッキムとベンガル東部で過ごした。主に植物に興味を持っていたフッカーはアマチュアの地質学者でもあり（図は彼による植物採集の様子）、彼の有名な著書『ヒマラヤ紀行』（1854）［薬師義美訳、白水社］には「チョモ・ラーリ」や「カンチェンジュンガ」といった東ヒマラヤの主要峰に関する、いまだに人々を惹きつけてやまない最初期の記述も含まれている。測量士こそ随行していなかったものの、フッカーは地図づくりにかなりの時間を割いており、1849年11月にはシッキムの国王に怪しまれて捕らえられ、ガントクの北にあるトゥムロンに監禁されたこともある。東インド会社はこの事態を受け、侵攻する姿勢をちらつかせてフッカーを釈放させたうえ、それに乗じてシッキム南部の一部を併合してしまい、結果としてイギリスの支配地域はカンチェンジュンガにいっそう接近することになった。

DR. HOOKER COLLECTING PLANTS IN THE SIKKIM HIMALAYAS.

そしてフッカーのあとにヒマラヤを探検した19世紀半ばの著名な科学者が、バイエルン出身の3兄弟、ヘルマン、アドルフ、ロベルト・シュラーギントヴァイトである。3人は地磁気を研究するため、1854年にインド入りした。ヘルマンはカルカッタから東のアッサムへ向かってブラフマプトラ川の流域を探査し、アドルフとロベルトはクマオンの中央ヒマラヤへ向かい登山に挑んだ。彼らはカメットに登ったと思い込んでいたようだが、実際のところは、その北隣にあるアビ・ガミンに登攀したというのが真相だろう。これは知られている限り初となる純粋なヒマラヤ登山であり、それを目的として頂上をめざした最初の事例だが、当然のことながら登頂には失敗している。とはいえ、シュラーギントヴァイト兄弟と8人の勇敢なポーターは、標高5182メートルより上の地点で10夜を過ごし、最終的には標高6778メートルにまで達したと推定されている。この高度記録は9年間破られなかった。

の結果によれば、たとえばナンダ・デヴィの標高は7848メートルであり、7816メートルという現代の測量値と比較しても驚くべき（そしてほぼ正確な）値だ。当時、これほどの高峰に登ろうと考える者は誰もいなかったが、1830年、クマオンの初代副長官であるG・W・トレールが、大ヒマラヤの主軸にあるナンダ・デヴィとナンダ・コートのあいだを越えている。雪に閉ざされ、標高5395メートルまで登る困難なルートで、このときに通った峠には彼の名前がついている。地元の伝承では、自身の行為によって女神ナンダの怒りにふれたトレールは雪盲となってしまい、アルモラにある女神を祀る寺院に改悛の供物を捧げるまで、彼の目は回復しなかったのだという。

　西ヒマラヤを訪れた初期のイギリス人旅行家のなかでも最も勇敢だったのは、ゴドフリー・トマス・ヴィーニュだ。事務弁護士を辞めてスポーツ選手や芸術家として活動し、1834年の来訪以降インドに4年間滞在した彼は、その多くの月日を割いて、カシミールやラダック、バルティスタンの人里離れた渓谷を探検した。ヴューニュが探検を始めた動機は判然とせず、通ったルートや旅程も正確にはわからない。東インド会社が雇ったスパイなのではないかと推測する歴史家も何人かいる。もしそうだとすれば、探検以外に狩猟や絵画、執筆、植物採集にいそしんでいた彼は、変幻自在に身分を変えるかなりのやり手だったということになる。とはいえ、山岳探検家としてのヴィーニュの功績には目を見張るものがあった。カシミール渓谷をヨーロッパに紹介して賞賛を受けたばかりか、大ヒマラヤの主軸の西にそびえるナンガ・パルバットの東にある高い峠をいくつも越え、カラコルムを「発見」し、チョゴ・ルンマ氷河の末端まで探検しているからだ。古典となった彼の著作『カシミールの旅』*Travels in Kashmir*（1842）は山岳地帯北西部を初めて包括的に記述した文献というだけでなく、山々をロマンティックな視点で評価した初の文献でもある。イアン・キャメロンは、ヴィーニュについてこう話して

（1815–1892）

いる——「現代人が見ているように山を見た最初のヨーロッパ人であり、山々を非情な鉄壁と見なさず、最も壮麗な自然の姿として描いた人物だ」。

地図づくりに身を捧げる

インドでは、マドラスから東経78度沿いに北の山岳地帯まで行う大三角測量が、着実に進んでいた。危険を伴い、多大な費用がかかる大事業だが、ジョージ・エヴェレストが大三角測量の監督官を退任する1843年までには、デラドゥンで「大子午線弧」の測量を完結させ、いくつかの副次的な測量を始めていた。これが、1840年代後半から東ヒマラヤを正確に測量する足がかりとなる。カンチェンジュンガの標高が8586メートルと判明したときには、この山が世界最高峰に違いないと考えられていたが、それもつかの間、1847年11月に、エヴェレストの後任であるアンドルー・ウォーがダージリン郊外の高台から未知の高峰をかすかに目撃し、カンチェンジュンガよりも高いのではないかと考えた。彼はその山を「ガンマ」と呼び、助手に命じてその後数年間さまざまな角度から測量を行った。1850年までには、「ガンマ」は「ピーク15」と呼び名を変え、カルカッタで大きな関心を集めるようになっていた。そして1856年3月、その標高が8840メートル（現在通用している標高8848メートルとの差はわずか8メートル）であると公式に確定し、世界最高峰として認定された。そこで持ち上がったのが、名称の問題である。大三角測量によって得られた詳細な知識を利用して、大英帝国がインドで少しずつ領土を拡大していったのは確かだが、地形に関しては現地の名称に従うのが通例だろうと、役人や測量士は考えていた。しかし、ウォーがピーク15の現地名を懸命に調べたにもかかわらず見つけられなかったことから、世界最高峰には、彼の前任者であるジョージ・エヴェレストの名がつけられることになった。

19世紀半ばには、カシミールを含め、かつて隆盛をきわめたパンジャブ王国の大半がイギリスやその傀儡《かいらい》の手に落ち、その地域の探検や測量が可能になっていた。イギリス人の測量士も現地の助手も一般的な意味での登山家ではなく、ピッケルも持たず、アイゼンも使わず、登山用ロープとその使い方すら知らなかった。それでも彼らは、科学調査のために経緯儀や回照器をかついで、外側の山地とはいえ標高5000から6000メートルというかなりの高峰にまで登り、寒さや疲労、空腹に耐えながらときには何週間もキャ

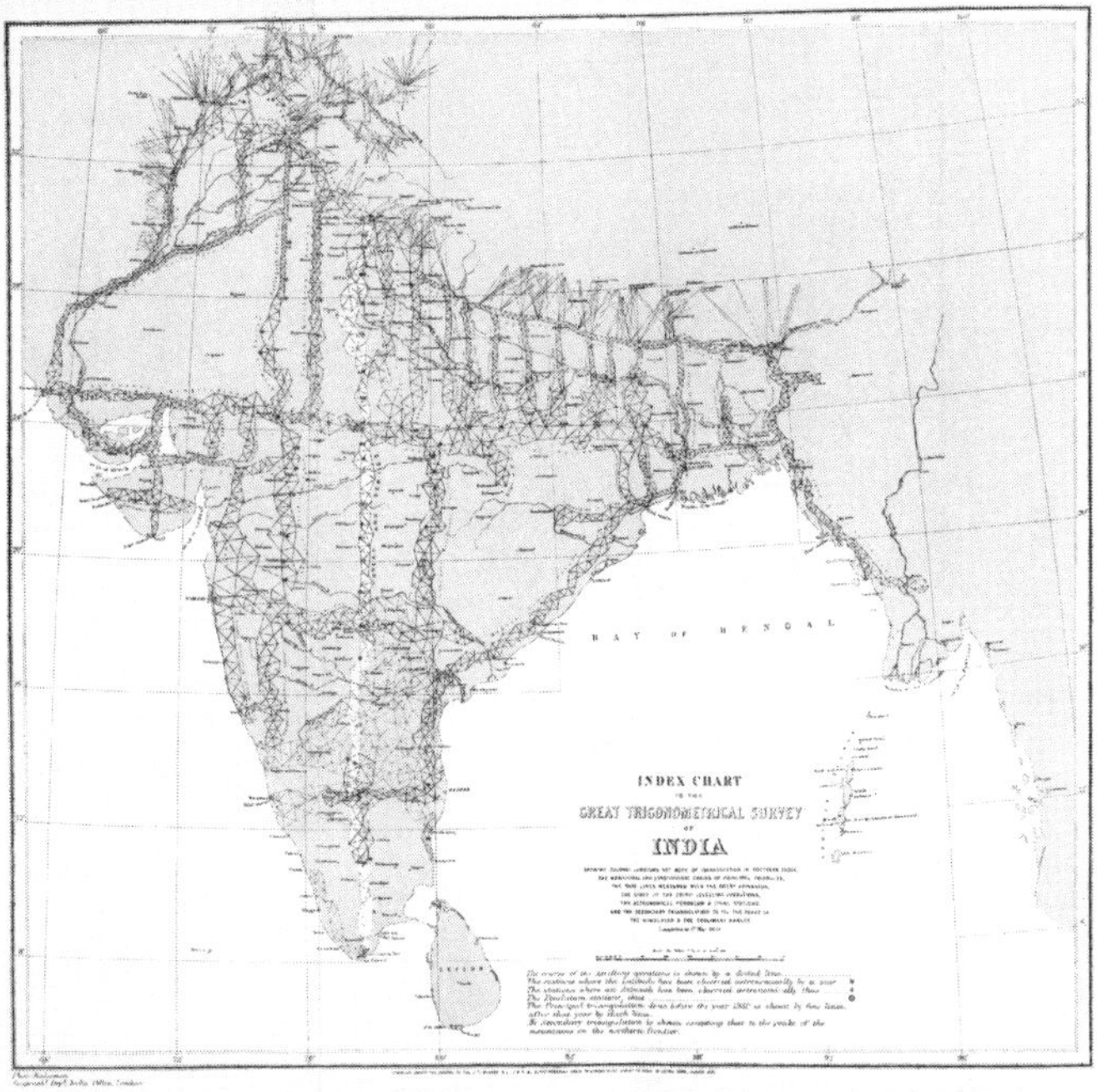

■測量図────1870年、インドの大三角測量終了の4年後に作成された索引図。標高が知られている峰からの三角測量によって、エヴェレストのチームはヒマラヤの大半をカバーする三角網の大筋を作成し、山々の標高を確定することができた。

■氷河（▶カラー図版 4）———カラコルムのバルトロ氷河。およそ 60 キロという全長は、亜極地帯の氷河で屈指のものである。流下速度は最大 1 日 2 メートルと、氷河のなかでは速いほうだ。1861 年、ヘンリー・ハヴァーシャム・ゴドウィン＝オースティンによって初めて測量された。

ンプをして、視界が晴れるのを待った。目標物をはっきりとらえなければ、精密な三角法の計算はできないからだ。そして１８５６年、イギリス陸軍工兵隊のトマス・ジョージ・モンゴメリーが、カシミール渓谷を見下ろす峰のひとつから２３０キロほど先のカラコルムに堂々とそびえる２つの峰を発見し、適切な呼称を思いつかなかったため、とりあえず「Ｋ１」と「Ｋ２」という呼び名をつけた。その後、Ｋ１のほうに現地名があることが判明し、測量の慣例に従って地図には「マッシャーブルム」と記されることとなる。しかし、Ｋ２のほうは現地名が見つからず、そのまま残すことになった。まるで暗号のような名称ではあるが、インド測量局の名もなき登山家たちを讃える地名とも言える。

１８５７年にインド大反乱が勃発すると、カシミール地方でも散発的な暴動が起こった。それでも測量事業は、著名な軍人にして探検家、芸術家、地質学者、登山家でもあるヘンリー・ハヴァーシャム・ゴドウィン＝オースティンのリーダーシップのもとで続行される。その頃には、カラコルムをカシミール地方北部の必然的な境界――つまり、英領インドと中央アジアの未知の地域との境界――であると、

■くつろぐ測量士———サー・ジョージ・エヴェレストの肖像写真。インド測量局長官としての在任期間中（1830–1843）に、現地の主要な大三角測量を終えた。世界最高峰につけられたエヴェレストという名称は、彼の後任者であるアンドルー・ウォーの提案によるものである。

イギリスは認めていた。ゴドウィン＝オースティンの任務は、この境界を画定し、地図上に明記することだった。彼にカラコルムを越える権限はなかったものの、1861年、探検家としての情熱を抑えきれず、およそ60人のポーターや助手を伴ってパンマー氷河を登り、氷に閉ざされた標高5486メートルのムズターグ峠に到達した。これはカラコルムを越える峠であり、わずか30キロほど東にはK2がそびえる。さらにゴドウィン＝オースティンは、ブラルドゥ渓谷を東へ進み、バルトロ氷河の末端に到達した。そのすぐ先は、聖なるカラコルムの最奥部であり、そこには氷と雪に閉ざされた広大な岩の峡谷と、世界第30位までの高峰のうち10座を抱く山脈が立ちはだかっている。

ゴドウィン＝オースティンは、バルトロ氷河を登攀した最初のヨーロッパ人というだけでなく、その分布域を初めて測量して地図化した人物であり、さらには、氷河の周囲にそびえる頂や絶壁に登った最初の登山家でもある。K2にこそ足を踏み入れなかった彼だが、マッシャーブルムの尾根のひとつからK2の位置を特定しており、その氷河は南に流下してインダス川に注いでいることを確認した。これはイギリス人にとって、世界第2位の山が英領インドの勢力圏にあることを認識する、注目すべき発見だった。

19世紀後半にはK2を「ゴドウィン＝オースティン山」と名づけようという動きがあったが、幸いにもそれは実現せず、宗主国から屈辱的な名前をつけられたヒマラヤの巨峰はエヴェレストだけとなった。とはいえ、K2の東の麓に分布する氷河は、カラコルムを測量した偉大な人々に敬意を表し、植民地時代の終焉後に「ゴドウィン＝オースティン氷河」として地図に記載されている。そんな栄誉をまったく受けていないのが、カシミールで数多くの測量士のなかからモンゴメリーの助手に選ばれたウィリアム・ヘンリー・ジョンスンだ。単純に登山という観点からすれば、彼の仕事は当時最も注目すべき功績だったとも言える。１８６２年までに、標高６１００メートル以上に三角点を９カ所設置し、うち４カ所は世界で最も高い三角点の地位を60年にわたって保持したのである。インド生まれの公務員でイギリスに一度も訪れたことがなく、そのうえそれほど高い教育を受けたわけでもなかったジョンスンは、社会的地位を重んじたイギリス統治時代の歴史にあっては存在しないも同然で、その優れた登山への功績に光が当てられることもなかったが、少なくともその名だけは残っている。彼に随行していたのは、「カラシー」と呼ばれる慎ましい現地の助手だが、およそ６ルピーの月給で、ヨーロッパでは考

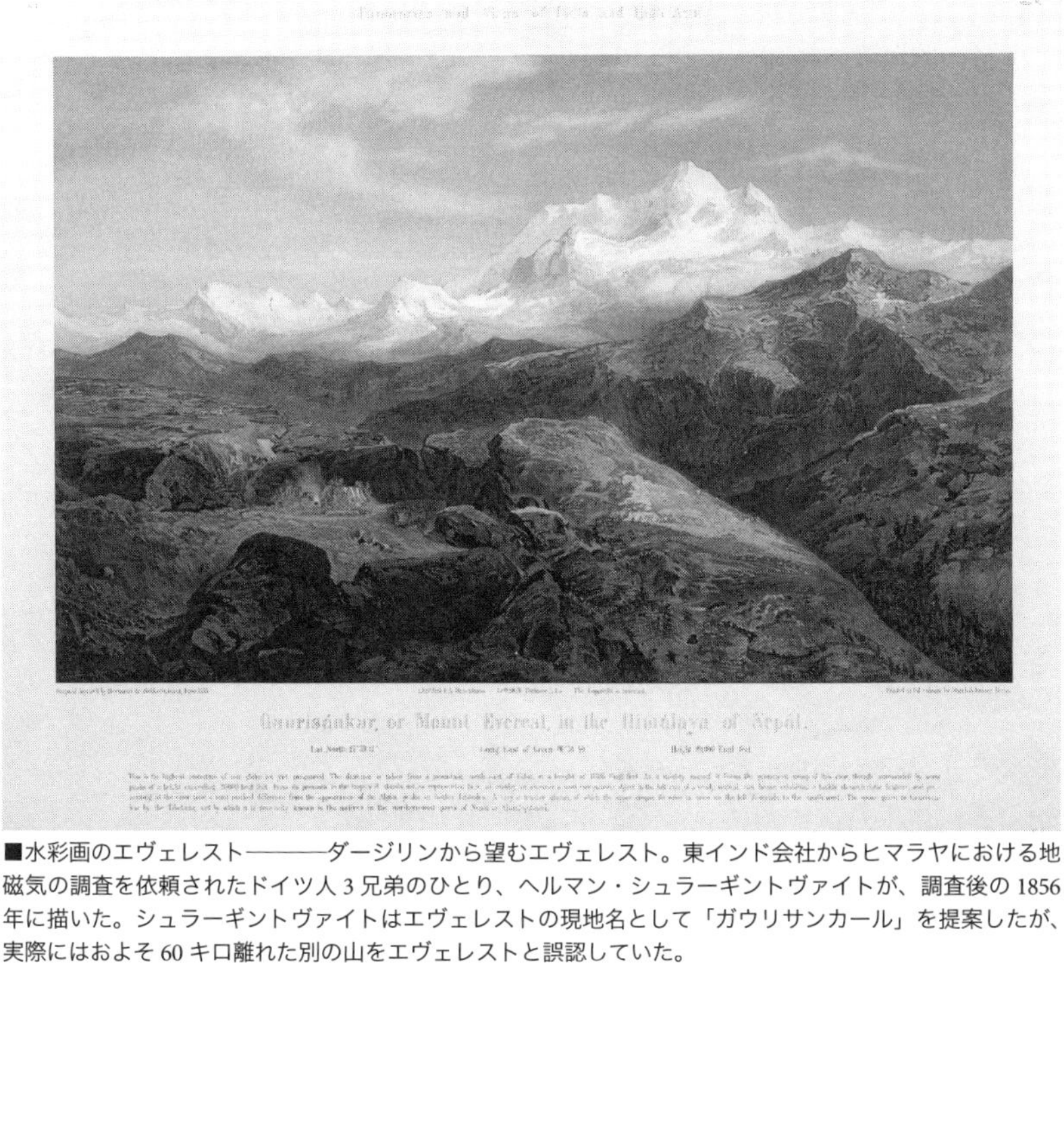

■水彩画のエヴェレスト――ダージリンから望むエヴェレスト。東インド会社からヒマラヤにおける地磁気の調査を依頼されたドイツ人３兄弟のひとり、ヘルマン・シュラーギントヴァイトが、調査後の1856年に描いた。シュラーギントヴァイトはエヴェレストの現地名として「ガウリサンカール」を提案したが、実際にはおよそ60キロ離れた別の山をエヴェレストと誤認していた。

(1815-1892)

えられないほどの高所まで、測量に欠かせない測量ポールや経緯儀を運んだ（これは測量に従事したほかのイギリス人にしても同じだった）。1860年に助手のひとりが測量ポールを担いで標高7030メートルのシラに登頂したという記録があり、それが当時人類の到達した世界最高点とされているのだが、残念ながらその記録は信憑性に欠けている（その山の標高が6111メートルしかないことが、のちに判明したため）。とはいえ、地図づくりに身を捧げた無名の人々による登山への功績を讃えるため、彼らの仕事にもまた光は当てられるべきだろう。助手の不断の努力がなければ、ゴドウィン＝オースティンらはなんの成果もあげられなかったに違いない。

パンディット

1863年7月、アブドゥル・ハミドというムスリムの旅行家が、ラダックの首都レーを発ち、イギリス人が中国領トルキスタンと呼んでいた地域に位置する有名な都市ヤルカンドへと向かった。単にムンシ［教師、学識のある人物］の格好をしていた彼は、その実インド測量局の職員であり、六分儀やコンパスを使う訓練を受けたうえで、イギリスのために地理や政治に関する情報を収集する任務を負って派遣されていた。ヒマラヤの国境に沿って諜報活動をする現地人の探検家は「パンディット」と呼ばれ、ハミドはその最初の人物である。その頃、イギリスはほぼ山脈を境界としてインドを帝国下に治めていたが、北西の境界は中国と中央アジアのロシア領に接していた。「ロシア恐怖症《ラソフォビア》」は最高潮に達し、カルカッタの政府高官は、峠の向こうに君臨する曖昧模糊とした王国で何が起きているのかをどうしても知りたいと熱望していた。だが、彼ら自身が目立たないように旅をすることは難しい。そこで現地のインド人を雇い、長い年月をかけて訓練を施し、諜報員を育成した。キプリングは、19世紀後半にヒマラヤ地域で繰り広げられた戦略的な勢力争いと陰謀を「グレート・ゲーム」と絶妙に言い表している。

インド人を雇って探検家兼スパイに仕立て上げるのは、トマス・モンゴメリーのアイデアによる。1860年におけるラダックでの測量中に、ヨーロッパ人の立ち入りが禁じられている地域で現地住民が自由に移動しているのを目にした彼は、この人々であれば諜報活動が可能なのではないかと考えたのである。その少し前に起きた暴動によってインドでは民族不信の風潮が生じており、カルカッタ側は当初、現地人スパイというこのアイデアには懐疑的だった。しかし、1861年と翌62年に行われたイギリス人によるチベット入域の相次ぐ失敗を受けて、モンゴメリー案は最終的に受け入れられた。翌年、モンゴメリーは件のハミドを雇って路線測量の基礎を教え、六分儀、コンパス、温度計、腕時計、夜間に計器を見るためのランタン、ペンとインク、そして2冊の小さなノートを持たせて、秘密裡に山岳地帯へと派遣した。

ハミドは険峻なカラコルム峠を越え、ヤルカンドの厳冬を乗りきったが、不運にも、レーに戻る途中で野生のルバーブ［ダイオウ属の植物］の毒に当たって命を落とした。にもかかわらず、モンゴメリーはこの実験的な探査が成功したことを宣言し、中央アジアにおける極秘探査を本格的に開始する旨を決める。彼はクマオンのミラム村ナイン・シンとナニ・シンといういとこ同士の2人を雇い、デラドゥンのインド測量局本部に連れてくると、ロザリオとマニ車で距離を測る方法を教えたうえで、「旅するスパイ」に仕立て上げたのである。1865年、ナイン・シンはカトマンズからヒマラヤを越え、東は立ち入り禁止の都市ラサまでを調査した。その2年後にバドリナート郊外のマナ峠を越えた彼は、西チベットの系統的な測量を初めて実施し、1873年にはカシュガルへと向かうT・ダグラス・フォーサイスの有名な任務にも加わっている。それは6人の将校と数人の科学者、4人のインド人測量士、350人のポーター、そして荷駄用の動物550頭を従えた大規模な旅だった。この任務の目的は、カシュガルを含む地域「カシュガリア」の君主を僭称していたヤクブ・ベクと、友好的な外交関係を築くことにあった。その目的はほとんど達成できなかったとはいえ、トランス・ヒマラヤを探査する極秘任務の隠蔽には大いに役立ち、その後の登山遠征隊にとっても規模や全体的な様式の範例となった。遠征隊は、登山という純粋な目的のほかに、軍事的な監視や科学調査の任務も不本意ながら担うことになる。

帝国の先兵としての旅行家

インド人パンディットの利用が判明している最後の事例は、1892年から翌93年にハリ・ラムをネパールとチベットへ派遣した探査である（これは彼にとって5度目にして最後の旅となった）。とはいえ、グレート・ゲームは終わったわけではない。実際、1883年に中央アジアの古都メルヴをロシアが併合し、1885年にアフガニスタンのパンジェ村でイギリスとロシアの紛争が起きると、両国の関係は重

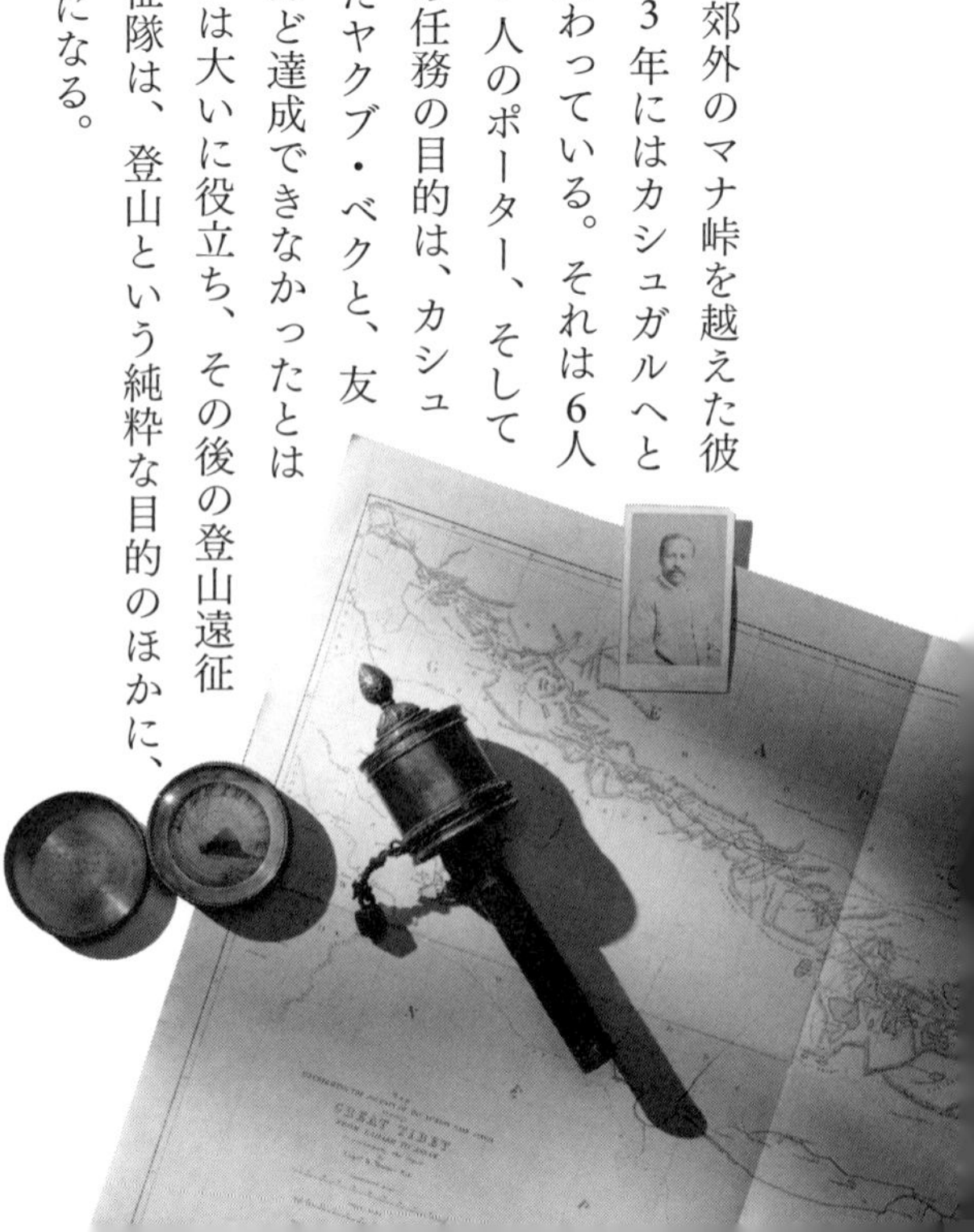

■パンディットの用具――パンディットのナイン・シンが、チベットのツァンポ渓谷を測量するために使ったコンパスとマニ車。2000キロ近くにも及んだ旅のあいだ、彼は常に極秘裡に測量を行っており、その成果によって、1874年にはツァンポ渓谷の正確な地図が出版された。

■山へのアプローチ―――標高 3200 メートルの地点から撮影したナンダ・デヴィ。標高 7816 メートルのこの山は環のように連なった山々に囲まれ、アプローチが難しい。このため、1930 年代までは本格的な登山に挑む者がいなかった。

大な局面に入った。しかし、１８８６年にウィリアム・グラッドストンの自由党政権が崩壊し、イギリスにはグレート・ゲームを極秘裡に進める必然性がなくなった。ロシアと公然と対立する「前進政策」の時代の始まりである。ヒマラヤの国境地帯では、フランシス・エドワード・ヤングハズバンドという妙に小柄な人物が、それを実行に移すことになる。

兵士にして探検家、地理学者、愛国者、そして神秘主義者であり、さる伝記作家からは「大英帝国時代の最後の冒険家」とも評されるヤングハズバンドは、ヒマラヤ登山が発展した植民地時代を誰よりも強く思い起こさせる。夏にパンジャブの政府が置かれた町マリーで、ジョン・ウィリアム・ヤングハズバンド少将の息子として１８６３年に生まれた彼は、ヤルカンドのインド駐在官を務めたロバート・ショーの甥でもあり、イギリス本国の寄宿学校や王立軍事大

(1815–1892)

■カラコルム隊———1885年から翌86年にかけてのカシュガル行の途上にあるフランシス・ヤングハズバンド［右から2人目］とジョージ・マッカートニー、ヘンリー・レナード、リチャード・ビーチ。フンザの襲撃者の目につかないよう、旅程では火を使わずに野外で眠らなければならなかった。この困難な旅のなか、ヤングハズバンドはサルポ・ラッゴ氷河とアギール山脈を発見している。

学で学ぶお決まりの通過儀礼を経て、第1近衛竜騎兵連隊の将校となってインドへ戻った。熱心な将校という評判を得たが、冒険好きで、いつのまにか未知の場所へ姿を消す人物との印象も与えていたほか、空想家で内省的なところもあり、東洋の宗教や信仰に共感を覚える一面もあった。ヤングハズバンドは、この冒険好きと神秘主義という2つの性格から、山に強く惹かれる思いを抱き続けることになる。そんな彼がインドに駐留するイギリス軍の諜報部にどのように見出されたのかは判然としないが、1885年5月、パンジェ村で紛争があった直後にシムラへと呼び寄せられ、軍が使うカシミールの地名辞典の改訂に取り組んだあと、中央アジアを横断する任務を命じられた。満州から北京、カシュガル、ヤルカンドを経て、南のカラコルムとカシミールまで向かうという、19カ月におよぶ壮大な旅である。これはきわめて特殊で先駆的な旅程だったが、後世に伝えられるほどに見事な功績となったのは、なんといってもカラコルム横断だろう。ヤングハズバンドは、カラコルム峠を越える従来のキャラバンのルートを避け、K2のすぐ西を通る標高の高い難所のムズターグ峠を通過した。これは1861年にゴドウィン＝オースティンが断念したルートで、ヤングハズバンドは初めてK2を北から見たヨーロッパ人となった。しかも、彼自身にしろバルディスタンのガイドにしろ登山は未経験で、登山用具さえ持っていなかった。スウェーデンの偉大な探検家スヴェン・ヘディンはのちに、「こ

◉最後のパンディット

山岳探査の観点からすれば、最後にして最も重要なパンディットは、ハリ・ラムということになる。クマオン出身のヒンドゥー教徒で、1868年にインド測量局に入ったということ以外は未詳という謎めいた人物である。測量局に入って3年後、彼は医師を装ってダージリンを発ち、シッキムを抜け、ティプタ・ラ（峠）を越えてチベットのシガツェに入ったのち、東へ向かってチベット高原を横断し、のちにエヴェレスト北壁の登山の拠点となるティンリに到達した。その後、ボーテ・コシ川をさかのぼって、エヴェレストの西およそ100キロにある険峻な峠トン・ラを越えた（この峠道は一時期、高さ450メートル以上もある垂直な絶壁で、割れ目に鉄のハーケンが打ちつけられているような道だと考えられていた）。1月、彼は無事カトマンズに到着し、そこからダージリンに帰還した。これは、知られている限り初めてエヴェレストの周囲を一周した旅である。その2年後、ハリ・ラムはクマオンにある故郷のピトラガル村から、渡り綱を伝ってカリ川を渡り、ネパール北部を西から東へ横断して、ダウラギリとアンナプルナのあいだを流れるカリ・ガンダキ川に達している。その後、長い引退生活を送っていたが、1885年には活動を再開し、ドゥド・コシ川をさかのぼる秘密の遠征隊を率いた。ネパール北東部のソルクンブ郡に入り、そこに1カ月滞在したあと、チョー・オユーとガウリサンカールのあいだに位置する氷河に閉ざされた峠、ナンパ・ラに挑んだ。東にそびえるエヴェレストは目撃していないものの、そこまで24キロの地点まで接近している。これは、記録に残っている限りそれまでで最も近い接近記録だ。ハリ・ラムの路線測量の結果は、イギリスがエヴェレスト地域を探査する礎を築いた。

の一帯では、これまでで最も大きな困難と危険を乗り越えた偉業」だったと評している。戦略的な、あるいは科学的な観点からすればそれほど価値があるわけではない成果だが、このムズターグ峠越えによって登山の歴史は新時代に入り、ヤングハズバンドは欧米にヒマラヤを紹介する大使さながらの役割を自ら担うことになる。

1889年、複数の交易キャラバンが先住民に襲われる事件が発生し、また、ロシアと中国がカシミールの反抗的な属領であるフンザに接近していることもあって、ヤングハズバンドはこれらの調査をするために再びカラコルムに入った。1885年にイギリス・ロシア国境画定委員会でヒンドゥークシュ山脈がアフガニスタンの境界と決まってはいたが、パミール高原とカラコルム沿いのカシミールの境界はイギリスから見れば絶望的なほど不明確で、他国に侵略されやすい状況だった。1888年、国境地帯で小規模な紛争があったことを受け、イギリスはスリナガルの北方およそ160キロにある戦略的に重要な地域ギルギットに、常設の政府機関を設置した。ヤングハズバンドの任務は、ギルギッドの政府機関の管轄を北と東の山岳地帯まで広げることにあった。第5グルカ・ライフル連隊の少人数の兵士を伴ってレーからカラコルム峠を越えた彼は、トランス・ヒマラヤのシャクスガム渓谷を初めて系統的に探査し、その後、西のパミールへと進路を変え、ミンタカ峠を越えてフンザに入り、フンザ渓谷沿いに南下し、ラカポシ山付近を通って、イギリスが統治するギルギットへと到達した。この山行による功績の明記は難しい。ある伝記作家が述べているように、つまるところヤングハズバンドは「イギリス、インド、ロシア、中国、アフガニスタンの国境地帯で、トレッキングによって帝国の勢力を広げる役割」を果たしただけだったのだろう。また彼は、グレート・ゲームで差し迫った政治的・戦略的な必要性からヒマラヤを旅したことを契機に、現地の宗教や芸術を理解した人物でもある。ヤングハズバンド自身は純粋なヒマラヤ登山家というわけではなく、頂上をめざしたいという思いも持たなかった。しかし、1886年から1891年に彼が成し遂げた有名な山行は、国境を接する国の「和平」に向けた地ならしをするうえで重要な役割を果たしただけでなく、初めての大規模なヒマラヤ登山遠征が敢行される直接のきっかけにもなっている。それが、1892年にサー・ウィリアム・マーティン・コンウェイが挑んだカラコルム遠征である。

■高峰を撮る―――カラコルムのカテドラル・ピークの、空に向かってそびえる壮麗な姿。アブルッツィ公の1909年のK2遠征に同行した写真家ヴィットリオ・セラによって撮影された。イタリア山岳会の創設者をおじに、イタリア語の写真専門書を初めて出版した人物を父に持つヴィットリオは、家族から山と写真への興味を受け継いで優れた山岳写真家となり、ヒマラヤ山脈の初期の写真のなかでも最高と言える作品群を生み出した。

第5章
登山の黎明期(1891–1918)

The Opening Phase 1891–1918

アマンダ・フェイバー

19世紀前半には、単発で行われる探査の数は少なかった。しかし、1870年代と80年代になってヒマラヤの山麓地域におけるイギリスの支配が進むにつれ、娯楽のための登山が実施されるようになる。経験豊富な登山家はアルプスで学んだ技術を応用しようとしたが、アルプスに比べて大規模なヒマラヤの山々を登るには、それ以上の知識と経験が必要だった。高地における人体への影響に対する理解が進み、ネパールのシェルパなどの地元民からの支援を受けることで、登山は徐々に成功するようになっていった。こうして19世紀末には、エヴェレスト登頂への野心が芽生え始めたのである。

1847年には博物学者にして地質学者でもあるジョゼフ・フッカーがヒマラヤを訪れ、1855

年にはドイツのシュラーギントヴァイト兄弟が山岳地帯を旅している。また1880年代後半にはウィリアム・W・グレアムやフランシス・ヤングハズバンドが新たな山岳ルートを切り拓いた。しかし、その後の登山隊の模範となったのは、1892年にさまざまな専門家を伴ってカラコルムを探検したサー・ウィリアム・マーティン・コンウェイである。

コンウェイと近代探査の幕開け

コンウェイはアルプスで数シーズンの経験を積んだあと、ケンブリッジを発った。著名な美術史家という経歴は、「保守的な」英国山岳会(アルパインクラブ)から理想的な人材と見なされるには充分だったし、『タイムズ』紙が遠征の報告の掲載を引き受けてくれたうえ、王立地理学会からは科学的知見の提供を受けてもいた。こうした支援があればこそ、裕福な義父もまた多額の資金援助を約束したのである。

コンウェイは当初、著名な登山家のアルバート・ママリーに同行を依頼したが敢えなく断られ、優秀で率直な性格のオスカー・エッケンシュタインを登山のパートナーに選んだ。ヨーロッパを発ったグループには、第一級のガイドであるマティアス・ツルブリッゲンと、ヒマラヤ探検隊に同行する初の画家となったアーサー・デイヴィッド・マコーミックの姿もあった。現地への到着後、探検隊には、威勢のいい「ブルーザー」ことチャールズ・ブルース中尉と、彼が率いる第5グルカ・ライフル連隊所属のアマル・シン、カルビル・タパ、パルビル・タパ、ハルクビル・タパが加わった。

4月3日に徒歩でスリナガルに入った探検隊は、ギルギットへと向かった。計画されていたラカポシ（7788メートル）登山は、斜面を実見したところ雪崩の危険があったために断念した。その後、バグロットとフンザ渓谷を探検した一行は、ヒスパー氷河を通ってカラコルムの中心部に足を踏み入れる。

こうしてアスコーレに到達した際に、劇的な事態が起きる。コンウェイがエッケンシュタインをイギリスに送還したのだ。この決断の背景には個人的な対立があったものと見られるが、エッケンシュタインのほうも体調がすぐれず、「2カ月半も山を歩き回ったのに一度も重要な登頂を成し遂げていない」と不満を募らせていたようだ。

1892年8月初め、コンウェイはグループを率いてバルトロ氷河の最上部に向かい（おそらく、1890年に当地を訪れたロベルト・レルコの足跡をた

■ヒマラヤ登山の先駆者――――大規模なヒマラヤ登山遠征を世界で初めて実施したマーティン・コンウェイ（1856–1937）。少年時代から登山に興味を抱き、1881 年にはアルプスのガイドブック『ツェルマット・ポケットブック』*Zermatt Pocket Book* を刊行した。アルプスにおける自身の経験と、著名なアルプス登山家オスカー・エッケンシュタインの協力により、1892 年のカラコルム遠征ではクリスタル・ピーク初登頂を含め、標高 4800 メートルを超える 16 の山に登頂した。

◉オスカー・エッケンシュタインの発明

1876年には6本爪のアイゼンが、1884年には10本爪のアイゼンのそれぞれがオーストリアで生まれ、19世紀末には足の裏全体に装着するアイゼンが登場した。にもかかわらず、イギリスの登山家は氷や雪で覆われた急峻な斜面を歩く際のすべり止めとして、釘を打ちつけたブーツを使うことを好んだ。

1908年、オスカー・エッケンシュタインは氷や雪に足場をつくる場面を減らそうと、新しい10本爪のアイゼンを設計した。英国山岳会のメンバーなどの純粋主義者は、登山が簡単になりすぎるとしてこのアイゼンの使用を不正行為と見なしたが、これを使用しつつ足の裏全体で着地する「フラットフッティング」のテクニックを用いることで、雪や氷に接触するアイゼンの爪の数が最大になるため、登山のペースは上がり、より大胆な動きが可能になった。エッケンシュタイン設計によるアイゼンは、イタリアの登山家エンリ・グリヴェルが1910年に一般に向けて発売した。また、その後、彼の息子のローランが前に爪が2本ついたアイゼンを導入している。

当時のピッケルの柄は長さが120から130センチもあったが、エッケンシュタインは急斜面でも片手で扱えるよう、柄の短いピッケルを開発した。刃の長さは18センチ、柄はおよそ84センチと短い。エッケンシュタインと英国山岳会との関係が薄かったからか、このピッケルは当初、マーティン・コンウェイをはじめとするほかの登山家には不評だった。

どっていたのだろう)、氷河の合流点を発見し、この地点を「コンコルド広場」と名づけた(現在では「コンコルディア」と呼ばれている)。K2(8611メートル)やブライド・ピーク(現在のチョゴリザ、標高7654メートル)、標高8068メートルのヒドゥン・ピーク(ガッシャーブルムI峰)を含むガッシャーブルム山群といった巨峰が取り囲む息をのむような絶景を前に、ツルブリッゲンはこう語った——「スイス人は本当の山というものを知らない!」一方、コンウェイはといえば、あふれんばかりの歓びを次のように言い表している。

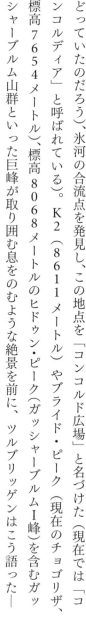

ここはまさしく、別世界に続くハイウェイだ。人類は無力になる。そこに棲むのは竜か、それとも巨人か、はたまた幽霊か。こんな風景のなかでは、何も考えることができなくなる。動物の生命の痕跡もない。まるで音楽が目に見えるかのような光景だ。

初登頂を成し遂げなければならなかったコンウェイは、8月10日、一帯の測量のためそれほど高くない峰の頂に登り、クリスタル・ピーク(6252メートル)と名づけた。頂上から観察した結果、コンウェイは次なる目標となる理想的な山を見つけている——「これまでに見たなかで最もすばらしい山だ。夜明けの薄暗い光のなかで我々の目を釘づけにした。(……)全員の思いが一致し、口々にこう叫んでいた——あれこそが我々の峰だ」。

8月25日、一行はエッケンシュタインのアイゼンを使い、コンウェイがゴールデン・スローンと名づけた山(バルトロ・カンリ、標高7312メートル)へと尾根伝いに登った。それはヒマラヤの水準で見ればがっかりするほど平凡な山だが、一行は途中で越えられない割れ目に出くわして、登頂が果たせなかった。それでもなお楽天的なコンウェイは、到達した最高地点を「パイオニア・ピーク」と名づけ、気圧計による測定値の標高2万2601フィート(6889メートル)を四捨五入して2万3000フィート(7010メートル)以上とした(なお、その後に行った測定では6499メートルだった)。コンウェイはこれをして人類が到達した最高地点と主張したが、それには疑問が残る。南米アタカマの先住民はその何百年も前に同程度の標高に登っていたし、ウィリアム・W・グレアムは1883年に標高7394メートルのカブルーに登頂したと見られている。それでもコンウェイは大喜びで、「自分たちが成し遂げられる最大の偉業を達成し、あとは下山して帰国するだけだと全員が思っていた」のだという。登山のほかにも、科学や植物学、測量に関わる目的もいくつか達成した。帰国後には、探検にまつわる最初の本を出版し、各地を回っての講演も行い、1905年には王立地理学会の創立者メダルを授与されている。後世の人々はコンウェイの探検の成果を好意的に評価しているものの、こと登山という意味合いにおいて、彼の行為はどちらかと言えば失敗の部類に入る。当然ながら、ヒマラヤの巨峰に登頂するためには、絶対に成し遂げるというひたむきな気持ちをいっそう強く持っていなければならないのである。

アルバート・ママリーと、登山史における最初の悲劇

1895年、アルバート・ママリーは、ヒマラヤの8000メートル峰の登頂をめざす初めての本格的な登山隊を率いた。探検への情熱に駆り立てられ、ヴィクトリア時代でも最高の登山家たちの協力を得たにもかかわらず、ヒマラヤの規模とそれに伴う危険を軽く見たために手痛い失敗をし、身を滅ぼした人物である。

ママリーは1871年、ヒマラヤ登山に先駆けてスイスを訪れ、10年かけてアルプス登山の新ルートを開拓したほか、マッターホルンのツムット尾根への初登頂で一躍悪名をとどろかせた。先に、ウィリアム・ペンホールという別の登山家がガイドとともにそのルートを登ったが、悪天候によって引き返さざるをえなかった。だがママリーは「すさまじい強風」をものともせず、ガイドを随行させて登山を

開始し、ペンホールが氷に刻んだ足跡をたどった。この行為は非紳士的と見なされることがあり、それが理由となったのか、英国山岳会は１８８０年に彼からの入会申請を拒否している（また、ママリーの生家が皮なめし職人だったことも、大半のアルピニストが集まる社交の場に受け入れられなかった要因だったと思われる）。協会のこうした態度が和らいだのは、８年後にママリーがカフカス山脈のディク・タウ（５２０４メートル）に登頂したあとだった。

■悲劇の雪崩（▶カラー図版 5）———ナンガ・パルバットの山腹で発生した雪崩。アルバート・ママリーは 1895 年のナンガ・パルバット挑戦で、下山中に雪崩に遭って命を落としたと見られている。1937 年には、この山でドイツの登山隊が雪崩に巻き込まれ、16 人が死亡した。これは、ヒマラヤの登山史で 1 回の事故による死者数としては最多の部類に入る。

　その後カシミールに入る許可を得たママリーは、１８９５年６月、Ｊ・ノーマン・コリー教授とジェフリー・ヘイスティングズからなる「三銃士」を編成してスリナガルへと出発した。目的は約１３０キロ北にあるヒマラヤ第９位の巨峰、標高８１２６メートルのナンガ・パルバットへの登頂である。

　ルパール渓谷からそびえる高さ４６００メートルの南壁へ向かう際、登山隊はディアミール渓谷を２回探査している。どちらのときも、ママリーはマゼノ峠を避けるルートをとった。それが近道だと考えたからだが、実はその判断は誤りで、長い山道を凍えながらほとんど食料のない状態で歩くはめになる。1回目の踏査から戻ったときには、コンウェイの同行者で少佐に昇格していたチャールズ・ブルースと2人のグルカ兵ラゴビール・タパとゴマン・シンからなる一行に迎えられ、無事帰還した祝いの席では、バス社のペールエールをすっかり飲み干してしまうほどだった。2回目の踏査を終えた頃には、ヒツジ飼いの野営地でほとんど加熱されていない肉を食べ、座った場所で眠りに落ちる生活にまで陥っていた。

数日後、ブルースはしぶしぶ所属連隊に戻り、ヘイスティングズは食料調達のためにアストール村へと帰った。そのあいだママリーとコリー、ラゴビール、そして地元民のロル・ハーンは登頂の準備に取りかかったが、コリーは自分たちの力ではとうてい歯が立たないと音を上げていたし、ママリーもまた「頂上はあまりにも大きくて高く、相当の覚悟で臨んでも難しい」と書くほどだった。それでもママリーは、ディアミール氷河の最上部に位置するアイスフォール（氷瀑）を分かつ3つの「ママリーの尾根」に登る計画を実行に移した。そこから上がった雪原を横断して頂上をめざすというのである。

◉ママリー・テント

アルバート・ママリーは、自身の名を冠した軽量のテントを開発し、ロンドンのベンジャミン・エジントンの工房に製造を依頼して商品化した。素材には絹を採用し、高さ1・2メートル、重さ1・5キロほどで、テント内に立てるポールには長い柄のピッケルを使い、ロープを石に結びつけてテントを固定する。ママリーは1888年のカフカス山脈への遠征でこのテントを用い、ヒマラヤではマーティン・コンウェイ率いる遠征隊によって初めて使用された。コンウェイは述べる――「ママリー・テント2張でも重さは7ポンド（約3・2キロ）しかない。そうすると、いざというときはひとりで4張を運べることになる。これは登山隊の14人が泊まれるサイズだ」。一方、同行したノーマン・コリー教授はテントの融通性に感銘を受けている――「（……）山でのビバークにも欠かせないし、荷物を背負うしかない場面になってもこれであれば充分に運べる」。

8月前半の2週間で登山隊はキャンプを設営し、8月18日には、ママリーとコリー、ラゴビールが第1キャンプに向けて出発した。コリーは途中で胃の不調を訴えて下山したが、残りの2人はさらに先をめざし、周囲で雪崩が起きるなか、難易度の高い岩場に挑んだ。「それまでの登山史のなかでも最も大胆な挑戦のひとつ」だったと、ブルースはのちに述べている。2人は次の夜を、2つ目の尾根に設置したキャンプで過ごし、夜明け前、雪原に続く最後の尾根へと出発した。登攀は困難を極め、標高6100メートルに到達しようというところで、48時間も食べずに登った無理がたたり、ラゴビールが倒れた。2人は下山を余儀なくされた。

これ以上挑戦を続けるのは無理だとコリーから説得され、ママリーは計画を断念して、ナンガ・パルバットの北のラキオット側にある雪のルートをたどることにした。そうするには、山をぐるりと回ってメインキャンプを移設しなければならない。ブルースによれば「ママリーはそうした作業をひどく嫌っていた」のだという。このため、ママリーはラゴビールとゴマン・シンを連れて、標高6227メートルのディアミール・ギャップを越えることに決め、8月24日に出発した。

3日後、山を迂回してメインキャンプを移設していたコリーとヘイスティングズは、ラキオット渓谷に到着した。ディアミール・ギャップを見上げてみると、そこから降下するのが不可能なのは明らかで、ママリーの一行はあきらめて引き返しただろうと考えた。コリーの休暇がまもなく終わろうとしている状況で、ヘイスティングズはディアミール渓谷をできるだけ上まで登って探したが、何も見つからなかった。ママリーの一行は雪崩に巻き込まれたようにも思えた。

コリーはいったん下山したが、ママリーが行方不明であることを聞くと、再びヘイスティングズと合流し、9月16日にディアミール渓谷へ戻った。冬が始まった頃、コリーはこう記している。

ナンガ・パルバットの山腹でいくつも雪崩が発生している。（……）それが言わんとするところは、決して不確かではない。近づくなということだろう。我々はゆっくりと下山し、最後にその偉大な山と、友人たちが埋まっているであろう白い雪とを見つめた。

女性の進出

コンウェイとママリーの挑戦が示すように、ヒマラヤはイギリスの男たちの領分だという見解が当時は一般的だった。しかし、その見解に挑んだのが、アメリカ人女性のファニー・ブロック・ワークマンである。夫である医師ウィリアム・ハンター・ワークマンとともにヒマラヤを8回訪れ、女性が達した高度記録を打ち立てたことで広く知られる彼女は、妥協を許さない不屈の精神の持ち主だ。12歳年上の夫とともにアメリカのニューハンプシャー州とヨーロッパのアルプス山脈を登攀した経験がきっかけとなって登山を始め、夫がストレスのために早々と仕事を引退すると、2人は娘のレイチェルを寄宿学校に預けて旅に出た。

ワークマン夫妻がヒマラヤに出合ったのは1898年のことである。平野部の暑さを避けて小旅行に赴いた2人は、ラダックを訪れた際、カラコルム峠に登って目にしたヒマラヤ山脈の光景にすっかり魅了され、その年の9月にテントと登山用具をロンドンから取り寄せた。カンチェンジュンガへの挑戦では、出発から10日後のダージリンを出たところで敢えなく撤退したが、それでも再び山に挑みたいという強い願望は捨てきれなかった。

翌年、ワークマン夫妻はカシミールに入り、アスコーレとシガール渓谷周辺の峰々に登頂し、それらを「ブロック・ワークマン山」や（死んだ息子にちなんで）「シーグフリード峰」などと名づけた。1902年と1903年には、全長50キロのチョゴ・ルンマ氷河を探査して、インド測量局の地図を「修正」し、標高5791メートルの最上部に達した最初の欧米人となった。2度目の旅では、ウィリアムが標高7130メートルを超えるピラミッド・ピークに登頂したとされているが、その真偽については意見が分かれている。夫妻は1906年に再びカシミールを訪れ、ヌン・クン山塊を一周した。このときファニーは標高6930メートルのピナクル・ピークに登頂し、

■ヒマラヤの女王――登山用具とともにポーズをとる、女性ヒマラヤ登山家の先駆者ファニー・ブロック・ワークマン（1859–1925）。冒険を強く求めていたファニーと夫は、インド南部のコモリン岬からスリナガルまで行き、そこからラダックまでトレッキングしたことがきっかけとなって、1899年から1912年にかけて7回のカラコルム遠征を実施した。

女性が達した最高地点の記録を樹立した。その記録は1934年まで破られなかった。

1911年と翌12年の最後の遠征で、夫妻は経験豊富な山岳ガイドや測量士とともに全長70キロのシアチェン氷河を測量した。当時ウィリアムは65歳、ファニーは54歳だったが、この遠征で氷河のいくつかの支流への登攀と踏査を成し遂げた。これは2人の成果のなかでも最大と言える。

第1次大戦後も夫妻は遠征を続けるつもりだったが、1917年にファニーが心臓を患い、旅行が不可能になる。2人はフランスに移住し、1925年、まずファニーがこの世を去った。ウィリアムは健康に不安を抱えながらも91歳まで生きた。

ワークマン夫妻は先駆者であると同時に、山岳知識を広める役割も果たした。遠征のあとにはさまざまな場所で講演会を開き、遠征の成果を記した書籍を何冊か出版している。もっとも、探検家としての2人の評判は芳しくない。ヨーロッパ人のガイドに荷物を運ばせたり、氷に足場を刻ませたりと、人に頼ることが多かったうえ、彼らが描いた地図のなかには正確性に欠けるものもあり、通ったルートの記載も紛らわしい。到達地点の標高を実際より高めに記録してもいるし、2人がその地域に世界で初めて足を踏み入れたとする主張もまた多くが疑われており、おそらく誤りだろうと見なされている。そうした問題には装備不足も関わっていたのだろうが、夫妻が現地の文化をほとんど尊重しなかったことも一因であることは明らかだ。夫妻の著書の索引を見ると、「クーリー」の項目には（それぞれクーリーの）「強欲と怠惰」、「頼りなさ」、「悪事」といった参照先が指示されているほか、（クーリーとの）「トラブル」という参照先にはさらに8つの小項目が設けられている。ファニーは目的地に到達するたびに、自分のイニシャルと日付を雪上に記していたが、こうした行為に及ぶ彼女を冒険家気取りの観光客の典型だと切って捨てる批判もある。

オスカー・エッケンシュタインとK2への初挑戦

コンウェイに帰国させられたあと、オスカー・エッケンシュタインは、ワークマン夫妻のように自分より未熟な登山家がヒマラヤ遠征に成功したと言い張っているのを横目に10年間待ち続け、ようやくヒマラヤへ戻る機会を得た。ヒマラヤ屈指の巨峰は、当時も未登頂のままだった。彼は何かに没頭すると周りが見えなくなる性格で、それがコンウェイとの衝突につながったのだが、そうした質《たち》も相変わらずであり、自分の技術には絶対の自信を持っていた。1902年、K2へ登頂するという固い決意を抱いて、エッケンシュタインはヒマラヤに再び足を踏み入れる。

エッケンシュタインが率いた登山隊は、多彩なメンバーを擁していた。オーストリア人の屈強な登山家ハインリヒ・プファンルとヴィクトル・ヴェッセリー、スイス人の医師ジュール・ジャコ＝ギヤルモ、登山経験はほとんどないが資金の大半を提供したと見られる22歳の大学生ガイ・ノールズ、そして、最も目を惹くのは、登山隊の副隊長となった悪魔主義者で名高いアレイスター・クロウリーだ。

登山隊は1902年3月29日にインドに到着し、カラコルムに向かう途中で、ラーワルピンディーに立ち寄った。翌日、エッケンシュタインはカシミールへの入域を禁じる電報を受け取る。プロイセンのスパイだと疑われていたのか、彼がエヴェレスト登頂に挑戦するという噂があったからか、それとも、クロウリーが考えていたように、コンウェイが「男らしくない嫉妬心」を見せたのか、さまざまな理由が考えられるが、いずれにしろ、エッケンシュタインがスリナガルで再び登山隊に合流できたのは3週間後だった。しかし5月26日、アスコーレに到着したところで、メンバー同士の関係がぎくしゃくし始める。クロウリーは氷河の上まで自分の蔵書を持っていくと言って聞かなかったし、2人のオーストリア人は規律重視のエッケンシュタインにうんざりしていた。

6月15日、登山隊はバルトロ氷河からコンコルディアに登る。翌日、クロウリーはゴドウィン＝オースティン氷河から「昼も夜も」K2をじっくり観察し、南東稜を通れば「天気のよい日なら

■ K2 遠征隊————1902年のK2遠征を率いたオスカー・エッケンシュタイン（左から3人目）が、登山隊のメンバーであるヴィクトル・ヴェッセリーやハインリヒ・プファンル、アレイスター・クロウリー、ジュール・ジャコ＝ギヤルモ医師、ガイ・ノールズと写真に収まる。一見、仲が良さそうだが、この遠征チームは分裂して終わり、クロウリーがノールズに拳銃を向ける事態まで起きている。

1日で」登頂できると主張した。これはあまりにも楽観的な見方ではあったが、その後の登頂で使われることになるルートを見つけていたということだ。

しかしエッケンシュタインは、クロウリーの意見に異議を唱える。結局、北東稜を通ることに決め、7月7日、登山隊はベースキャンプを氷河に沿って11キロ上に移した。その2日後には、クロウリーが標高6700メートルを単独で超えたと言い張るものの、そのあと体調を崩し、山頂へのアタックに参加できなくなる。7月10日、ジャコ＝ギャルモとヴェッセリーが予定のルートで登攀を開始したが、標高6553メートル付近に達したところで、このルートでは登頂不可能という結論に至った（このルートでの登頂が達成されたのは1978年になってからのことである）。しかし、なんらかの登頂を成し遂げたいと熱望していた2人は、K2の北東に位置する「ステアケース・ピーク」への登頂をエッケンシュタインに提案した。現在スキャン・カンリと呼ばれているこの山は、標高7555メートルで登頂できそうに思えたが、エッケンシュタインはその提案を却下する。その代わり、プファンルとヴェッセリーはK2とスキャン・カンリのあいだの谷へと向かうが、標高6400メートル付近に到達したところでプファンルが肺水腫に倒れ、下山を余儀なくされた。

こうなったところで登山隊は分裂した。クロウリーはマラリアの熱に苦しんでいたのか、拳銃をノールズに向けて腹部を撃ってしまう。ヴェッセリーは食料を食べ尽くして追放された。しかも、荒天続きで天候はいっこうに良くならない。またしても、アルプスで実績のある登山家たちが、準備不足によってヒマラヤの圧倒的なスケールを前に撤退したのである。

にわかに理解しがたいことであるが、１９０２年の遠征から3年後の１９０５年4月に、ジャコ＝ギャルモはクロウリーにカンチェンジュンガ（８５８６メートル）登頂の話を持ちかけた。クロウリーは結婚して子どもをひとりもうけ、「セレマ」と呼ばれる新興宗教を創設していたが、「登山に関するすべての事項」に権限を持つことを条件に申し出に応じる。だが、この遠征は4人が無駄死にするなどの悲劇を引き起こし、クロウリーは登山家としての評判を大きく傷つけることになる。

ジャコ＝ギャルモは、アレクシス・パーシュとチャールズ・レイモンドも登山隊に招き入れていた。8月8日、登山隊は２３０人ほどのポーターを伴ってダージリンを出発した。クロウリーは現地でイタリア人のホテル支配人アルケスティ・C・リゴ・デ・リーギを輸送管理者として雇ったが、後日、こんな言葉で彼を酷評している――「ウェイターに囲まれた世界をいったん出たら最後、彼の小さな脳みそはまったく働かなくなる」。

クロウリーは、ダグラス・フレッシュフィール

◉ダグラス・フレッシュフィールド

１８９９年、ダージリンにあるベンガル副総督の邸宅に、使用人が駆けこんできた。「カンチェンジュンガに新しい星」を見たというのだ。望遠鏡をのぞいてみると、ゾングリで巨大なかがり火が焚かれており、夜空を照らしているのがわかった。それを見て喜んだ総督は礼砲で応答するように命じた。のちの登山に大きな影響を与えた写真家のヴィットリオ・セラと、助手のボッタ、兄のエルミニオ・セラ、ガイドのアンジェロ・マキーニャ、フレッシュフィールドの友人で測量士のエドマンド・ガーウッド、そして、約80人のポーターからなる登山隊が、目的を達成したのだとわかったのだ。それは、探検家のダグラス・フレッシュフィールドが世界第3位の高峰カンチェンジュンガ（８５８６メートル）を1周する探検を成し遂げた瞬間だった。

◉「大いなる野獣」アレイスター・クロウリー

神秘論者、詩人、魔術師、パンセクシャル（全性愛者）、そして、悪魔主義者のアレイスター・クロウリー（1875-1947）は、薬物やタントラ仏教、占星術、ヨガ、霊視を試みた。プリマス同胞教会信者の母親に「野獣」と呼ばれ（彼はそれに「大いなる」という形容詞を加えた）、その奔放な行動から「世界最悪の変人」と呼ばれるようになる。その悪名の高さからか、彼はビートルズの有名なアルバム『サージェント・ペパーズ・ロンリー・ハーツ・クラブ・バンド』のジャケットにも登場している。

　ケンブリッジでオカルトにのめり込む前には、スイスやウェールズ、イングランドのカンバーランドで山登りをしていた。1898年、湖水地方でエッケンシュタインに出会い、「堅苦しい」英国山岳会の因習を打破したいという同じ思いを抱いていることを見出した。16歳年上のエッケンシュタインは彼の師となり、新しい「バランス・クライミング」技術を伝授した。クロウリーは師に「感嘆と崇拝」の念を抱き、「まさにそのときに（……）最も必要としていた人物だった」と述べている。別れる前には、ヒマラヤへ一緒に旅行する仮の計画を立ててもいたようである。

ドの1899年の遠征に関する写真や地図、報告書を持参していた。だが、カンチェンジュンガの西壁が最善のルートだとするフレッシュフィールドの勧めを無視して、クロウリーはヤルン氷河のある南西壁から登ることに決めた（これは1955年の初登頂で使われたルートである）。

しかし、標高6250メートル近くのキャンプに到達したとき、この遠征でチーム内に鳴っていた不協和音が一気に大きくなる。クロウリーの統率とポーターへのひどい振る舞いに嫌気がさしたジャコ＝ギャルモとデ・リーギが、彼を隊長の座から引きずり下ろそうとしたのだ。口論の末に、ジャコ＝ギャルモとデ・リーギ、パーシュは4人のポーターとともに、下のキャンプへ降りることにした。だが、途中でひとりが足をすべらせ、続いて起きた雪崩によって、パーシュと3人のポーターが命を落とす悲劇が起きた。

彼らの叫び声を聞くと、レイモンドは急いで救助に向かったが、クロウリーは冷たく見放すようにテントから出ようとしなかった。さらにひどいことに、ジャコ＝ギヤルモの報告によると、翌日クロウリーは「仲間が見つかったかどうかを知ることなく」雪崩の現場を通り過ぎたのだという。彼らの遺体が見つかったのは、その3日後のことだった。ダージリンに戻ったクロウリーは、自分が書いた淫らな詩のことを暴露すると脅されると、登山隊の資金を差し押さえた（資金の大半を出したジャコ＝ギヤルモには、その後一部だけ返済されている）。

アレイスター・クロウリーは、K2とカンチェンジュンガというヒマラヤ屈指の巨峰への登頂に初めて本格的に挑んだ登山隊の一員だった。どちらの遠征でも、それぞれの山の初登頂に使われることになるルートを、彼が見つけている。しかしながら、理由はわかりきっているとも言えるが、英国山岳会や王立地理学会の記録でクロウリーが大きく取り上げられることはない。

ロングスタッフとナンダ・デヴィ・サンクチュアリ

イギリスの医師トム・ロングスタッフは、1898年にスイスでクロウリーに会った際、「非常に変わった人物だが、優れた登山家」だと認めている。その7年後の1905年、今度はロングスタッフ自身がヒマラヤで偉業に挑む機会が訪れた。イタリア北部のクールマユール出身のアレクシスとアンリのブロシュレル兄弟を連れて、クマオン・ヒマラヤへ入り、ナンダ・デヴィ（7816メートル）の南東のルートを探査するためだ。パチュウ氷河の探査を終え、ラワン渓谷へ入ると、一行の目に飛び込んできたのは、ナンダ・デヴィを取り囲むように連なる山々（そのうち12は標高6400メートル以上）だった。

6月8日、ロングスタッフはその環のような山地の鞍部のひとつ（5910メートル）に登り、山地の向こうに広がる盆地「ナンダ・デヴィ・サンクチュアリ」（現在では「インナー・サンクチュアリ」と呼ばれる）を目の当たりにした。彼はリシ峡谷を通ってサンクチュアリに到達できることを発見し、サンクチュアリを見た最初の人物となったが、そこへ降りることはできなかった。一行はナンダ・デヴィの東峰も偵察したが、アタックするには食料が足りなかった。ラワン渓谷に戻った3人は、ナンダ・コート（6861メートル）にアタックするものの、標高6450メートル付近で雪の状態が危険になったため引き返した。

働かなくても暮らしていける財産があり、好きなところへ旅行に赴いたロングスタッフは、当時のイ

◉登山で酸素を使った初の事例

標高が高くなると、空気が薄くなり、体内に取り込める酸素の量が減る。たとえば、エヴェレスト山頂の酸素濃度は標高0メートル地点のおよそ3分の1しかない。標高8000メートルを超える高所では、特に下山時のリスクを低減し、生存率を高めるために、酸素を補給するのが現代の登山家のあいだで一般的だ。

登山で最初に酸素が使われたのは、1907年に実施されたトリスル遠征である。A・L・マムが、鉱山でよく使われていたシーベ・ゴーマン社製の酸素生成装置を持ち込んだ。マムは高所で役に立つかもしれないと考えていたが、ほかのメンバーはほとんど興味を示さず、テストをする機会もなかった。マムが遠征について記した書籍『ヒマラヤでの5カ月　ガルワールとカシミールでの山行の記録』*Five Months in the Himalaya: A record of mountain travel in Garhwal and Kashmir* には、1回だけ実験の記録が残っている。

科学的な興味から、酸素の吸入によってたばこがうまくなるか試してみたところ、確かに効果はあり、数分間ずっと喫煙を楽しむことができた。吸入前には得られなかった満足感だ。しかし、そのあと息苦しくなった。

ギリスでも屈指の著名な探検家となり、「ヒマラヤの雪に映える、炎のように赤い海賊風の顎ひげ」で知られていた。1907年には、英国山岳会の50周年を記念して、チャールズ・ブルースとA・L・マムとともにエヴェレスト調査を実施する計画を立てている。だが、「帝国の高潔な方針が考慮」された結果、インド省に要請を却下されると、彼らはナンダ・デヴィ地域を再訪し、トリスル（7120メートル）に登頂することにした。6月12日、ロングスタッフとブロシュレル兄弟、グルカ兵のカルビル・ブラトキは「登頂を急ぐ」ことに決め、トリスル氷河に設けたキャンプからの最後の1829メートルを10時間で登りきった。

これは登山隊が7000メートル級の山に登頂した最初の記録であり、当時の人類が登頂した最も高い山だった（グレアムが1883年にカブルーに登頂した記録は除く）。さらに、ロングスタッフの一行はインナー・サンクチュアリに入ろうとしたが、時間がなくなってしまったため、代わりにカメット（7756メートル）の東と西のルートを偵察した。

■王族の登山家――24歳のアブルッツィ公（1873–1933）。北アメリカのセントエライアス山から戻った直後で、その後、1906年の東アフリカ遠征によって登山界に足跡を残したほか、ルウェンゾリ山地がナイル川の源流でないことも証明した。1909年のK2遠征で標高7498メートルの高度記録を樹立したものの、登頂できなかったことにひどく落胆していた。

1909年、ロングスタッフはカラコルムを訪れる。標高5547メートルのサルトロ峠を発見して越えたほか、シアチェン氷河を発見し、テラム・カンリの未知の山々を観察した。第1次大戦中には、政務官補佐としてギルギットへ派遣されたが、1917年に現地でポロの球が頭に当たってイギリスへ送還された。けがから回復したあとは、1922年のイギリスのエヴェレスト遠征隊で主任医師を務めている。

アブルッツィ公の遠征

アブルッツィ公は、本名をルイージ・アメデオ・ジュゼッペ・マリア・フェルディナンド・フランチェスコ・ディ・サヴォイア=アオスタと言う。イタリア王（ヴィット

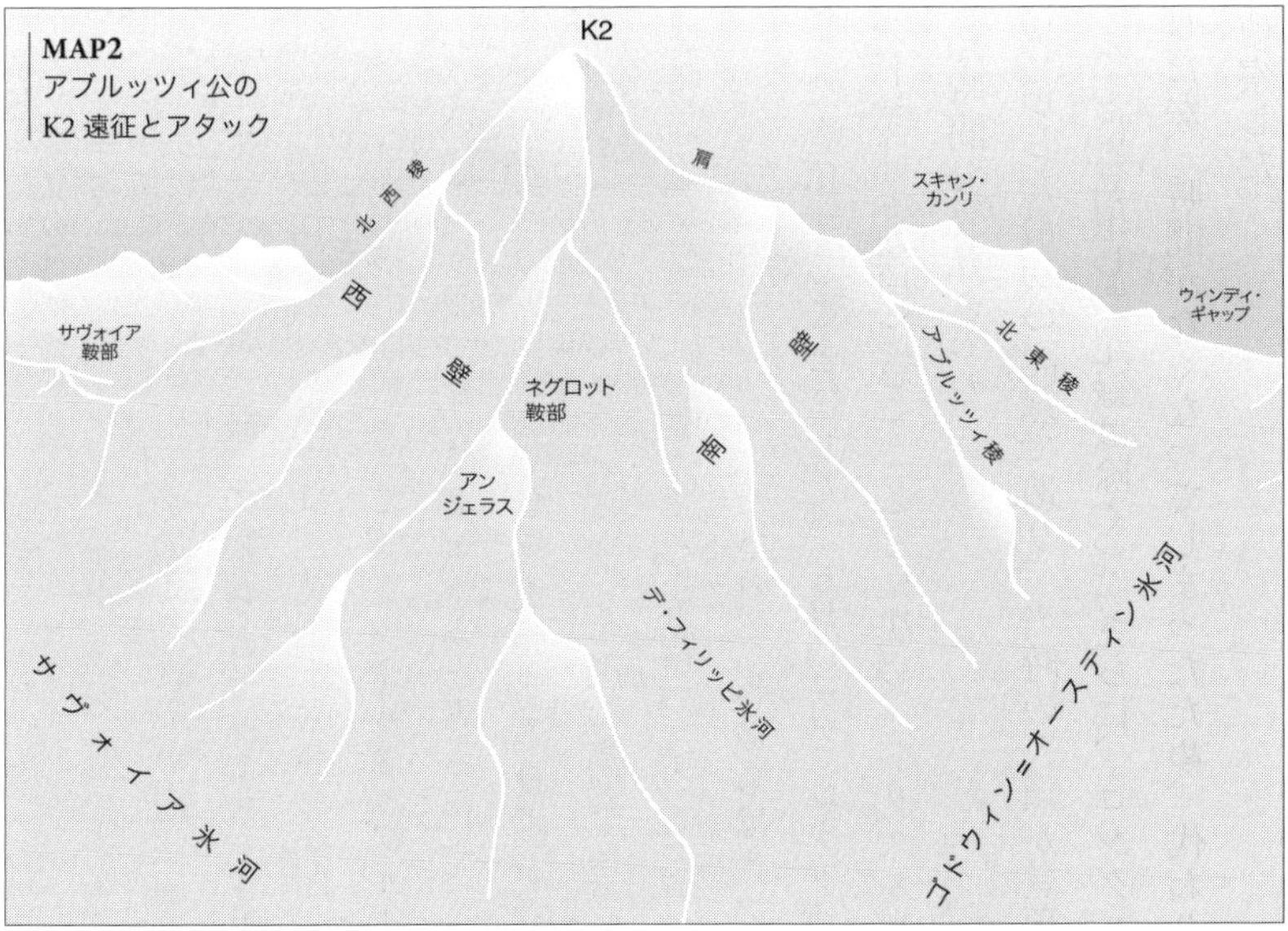

■イタリア王家の山———イタリア王の孫であるアブルッツィ公が1909年に遠征に訪れたことで、K2はイタリアの山という見方が定着した。アブルッツィ公は氷河と鞍部にサヴォイア家に敬意を表してその名をつけたほか、デ・フィリッピ氷河は同行した医師のフィリッポ・デ・フィリッピにちなんで名づけている。また、アブルッツィ稜（南東稜）はこの山の標準的な登頂ルートとなり、1954年にイタリアの登山隊がついに初登頂を成し遂げたときにも使われている。

◉フランシス・ヤングハズバンド

19世紀末のヒマラヤにおける探検と大英帝国の進出にとって重要な人物のひとりが、フランシス・ヤングハズバンドである。冒険家にして神秘論者、帝国主義者であるヤングハズバンドは1882年、第1近衛竜騎兵連隊の准大尉となり、5年後にはムズターグ峠を越えてバルティスタンに入った初めてのヨーロッパ人となり、カラコルム探検の先駆者としてその名声を獲得した。それは、それまででも最もすばらしい旅のひとつだと言われた。「下山して振り返ったとき、あのような場所から人間が降りてくるなど絶対に不可能だと思えた」。

　1902年、ヤングハズバンドはチベットにおけるロシアの影響力を弱めるため、インド総督のカーゾン卿からの指名でチベットのイギリス弁務官に就任した。しかし現地に赴くと、指示の範囲を越えて、外交任務を軍事侵攻（下の絵画はそのひとコマである）に変えてしまい、1904年4月にチュミ・シェンゴでおよそ700人（5000人という説もある）のチベット人を死に追いやってしまう。同年9月7日には、ラサでダライ・ラマに対して条約の締結を迫る。これは拒否されたものの、仮に条約が結ばれれば、イギリスは独占的にチベットへ、そしてエヴェレストへ入れるようになっただろう。ラサを離れるとき、ヤングハズバンドはセシル・ローリング大尉と測量士のC・ライダー大尉をエヴェレストの偵察に派遣している。その調査では、北東稜からの登頂が可能だとされた。

リオ・エマヌエーレ2世）の孫に当たり、父親は1873年までスペイン王位にあった。アブルッツィ公に就任してからは、海軍中将や外交使節、カーレーサー、ヨット愛好家としても非凡な人生を歩んだほか、裕福な美女キャサリン・エルキンズとの関係で新聞のゴシップ欄を何度もにぎわした。登山家と

しては、1909年のK2挑戦が最もよく知られている。

アブルッツィ公はアルプスで登山を始め、アルバート・ママリーとツムット尾根に初登頂した。これがきっかけで、余暇のすべてを登山遠征に捧げようと決意し、北極圏への遠征や登山で名を知られるようになる。アメリカとカナダの国境にそびえるセントエライアス山（5489メートル）に初登頂したほか、1900年には北極点到達をめざし、途中で断念したものの、最北の到達記録を更新している。1906年には、アフリカのウガンダに連なるルウェンゾリ山地の主要な峰々に登頂した。

そして1909年、アブルッツィ公はK2登頂と、イギリス領のパンジャブ地方にあるバルトロ氷河探検の許可をイギリス当局から与えられ、ヤングハズバンドが「これ以上ないほど完璧に編成された」と評する遠征への道が開けた。アブルッツィ公が集めたのは、イタリアのクールマユール出身のガイド4人と、3人のポーター、写真家ヴィットリオ・セラ、医師のフィリッポ・デ・フィリッピ（彼は1913年にカラコルムを再訪）からなる、和気あいあいとしたすばらしいチームだ。アブルッツィ公は、カール・ヴィルヘルム・

◉ヴィットリオ・セラ

世界最高の山岳写真家とも言われるヴィットリオ・セラ（1859–1943）は、その完璧な技術と、アメリカの著名な写真家アンセル・アダムズ［1902–1984。ヨセミテ渓谷のモノクロ作品で知られる］に「宗教的な畏怖の念」を与えた作品で知られている。

以前アブルッツィ公の旅行に同行したことがあったセラだが、K2遠征への参加を打診されたときにはためらいを見せたという。アブルッツィ公は自身のかんしゃくがセラの気後れの原因になったかと心配したものだが、むしろ彼が嘆いていたのは「アブルッツィ公が美しい風景に興味を持たない」ことだった。

結局K2遠征に同行したセラは、最高傑作とも言われる作品を撮影している。カメラと三脚の重さが合計18キロ、撮影に使ったガラス乾板はといえば1枚900グラムもあり、それらは特注のバッグに収めて運搬された。

ルーベンソンとイングヴァルド・モンラード・アースが打ち立てた標高７２８５メートルの高度記録をなんとしても破りたいと考え、仮にＫ２登頂に失敗しても、その周辺の高峰に登って新記録に挑むつもりだった。

１９０９年３月13日、およそ４７５０キロの物資がラーワルピンディーに到着した。登山隊は５月８日にスカルドゥに着き、息をのむように美しいＫ２を初めて目の当たりにする。デ・フィリッピは評する――「誰が見てもこの地域の王者であり、巨大かつ孤高の存在だ」。アブルッツィ公はここからアスコーレに向かい、Ｋ２の南壁に近い標高４８７７メートル地点にベースキャンプを設営して、４つの尾根を偵察した。

アブルッツィ公はまず、南東稜に挑んだ。５月29日、ガイドであるジョゼフとローランのペティガ親子と、イタリア人とバルティ人のポーターとともに出発したが、傾斜があまりにも急峻で必要

■氷河のある風景――アブルッツィ公の登山隊はヴィーヌ氷河に沿って進んだが、その途中で、写真家のヴィットリオ・セラがK2への接近ルートを示す最高のパノラマ写真（「パノラマP」と呼ばれる写真）を撮影している。作中には、ミトレ・ピーク（背景左にひときわ白くそびえる）やムズターグ・タワー（さらに右、黒い三角形の山の後方）といった峰が見られる。右に立ちはだかる岩壁の後方に見える黒い峰が、K2である。

なキャンプを設営できず、標高６２００メートル付近で引き返し、この地点を「アブルッツィ稜」と名づけた。こうしてアブルッツィ公が知らず知らずのうちに開拓したルートは、やがてＫ２登頂に使われるようになる。

　登山隊は失敗にくじけることなく、今度はＫ２の西側からの登頂をめざす。雪崩やクレバス落下の危険に常にさらされながら、サヴォイア氷河を慎重に登り、アブルッツィ公と３人のガイドは標高６６６６メートル地点に到達した。しかし、Ｋ２の北斜面へのルートは、小さな峰や、雪庇《せっぴ》が張り出した尾根に阻まれていた。アブルッツィ公は深く落胆し、登山中止を決定した。

　高度記録の更新と初登頂にこだわっていたアブルッツィ公は、Ｋ２の反対側へ戻り、北東稜にキャンプを設営して、標高７５５５メートルのステアケース・ピーク（現在のスキャン・カンリ）への登頂をめざす。しかし、１回目は豪雪に、

2回目は氷壁に阻まれて、標高6705メートル付近で登頂を断念した。唯一の慰めは、空が晴れて、アブルッツィ公がK2の東壁の写真を撮れる瞬間があったことだ。この写真は遠征を記録した書籍の表紙を飾り、あまりにも良い作品だったため、当初はセラの撮影だと誤解されたほどだった。

科学への貢献という意味で、この遠征は成功だった。バルトロ氷河上部の地図化を終え、植物や地質に関する貴重な観察記録を持ち帰ったほか、高度が体に与える影響についても調査を行っている。また、セラは見事な山岳写真を撮影した。イタリアにとって必要なのは、登山に関わる記録だけだった。天候が安定するのはあと数日だと見たアブルッツィ公は、未踏峰のチョゴリザ（ブライド・ピーク、7654メートル）を次なる挑戦の目標とした。

しかし、晴天を望むアブルッツィ公の願いは叶わなかった。1日だけ晴れた日の夕暮れには、K2のすばらしい景色を見ることができたが、その日以外は大雪で、標高6335メートルのチョゴリザ鞍部にキャンプを設営するのに8日を要した。ここからアタックを2回試み、山頂まで残り約150メートルという高度まで到達したが、濃霧に阻まれてそれ以上は登れなかった。アブルッツィ公はがっくりと肩を落として下山したものの、そのときに打ち立てた標高7498メートルの高度記録は、1922年にイギリス隊がエヴェレストに入るまで破られることがなかった。

アレグザンダー・ケラスによる高度への挑戦

コンウェイ、ママリーからアブルッツィ公まで、ヨーロッパの典型的な登山家は、個人の資産家からの金銭的な支援を受けて遠征を敢行していた。しかし、スコットランドのアバディーン出身の内気な化学者アレグザンダー・ケラスは、彼らとは正反対の人物だった。シッキムへの8回の遠征を取りしきり、

◉高所登山における身体機能の制限

アレグザンダー・ケラスは、高度が体に及ぼす影響に関する科学研究に大きく貢献した（写真は、エネルギー節約の実験として、シッキムの村人に滑車を使わせている場面である）。ノーマン・コリー教授が「この分野についてはおそらく最高の権威」だと評する人物である。

ケラスがこの研究を始めたのは1908年。アルプスで人間の血液中に含まれる赤血球の数がどう変化するかを測定したのがその嚆矢（こうし）となる。3年後には、高地で経験する「だるさ」は、酸素ヘモグロビンが正常に生産されないために生じると結論づけた。この問題を回避するため、高地順化はゆっくりと時間をかけて行い、呼吸の回数も増やすべきだと、ケラスは提案している。また、登山家は「高所でキャンプを設け、なるべく朝早く出発すべき」だとも勧めている。

当時、エヴェレストに酸素ボンベなしで登頂できるかどうかに関して議論が巻き起こっていたが、ケラスは「ヒマラヤの巨峰に登攀する可能性について」A consideration of the possibility of ascending the loftier Himalaya と「エヴェレスト登攀の可能性について」A consideration of the possibility of ascending Mt. Everest という2本の論文を発表してその議論

に加わった。彼は、「最良のトレーニングによって鍛えられた優れた身体能力と精神」を持つ人物であれば、酸素なしでエヴェレストに登頂できるだろうと結論づけている。

地図製作や写真撮影、そして彼が呼ぶところの「世界で最も哲学的なスポーツ」を実践したほか、化学者としての知識を生かし、世界で初めて高度順化を生理学的に研究した。標高6100メートル以上で彼ほど長い時間を過ごした人物は、同時代にはいない。

ケラスは、本格的な登山家である以前に、丘陵を歩くひとりのトレッカーだった。1907年に初めてインドを旅したときには、カシミール地方で2週間トレッキングを行ったあと、シッキムとゼム氷河へと向かい、そこからスイス人ガイド2人とポーター3人を伴って、標高6812メートルのシンヴ山と、カンチェンジュンガにある標高6300メートルのネパール・ギャップへの登攀に挑む。悪天候と視界の悪さ、クレバスに阻まれて挑戦は失敗に終わったものの、「手始めのツアーとしては充分面白かった」という感想をもらしている。だが、これはその後に見せる登山への情熱から考えれば、控え目な表現だった。

1909年、ケラスは数人のシェルパを含む62人のポーターを引き連れて、シッキム北東部に戻ってきた。この遠征では、ランポ・ピーク（6954メートル）の西尾根に到達し、ジョンソン峠（6187メートル）を越えてジョンソン氷河に足を踏み入れているが、その後のジョンソン・ピーク（7462メートル）への登頂では途中で撤退を余儀なくされ、ネパール・ギャップへの再挑戦も失敗に終わっている。標高7125メートルのパウフンリにも2回挑戦しているが、やはり悪天候に阻まれた。特に2回目には、頂上まであと60メートルの高度まで達したものの、日没、深雪がもたらした疲労、肌を刺

■氷の絶景――――1909年、ヴィットリオ・セラが撮影した、チョゴリザ・アイスフォール（氷瀑）を登るアブルッツィ公とガイド。セラックと呼ばれる塔のような氷塊は、登山家にとって脅威ではあるが、異界にいるような美しい風景を見せてもくれる。チョゴリザ鞍部へのこの登攀で生まれた標高7498メートルの高度記録は、1922年のイギリスのエヴェレスト遠征まで破られなかった。チョゴリザでは、日本の登山隊が1958年に北東峰への初登頂を達成しており、南西峰には1975年にオーストリアの登山隊が登頂した。

◉目標はエヴェレストへ

チベットとネパールの国境が外国人に閉ざされていた時代、エヴェレストへ入るには極秘で遠征するしかなかった。1893年、チャールズ・ブルース中尉が、チベット側から極秘でエヴェレストに登頂する話をフランシス・ヤングハズバンド（当時はチトラルの副司令官）にもちかけた。この話はそれ以上進展しなかったが、1899年になると、今度はインド総督のカーゾン卿がダグラス・フレッシュフィールドにエヴェレスト登頂を勧め始めた。1905年には、経費として3000ポンドを支給するとさえ言っている。にもかかわらず、1907年にブルース中尉がエヴェレスト遠征隊を結成する要望を出したときには、その申し出は却下された。

1913年、イースト・ヨークシャー連隊のジョン・ノエルが、休暇中に「インド出身のムスリム」を装ってエヴェレストへ向かった。目的はなるべくエヴェレストに近づくことにあり、数回の挑戦の末、彼と3人のガイド――アデュー、アチュム・ブティア、テブド――は残り64キロの距離まで接近したが、その地点でチベット人に追い返された。

大将に昇進したセシル・ローリングが率いるエヴェレスト遠征の計画もあったが、第1次大戦によるローリングの死によって計画は白紙に戻った。休戦後、王立地理学会はエヴェレスト登山の許可を求める書簡をインド相に送ったが、返信は得られなかった。そして1919年3月10日、ノエルは「チベット南部タシラクへの旅とエヴェレストへの東の接近路」と題した講演を王立地理学会で行い、そのなかで1913年の旅とローリングの計画に関する話をした。会場には、フレッシュフィールドやJ・P・ファーラー、ヤングハズバンド、ケラスといった主要なヒマラヤ探検家が集まっており、その場にいた全員がエヴェレスト登頂の提案を支持した。

1919年6月、ヤングハズバンドが王立地理学会の会長に就任すると、彼はこの案を英国山岳会の会長にもちかける。この情熱はパロディの格好の対象になった。『パンチ』誌の風刺記事「ヒマラヤ探検家の遊び」Himalayans at Playでは、サー・フランシス・オールドミードなる人物が、エヴェレストへの道のりについて「ユルマグ渓谷をロルルミのチッキムの境界まで上り、ゴングラムのピルダッシュを越えて、スプギャルの深い峡谷を迂回する」と説明する場面が面白おかしく描かれている。しかし、ヤングハズバンドをはじめとする探検家たちは本気で、エヴェレスト登頂をめざして心をひとつにしていた。

す寒風のために、登頂を目前にして下山せざるを得なかった。

1911年5月、ケラスはモンスーンに入る前の天候を研究するために、再びシッキムへとやって来た。いまだ達成していない目標を片付けようと、ネパール・ギャップへの4回目の挑戦に着手し、頂上にあった小さな岩壁には登れなかったものの、ようやく登頂を成し遂げた。この成功を弾みに、ケラスは標高5944メートルのローナク峠を越え、ランポ・ピーク（6954メートル）への登頂に再び挑んで、ジョンソン・ピークの頂上をつぶさに観察した。

この1911年の遠征で、ケラスは標高6100メートルを超える10峰への初登頂という前人未踏の偉業を達成した。チョモ・ユンモ（6829メートル）、センティネル・ピーク（6490メートル）といった高峰のほか、当時の測量で標高7065メートルとされていたパウフンリにも登頂している。1907年にトム・ロングスタッフがガルワール・ヒマラヤのトリスルに登頂し、その標高を7134メートルだとしていた。このため、登頂した山の標高の最高記録はロングスタッフが保持しているものと信じられていたが、その後パウフンリの標高が7125メートルに、トリスル山の標高が7120メートルに修正されると、ケラスの記録が1930年までの世界最高だったことが判明した（1883年にウィリアム・W・グレアムが標高7394メートルのカブルーに登頂した可能性を除く）。残念ながら、ケラスがこの事実を知ることはなかった。

1912年から1914年にかけて、ケラスはさらに3回の遠征に出たが、最後のそれは戦争の勃発によって期間の短縮を余儀なくされた。その頃彼はエヴェレスト（8848メートル）に関心を寄せ始めていた。1911年には、肉眼での観察ができなかったために、シェルパを派遣して東側の写真を撮影させている。こうしてケラスとエヴェレストとの「恋」は始まったのだが、1921年、エヴェレストに向かう途中におけるケラスの死去によって悲しい結末を迎えることになった［次章冒頭を参照］。

シェルパ

1907年9月、カール・ヴィルヘルム・ルーベンソンとイングヴァルド・モンラード・アースという2人のノルウェー人がダージリンを出発し、カブルーへの登頂に挑んだ。2人はその前年に予備調査を済ませてはいたが、ルーベンソンはノルウェーでの登山経験しかなく、アースに至っては一度も山に登ったことがない。そんな未熟な2人にとって、この山はあまりに大きな目標だった。彼らは登頂に失敗したものの、標高7285メートル地点にまで登り、当時の高度記録を更新した。

植民地の宗主国という立場にとらわれないで済むルーベンソンとアースは、シェルパをポーターとしてだけでなく、登山パートナーにも起用していた。「我々の成果は、彼らの勇気と数々の才能によって成し遂げられた」とルーベンソンは述べている。その後、ケラスもこの考え方を採用し、ダージリンで雇ったシェルパに何度も頼っているほか、シェルパをポーター兼登山家として扱うことの利点を広めた。

1907年の最初の遠征のあと、ケラスはこんな思いを明かしている——「ネパール人のクーリーとまた登山に挑みたい。ヨーロッパの仲間たちよりも気圧の低い状況に慣れているように思われるからだ」。その後もともに遠征を重ねるうち、ケラスはシェルパを「第一級の登山家」と表現するようになり、適切なトレーニングを積めばカンチェンジュンガやエヴェレストといった世界屈指の巨峰に登れるようになると述べている。ケラスは経験のなかからシェルパの能力を評価し、自分の進み具合と比べて、次のように結論づけている。

1万5000から1万7000フィート（約4600から5200メートル）では、身軽なクーリーには負けず、荷物を運んでいるクーリーには容易に勝てる。しかし、1万7000フィートを超えると、身軽なクーリーには軽く引き離され、並みの重さの荷物を運んでいる者にも、同じペースでついていくのがやっとだ。標高が2万1000から2万2000フィート（約6400から6700メートル）を超えると、並みの重さの荷物を運んでいるクーリーにも引き離され、身軽なクーリーに至っては到底追いつくことができない。

ケラスは高所でのシェルパの食事も研究している。彼らは主に、野生のルバーブなど、地元でとれる野菜を食べる。しかし、ケラスはルバーブを食べると「小脳の辺りがときどきズキズキ痛む」という感想を漏らしている。また、ケラスの記録によれば、シェルパは凍傷が疑われると、足をさすり、「持参している乾いた草をブーツに入れて」治療したのだという。

科学調査の合間に、ケラスはシェルパとの友好を深めたが、特に仲良くなったのがトゥニーと「トゥニーの兄弟」、そして、ソニーだった。ケラスは幻聴も経験した。ケラスが白人のいないときにその幻聴に答えたところ、シェルパは「夜中に精霊と長く会話を交わしていた男に全幅の信頼を寄せる」ようになった——生物学者のJ・B・S・ホールデンはそのように記述している。

■最初のベースキャンプ―――1921年のエヴェレスト偵察隊が、山脈の東に位置するカーマ渓谷のペタン・リンモに設営したキャンプ。上方には、チョモ・ロンゾの岩壁が見える。エヴェレストまでの480キロを超える道のりを歩きながら地図製作と地質調査、植物採集を実施するという意欲的な遠征は、長期にわたって行われた。ダージリンを出発し、ようやく北稜を目の当たりにしたのは、4カ月後の9月24日のことだった。

第6章
戦間期のヒマラヤ
(1919–1939)

Himalaya Between the Wars 1919–1939

スティーヴン・ヴェナブルズ

高峰の前で雲が散り散りにちぎれると、ゆっくりと、そう実にゆっくりと、大きな山腹と氷河、尾根が眼前に開けていった。山の断片がひとつ、またひとつと、雲の切れ目から覗き、そして、想像していたよりもはるかに高いところに、巨大な白い牙――世界という顎から突き出た牙――のようなエヴェレスト山頂が姿を現した。

――C・K・ハワード・ベリー『エヴェレストの偵察、1921年』*THE RECONNAISSANCE OF MOUNT EVEREST, 1921* より

1921年6月13日、ジョージ・マロリーは、チベット高原のひときわ高い丘から世界最高峰の巨大な東壁を初めて目の当たりにした。著名なアルピニストで当時34歳のマロリーは、チャールズ・ハワード・ベリー率いるエヴェレスト偵察隊の最年少メンバーだった。この一行はダライ・ラマからチベット入国の貴重な特別認可を与えられ、インドに置かれた大英帝国政府機関からの支援を受けてこの地へとやって来たのである。アレグザンダー・ウラストン医師などの経験豊富な探検家や、東チベットのツアンポ渓谷の調査で名を知られていた測量士ヘンリー・モーズヘッドも、チームの一員である。モーズヘッドはその前年、アレグザンダー・ケラス博士とともに、インド北部の未踏峰カメットに挑んでもいた。

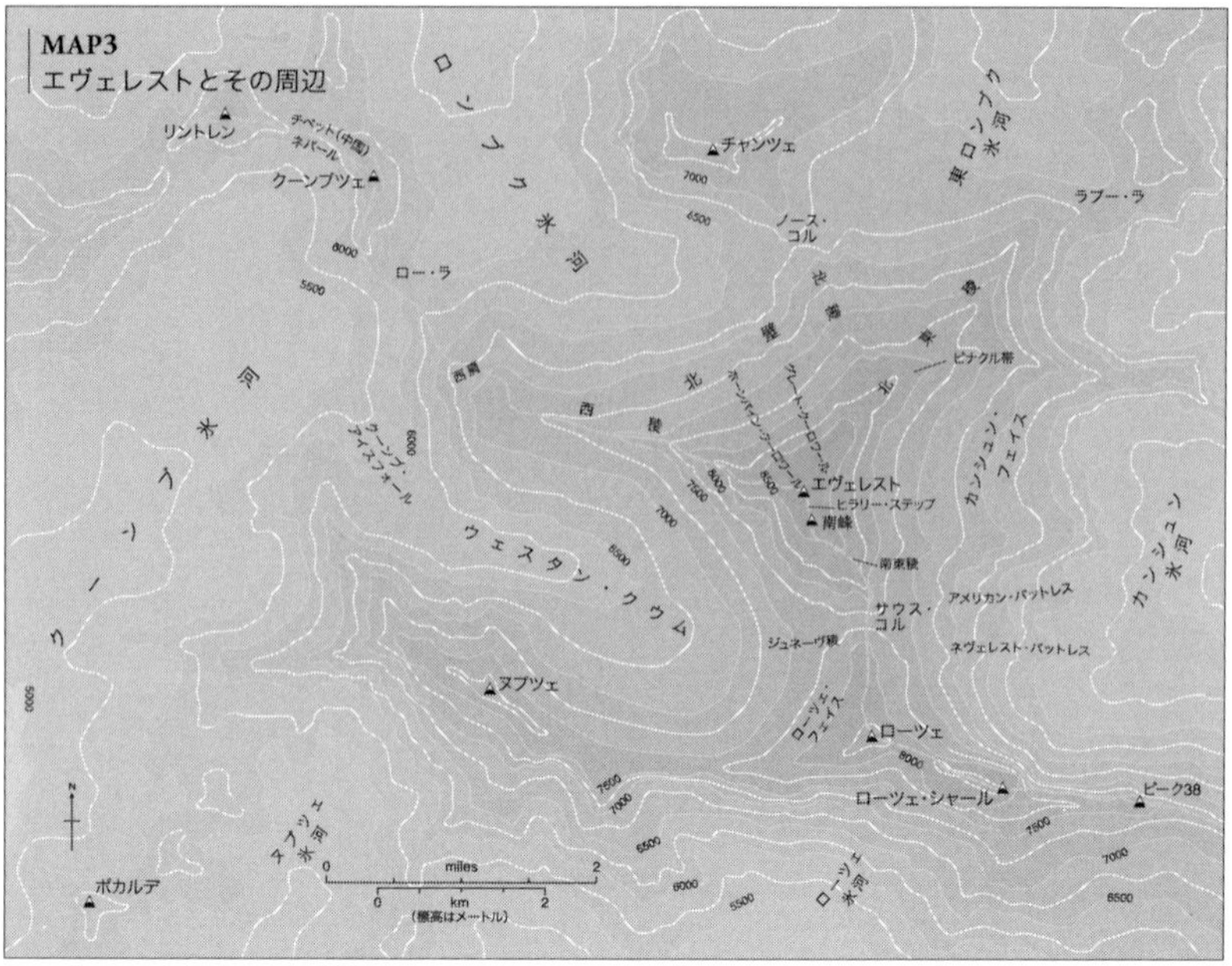

■エヴェレストを取り囲む地勢――――3つの面からなるピラミッドのようなエヴェレストと、その主な岩壁、尾根、氷河を示している。1921年の偵察隊は周辺の峰に、「南の峰」を意味するローツェ、「西の峰」を意味するヌプツェ、「北の峰」を意味するチャンツェというチベット名をつけた。ペタン・リンモのキャンプはこの地図の東の外側にある。

おそらくケラスは、高地での登山について当時の誰よりも熟知していただろう。第1次大戦の前には、標高7125メートルのパウフンリなど、シッキムの3つの高峰に登頂していた。その登山に随行していたチベット系の人々からなるシェルパは、以後エヴェレスト登山に不可欠の人材となる。ケラスは実地経験が豊富なだけでなく、高い標高が人体に及ぼす影響をよく知る医師の先駆けでもあった。エヴェレスト（8848メートル）へのアタックでは、気圧が標高0メートル地点の3分の1になり、心肺機能が弱まるため、身体能力がきわめて高い人物であっても、1時間に登る高さを90メートルに制限すべきだ――そうケラスは推定する一方で、現地の状況がきわめて困難な場合は、酸素の補給も必要になるだろうという見解も示していた。

だが、その必要性が現れるのは、まだいっそう先の話だ。１９２１年の偵察隊の任務は、エヴェレストへのアプローチのルートを調べ、この山が登頂可能かどうかを確かめることにあった。ダージリンからシッキムの蒸し暑い密林を徒歩で抜け、砂塵の舞うチベット高原を横断するだけでも、全長４８０キロ以上の厳しい旅になる。この遠征では、スコットランドのベテラン登山家ハロルド・レイバーンが赤痢にかかり、引き返すことになったほか、52歳のケラスが下痢によって体調を崩し、空気が薄く寒い気候のなかで合併症を患って、帰らぬ人となった。ケラスの遺体は、彼のよく知るシッキムの山々のすぐ北にある、カンパ・ゾンの近くに埋葬された。

残された偵察隊のメンバーはシェーカル・ゾンまで歩みを進め、そこから80キロ南にそびえるエヴェレストの巨大な北壁を初めて目にすることができた。その後数週間かけて、イギリス人の「サーブ」（責任者を意味する丁寧語で、現地人は雇い主の登山家をそう呼んでいた）は、はるばるダージリンから連れてきたシェルパの助けを借

■山中の墓———カンパ・ゾンの近くに設けられたアレグザンダー・ケラスの墓石。ベテラン登山家にして医師だったケラスは、1921 年の偵察隊の一員としてエヴェレストに向かっている途中で体調を崩し、残念ながら息を引きとった。彼の墓からは、チョモ・ユンモ（チュミウモ）、パウフンリといった、シッキムの高峰が見える。

りて、頂上から放射状に伸びる尾根と氷河が刻んだ谷の複雑な分布を調査した。その結果、エヴェレストには3つの岩壁（フェイス）があることがわかった。そのうち南壁は入国禁止となっているネパールにあるため、偵察隊は残りの北壁と東壁の調査に集中した。マロリーが遠くの丘から眺めた東壁は、地元のシェルパがヤクを放牧し、花が咲き乱れる美しいカーマ渓谷の上流にそびえている。高さが3400メートルもあるこの巨大な岩壁の上部は、不安定な氷壁で覆われており、その表面に刻まれた小さな峡谷を雪崩がすべり落ちていく。マロリーは偵察の公式報告書のなかで、「誰かほかの、思慮に欠けた者」がとるルートだという見解を示している。

エヴェレストに登頂するのであれば、北側の乾燥したロンブク渓谷から入ることになるだろう。だが、北壁にはどうやってたどり着くのか。雪に覆われた数多くの峠のひとつを越えたあと、偵察

■ひと仕事を終えて――1922年のエヴェレスト遠征で、東ロンブク氷河で休憩するシェルパ。この遠征には、ヨーロッパから来た13人の登山家に、40人のシェルパ、5人のグルカ兵、そして、数多くの料理人やチベット人ポーターが同行したが、6月7日の雪崩によって7人のシェルパが命を落とした。

隊は偶然、東ロンブク氷河の上流部に出た。そこから登りやすい氷の斜面を登ると、ノース・コルの鞍部に到達した。マロリーは足場を刻みながらコルに上がる。標高6466メートルのその地点から見ると、北稜は幅広くて傾斜もそれほどきつくなく、見たところすんなりと北東稜――北壁の左側を縁取る尾根――に登れそうだ。偵察隊はそれまで空白域だったチベットのかなりの部分を地図化できただけでなく、世界最高峰への有望な登頂ルートを見つけることもできた。しかし、標高9000メートル近い山に登る装備の登場までには、翌年を待たなければならなかった。

1922年――エヴェレストへの最初のアタック

それから7カ月後の1922年5月1日、マロリーとモーズヘッドは、王立地理学会と英国山岳会に選抜された新チームの一員として、再びロンブクにやって来た。チームを率いるのは、1895年にママリーのナンガ・パルバット挑戦をまとめたサー・チャールズ・ブルース大将だ。ヤングハズバンドは彼を評して言う――「(……)人の心を鼓吹して止まない、情の深い火山のような人物だ。あれほど陽気な人柄なら、まず災難のほうから寄りつこうとはしないだろう」。

活力みなぎるこのグルカ兵将校に、さまざま登山家が率いられていた。マロリーとモーズヘッドのほか、ひときわ背が高くて健康的な将校エドワード・ノートン、同じく頑健な軍医のハワード・サマヴェル、イギリスで最も経験豊かなアルピニストのひとりであるジョージ・フィンチ、ブルースの甥で登山経験がほとんどないジェフリー・ブルースがチームに編入され、写真と動画の撮影は、1913年に不法侵入のうえエヴェレスト地域を探検した経験を持つジョン・ノエル大尉が担当していた。シェーカル・ゾンからパン・ラ（峠）を越え、ロンブク僧院近くのベースキャンプまでは、160人からなる地元チベット人のチームが連れたヤクが荷物を運ぶ。ベースキャンプから上は、シェルパとグルカ兵がほとんどの荷物を運んでくれる。

1日に200人以上がエヴェレストに登頂する現在、登山家は延々と続くナイロンのロープに導かれ、薄い空気への対策として最新鋭のボンベから酸素を吸入し、軽量の

■ 1924年の遠征隊――キャンプに集まった、1924年のエヴェレスト遠征隊のメンバー。後列（左から右）は、「サンディ」ことアンドルー・アーヴィン、ジョージ・マロリー、エドワード・ノートン、ノエル・オデル、ジョン・マクドナルド。前列（左から右）は、エドワード・シェビア、ジェフリー・ブルース、ハワード・サマヴェル、ベントリー・ビーサム。

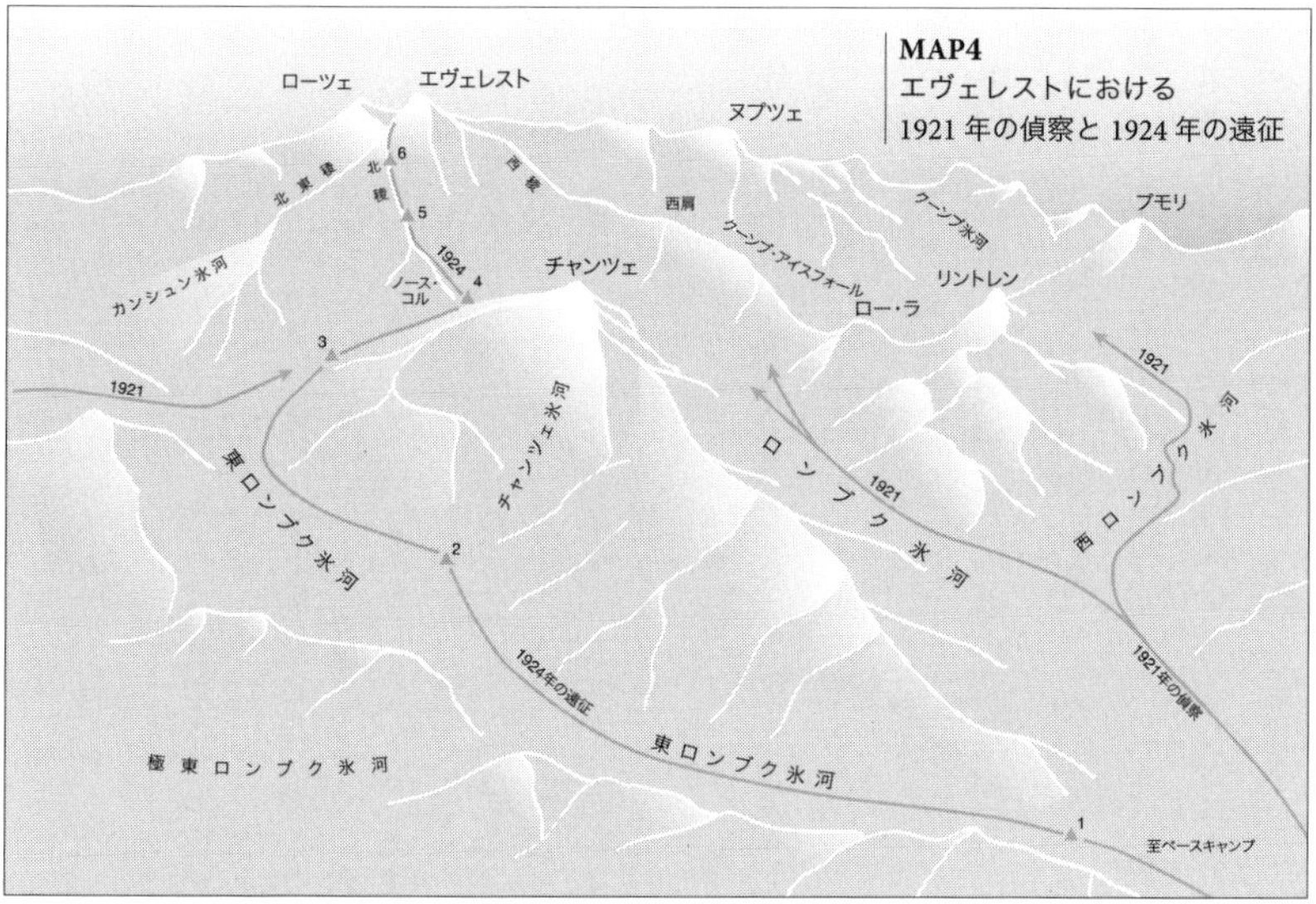

■エヴェレストの北側―――1920年代初めにイギリスが探査した主要ルート。マロリーとアーヴィンが1924年の遠征で設営した6つのキャンプの位置も示した。

断熱素材製の服を着て、衛星を使った天気予報をもとに登山の計画を立てる。そんな時代から見ると、1922年にいち早くエヴェレストに挑んだ先人の装備がいかに異なるか、想像しにくいかもしれない。1回目のアタックでは、ノース・コルから標高8200メートルまでを1日で登る計画だった。しかし、途中でメンバー全員が衰弱し、風に体温を奪われる状況に陥った。特にポーターの衰弱が激しかったことから、登山隊は標高7620メートル付近で歩みを止め、彼らを下山させなければならなくなった。マロリーとモーズヘッド、ノートン、サマヴェルは傾斜のある岩棚に2つのテントを張り、前人未踏の高所で悲惨な夜を過ごすことになる。だが、標高7620メートルで眠るのは容易ではない。1922年にはそれほど理解が進んでいなかったが、脱水状態の体に充分な水を補給することも簡単ではなかった。コンロで雪と氷を解かせばいいだけのように思えるが、火をおこすための固形燃料は

◉ジョージ・フィンチと酸素

エヴェレストにいち早く入ったイギリスの先人のなかでは珍しく、ジョージ・フィンチは豊富な科学知識を持っていた（後年、インペリアル・カレッジ・ロンドンの化学教授になる）。実地経験が豊富で創造性が豊かな彼は、チームのほかのメンバーがウールとツィードの防寒着を身に着けているのをよそに、ダウンジャケットの試作品をつくっていたし、エヴェレストには酸素の補給を受けながら登頂するのが唯一の賢明な方法だとも考えていた。最上部のキャンプで嵐のために2日間足止めを食っていたとき、酸素ボンベからの規則的な酸素の吸入によって、高度に由来する体の衰弱の影響を解消できることを発見している（彼の場合、酸素と交互に吸っていたのは煙草だった！）。嵐が去ったあとも、フィンチは当時英国空軍が開発中だった初期の酸素吸入器から、仲間のジェフリー・ブルースと一緒に酸素を吸った。ブルースが登山の初心者だったにもかかわらず、2人はマロリーのパーティよりも速く進む。だが、標高8321メートルの高度新記録を樹立したところでブルースの疲労が激しくなったため、フィンチは撤退という苦渋の選択をした。フィンチの成果にいたく感銘を受けたマロリーは、その2年後に今度こそ登頂してやろうと、アタックの際、酸素を持参したのだった。

当時、数少ない貴重な物資だったのである。そうした困難にもめげず、マロリーとサマヴェル、ノートンは、翌朝8時に出発して上をめざした。モーズヘッドは自らが足手まといになると判断して続行を辞退していた。

エヴェレストの傾斜した地層を覆う粉雪に足を取られ、空気の薄さにあえぎながら、のちの計算で8225メートルとされた地点に到達し、そこで登頂は不可能だと判断した。別のルートを通っていたジョージ・フィンチはもう少し高い地点まで到達したものの、やはり途中での下山を余儀なくされた。ベースキャンプで数日間の休息をとり、体力が回復すると、登山隊はもう一度、登頂をめざすことにする。しかし、ノース・コルへ登る途中で、ロープでつながっていた9人のシェルパが雪崩に遭い、7人が死亡した。この悲劇のあと、とりわけサマヴェルは罪の意識にさいなまれた――「いったいなぜ、彼らと運命をともにしたイギリス人がただのひとりもいなかったのか?」

1924年のマロリーとアーヴィンの謎

1924年、ダライ・ラマは再びイギリスにエヴェレスト登山の認可を与えた。その2年前に起きた雪崩の悲劇の罪滅ぼしをするかのように、ノートンとサマヴェル、マロリーは、4人のシェルパが氷の急斜面で身動きがとれなくなったときには、肺が破裂するほどの勢いでノース・コルへと救助に向かったものだが、そうした献身的な行動にもかかわらず、今回の遠征ではさまざまな問題が起きた。チャールズ・ブルースが体調を崩してダージリンへと戻り、ノートンが隊長の座を引き継がざるを得なくなったほか、強風が吹く寒い日が続いたために、山頂へのアタックの日程も遅れに遅れた。しかしついに、シェルパのノルブ・イシャン、ラクパ・チェディ、セムチュンビの努力が実を結び、ノートンとサマヴェルはなんと標高8168メートルという高所に、新しい第6キャンプを設営することに成功した。しかし、ここまで高い地点からであっても、彼らは頂上への長い道のりに音を上げた。サマヴェルはその場で歩みを止め、届きそうで届かない頂上を独りでめざすノートンの写真を撮影した。その後、ノートンは標高8573メートル――無酸素での到達高度としては当時の最高記録で、1978年まで破られなかった――まで到達し、まだ上をめざせる体力はあったものの、日没の時間を考えて身の安全のために引き返すことに決め、サマヴェルとともにノース・コルまで下山した。

3日後の6月8日、マロリーとチーム最年少のサンディ・アーヴィンが2回目のアタックを行った。ノートンとは異なり、2人は北東稜をたどる計画だったが、写真家のジョン・ノエルが北東稜にレンズを向けても彼らの姿をとらえられない。ノエル・オデルが第6キャンプまで登ったところ、2つの人影を確かに見たが、すぐに雲に隠れてしまったのだという。2日後に再びオデルが第6キャンプを訪れたものの、テントには依然として誰もおらず、マロリーとアーヴィンは死亡したと考えざるを得ない状況だった。

近年、2人が登頂したかどうかに関してさまざまな仮説が立てられている。1999年には、脚を骨折したマロリーの遺体が、切れたロープとともに見つかった。だが、確実にわかっているのは、2人が転落死したことと、エドワード・ノートン率いる生存者が、家族に告げなければならない悲報を胸に、暗い面持ちでダージリンへと戻ったことだけである。

シッキムとカンチェンジュンガへの挑戦

ヒマラヤ西部の探査は、常に政治状況に左右されてきた。戦間期のイギリスは、帝国の影響力を利用してチベットへ独占的に入ることができたため、エヴェレスト登山もこの国の独壇場だった。世界屈指の巨峰への挑戦において、ほかの欧米諸国は必然的にエヴェレストより低い山の登頂をめざすことになったが、必ずしも登山の難易度がそれに応じて下がったわけではない。1929年、その1年ほど前からイギリス人が運営するヒマラヤン・クラブに、ドイツから1通の手紙が届いた。ミュンヘン出身の若き登山家パウル・バウアーのチームを支援してほしいというのである――「彼らは何か困難なこと――自らの勇気と忍耐力、持久力を総動員しなければ登頂できない山――に挑みたいと希望しております」。

世界第3位の高峰で、5つの峰を持つ巨大なカンチェンジュンガこそが、彼らの挑みたかった山だ。ネパールへの入国は不可能だったため、バウワーにとって、シッキムから入るのが唯一の選択肢だった。そうなると、登頂ルートは東壁となる。規模も、斜度も、危険度も世界屈指で、現在でも挑んだ者はいない難ルートだ。しかし、東壁の脇から北東稜に上がるルートがある可能性はあった。巨大な絶壁の上には、まるでバロック建築の塔や丸屋根、怪物の彫刻のような形の岩や氷がそびえる。ミュンヘンの登山家たちは、目がくらむようなこの尾根に上がり、登って越えることも迂回することもできない岩や氷の塔をときにはくぐり抜けながら前進した。ペースこそ遅々としていたものの、典型的なキャンプや雪洞をつくりながら型破りのルートを登り、それまでの雪山

■カンチェンジュンガへの挑戦―――1929年と1931年にカンチェンジュンガに挑んだ、パウル・バウアー率いるドイツ隊。東のシッキム側にある、ナイフの刃のように細い尾根を行く。1931年の遠征では、ヘルマン・シャラーとシェルパのひとりがゼム氷河で滑落し、命を落とした。

■ミュンヘンの名登山家――――カンチェンジュンガへの先進的な挑戦を主導したパウル・バウアーを写した、1936年のナンガ・パルバット遠征における一枚。

登山の技術を根底から覆すような新しい技術を生み出して、ついに10月3日、北稜との合流点に近い標高およそ7400メートル地点まで到達した。

だが、そこで彼らは、吹雪のために立ち止まらざるを得なくなる。5日間足止めを食ったのち、滞在するのも限界に達したため、ここで退却することにした。チームは猛烈な勢いで斜面を下る雪崩から身を守り、足にひどい凍傷を負ったエルンスト・バイゲルに献身的に手を差し伸べた。その後も、激しい雨や地すべりと闘いながらティスタ渓谷へ降りて、なんとか生還した。下山を終えたときの様子を、バウアーは次のように回想している――「まるで浮浪者のようにぼろぼろの身なりで、自然との激しい闘いの末に身も心も疲れ果て、無精ひげまで泥まみれの状態で、明かりがまぶしく輝いたラッチェンのバンガローに向かって重い足を引きずるように、とぼとぼ歩いていった」。

イギリスの雑誌『アルパイン・ジャーナル』の編集者エドワード・ストラット大佐はこの話に感銘を受け、同年、パウル・バウワーの最初のカンチェンジュンガ遠征を「おそらく登山史上、比類なき偉業」と讃えている（ただし、数年後、あるミュンヘン出身のアイガー挑戦者に対しては異国人排斥さながらに非難している)。バウワーは1931年に再びカンチェンジュンガに挑戦した。このとき登山隊は、北東稜の頂上近くまで登ったものの、あと一歩というところで、雪崩が起きそうな不安定な斜面が立ちはだかり、撤退を余儀なくされた。1936年、バウワーは3回目の遠征隊を率いてシッキムを訪れ、天上の美しさを誇るシニオルチュー［本書「はじめに」の写真を参照］など、カンチェンジュンガ周辺の山に挑んでいる。標高6888メートルのシニオルチューにはギュンター・ヘップ、アドルフ・ゲットナー、カール・ウィーンというメンバーで挑み、途中でビバーク［テントなしでの野営］をしながら一度の登攀で山頂をめざす「アルパインスタイル」で登頂するという離れ業をやってのけた。

ガルワール――「小さいことは美しい」というアプローチ

イギリスの登山家フランク・スマイスは、世界屈指の高峰に対してなんとも複雑な感情を抱いていた。高地の環境に対する順応性がきわめて高く、1930年のカンチェンジュンガ遠征にあってもその実力を発揮し、1933年のエヴェレスト遠征ではノートンの記録に匹敵する高度にまで登っている彼だったが、その一方で、高峰への登頂には不可欠と思われていた大規模で小回りのきかない遠征隊という形式が、自身の性分には合わないとも考えていたのである。スマイスは記す――「エヴェレスト登頂は、北極点や南極点への挑戦と同じく、一種の義務、ことによると国家的な義務になり、歓びを味わうための登山とはかけ離れていた」。

その歓びのために彼が選んだのが、インド北部の連合州(現在のウッタル・プラデシュ州とウッタラーカンド州）にあるガルワールである。インド屈指の高峰がそびえ、聖なるガンジス川へ注ぐ数多くの支流が流れる緑豊かな渓谷があるこの地域は、ヒンドゥー教徒と仏教徒にとっての聖地にもなっている。イギリスの統治時代、この地域は当然ながら自国の探検家が立ち入りやすかったため、１９０７年にはトム・ロングスタッフがトリスルに登頂して、当時の新記録を樹立している。１９３１年にスマイスが目標に定めたのは、それよりも高いカメットだ。１９２０年にケラスとモーズヘッドが挑んだものの、登頂できなかった山である。登山隊には、イギリスの登山仲間５人のほか、ダージリンから連れてきたシェルパ10人がいた。そのなかでもよく知られているのが、東アフリカ出身の若きコーヒー農場経営者エリック・シプトンである。ケニア山への２番目と３番目の登頂をそれぞれ異なる新ルートで達成していたシプト

■禁断の壁———カンチェンジュンガの北壁。ギュンター・ディーレンフルトに率いられた1930年の国際遠征隊の一員として、イギリスのフランク・スマイスらが挑戦した。初登頂は1955年に行われたネパール側の南西壁からの登攀で達成された。これは1905年にアレイスター・クロウリーが最初に使ったルートである。

ンにとって、ヒマラヤ登山は長年の夢であり、すべてが大切な体験だった。彼はスマイスとロミリー・ホールズワース、シェルパのレワとともにカメットへの初登頂を成し遂げた。その2日後には、セント・ジョン・バーニーと遠征隊付き医師のレイモンド・グリーン、そして、地元のポーターであるケザール・チングも登頂している。遠征隊の7人が登頂しただけでなく、7756メートルという標高は、人類が登頂した標高の当時の世界記録となった。

1934年のナンダ・デヴィ・サンクチュアリ

エリック・シプトンは、ヒマラヤのことをすっかり気に入ったようだ。何にも増して彼が好んだのは、単なる「頂上の征服」ではなく、探検することだった。ヒマラヤの風景のなかに隠された謎を解き明か

◉シッキムからエヴェレストへ

1937年10月にレジー・クックとジョン・ハントが実施した軽装備でのシッキム遠征は、卓越した成果を残した。彼らが行った登攀のなかに、カンチェンジュンガのノース・コルへの挑戦がある。2人の結論は、ここから登れる妥当なルートはないというものだったが、その42年後のカンチェンジュンガ登頂では、反対側からのアプローチではあったものの、ノース・コルを通るルートが使われた。その後ジョン・ハントは、エヴェレスト初登頂を達成した1953年の遠征隊を率いることになる。1937年の遠征には、よく知られたシェルパも参加していた。そのひとり、パサン・ダワ・ラマは1939年にK2登頂まであと一歩という地点まで到達し、世界第6位の高峰チョー・オユーへの初登頂を1954年に成し遂げている。ほかにはパサン・キクリというシェルパもいるが、彼は1939年の同じK2遠征に参加していたものの、衰弱して第8キャンプに置き去りにされていたアメリカ人のダッドリー・ウルフを救出しようとして、不幸にも命を落としている。

す過程で、その多様性や移ろいやすさ、そして胸の躍るような意外性に出合うことに、シプトンはいちばんの魅力を感じていたのである。カメット登頂の2年後、1933年にエヴェレスト挑戦を終えて帰国する途中で、チベットとシッキムを放浪しているときに、彼は気づいた――こうして山々を歩き回ることこそが、自分にとっての生涯の仕事なのだ。そのためには、物事をなるべく簡素にして、最低限の予算でやり繰りしていかなければならない。ただし、見習い期間を終えたシプトンは、1934年に自らが率いる遠征隊を結成する決心をする。再びガルワールを訪れ、この地域で懸案になっていた登山の問題を、ひと夏かけて解き明かそうというのだ。それは、1933年のエヴェレスト遠征隊を率いたヒュー・ラトリッジをはじめ、数々の探検家が挑んでは志半ばにしてあきらめた難題だった。ヒンドゥー教徒の母なる女神が宿る聖なる山ナンダ・デヴィ――その2つの峰を取り囲むように連なる高い山脈を越えるのが、シンプトンの定めた目標である。

シプトンはケニアにいた頃、同じくコーヒー農場経営者で熱心な登山家でもあるビル・ティルマンと知り合っていた。彼は、シプトンがケニア山を西尾根の難ルートから登頂したとき、そしてウガンダのルウェンゾリ山地で数々の先駆的な登山を実施したときのパートナーである。寡黙で女嫌いなティルマンと、話し好きで恋愛に夢中なシプトンという正反対の性格を持つ2人の男たちは、質実剛健にして簡素な活動を互いに指向し、前人未踏の原野における探検を貪欲なまでに求めており、登山パートナーとしてすばらしい関係を築いていた。そこでシプトンはナンダ・デヴィ遠征隊を結成するに当たっても、ティルマンに参加を呼びかけたのだった。2人はインドに入ると、アンタルケー、クサン、パサン・ブーティアという3人のシェルパと合流した。彼らの活力と忠誠心、優れたユーモアは、この遠征の成功に

■岩場での休憩――1936年、ナンダ・デヴィに挑戦中のビル・ティルマンが、不安定な岩場で休息する。彼はノエル・オデルとともに初登頂を成し遂げた当初は幸福感に包まれていたものの、そのあとにもの悲しさを感じたという。後年、彼は書いている――「山が屈服したような、誇り高い女神が頭（こうべ）を垂れたような悲しい気分だった」。

◉テンジン・ノルゲイ

シプトンは1935年の春、エヴェレストへの長い徒歩の旅を始めるに当たってシェルパを探しているとき、テンジン・ノルゲイと名乗る若者に出会い、その愛嬌のある熱意に満ちた笑顔に惹かれ、彼を雇った。テンジンはシェルパとして知られるようになるものの、実際の出身はチベットで、エヴェレストのカンシュン・フェイスの麓にあるカーマ渓谷の野営地でヤクを放牧していた両親のもとに生まれた。その後、一家はナンパ・ラ（峠）を越えてネパールに入り、シェルパの里であるソルクンブに定住した。その後テンジンは家を出てダージリンへ移り、登山ポーターの仕事を探していたところで、シプトンと出会ったのだった。

2人は1936年に再会する。またしてもエヴェレスト登頂を果たせず、落胆していたシプトンは、帰国する途中でガルワールに立ち寄って、ゴードン・オズマストンが率いる測量隊に合流した。そのときチームにいたのが、テンジンである。シプトンは再会を喜んだ。17年後、固い意志と人間的な魅力を備えたテンジンがエヴェレストに初登頂した2人のうちのひとりだというニュースを、彼はまた同様に嬉しく聞いたのだった［言うまでもなくその偉業は、1953年、エドマンド・ヒラリーとともに果たされている］。

とって欠かせないものになっていくのである。

ナンダ・デヴィ・サンクチュアリへ分け入ろうという試みは、それまでも何度か行われていた。ナンダ・デヴィを取り囲むように連なる山脈を越えてサンクチュアリに入るには、リシ峡谷を突破する以外に道はないのだが、どの遠征隊もこの深い峡谷に阻まれて撤退を余儀なくされていた。シプトンのチームは、モンスーンが始まる前の5月に現地入りし、穏やかな天候を最大限に活用した。狭い割れ目を通り抜けて高度を上げていくなかで、立ちはだかる壁のような断崖を幾度も越えなければならなかった。高さ1000メートル近い不安定な崖をよじ登り、それぞれのメンバーがある区間を受けもって、荷物をリレーさながらに中継しながら運び上げる。単なるトレッキングではなく、本格的なロッククライミングに等しい探検である。

荷物の量を最小限に抑え、地元のポーターの数も、途中で足手まといになる者が出ないように極力減らした。この作戦が奏功し、チームはナンダ・デヴィ・サンクチュアリに到達することができた。牧歌的な高地の草原でアイベックスや野生のヤギの群れが草を食む光景を見て、男たちは歓喜の声を上げた。

周りの山脈にある3つのコル（鞍部）に登ったあと、チームはリシ峡谷を下った。すでにモンスーンは始まっていたが、彼らはそれにもくじけず、今度はアルワ渓谷とガンゴトリ渓谷をめざすことにした。ここには見事な花崗岩のピークがいくつもあり、20世紀末には世界のトップクライマーを惹きつけることになるのだが、当時のシプトンとティルマン、そして3人のシェルパはといえば、バドリナート渓谷とケダルナート渓谷のあいだの尾根を苦心惨憺の末に越え、怖気《おぞけ》をふるうような険しい峡谷を下るときにはかなりの時間をとられ、何度も迂回しながら川を渡り、やがて食料も尽きて、激しい雨のなかでもうもうと煙を上げる焚き火でタケノコをあぶるしかなくなった。秋になって天候が回復すると、再びナンダ・デヴィ・サンクチュアリに入って測量を終え、ナンダ・デヴィ登頂にはおそらく南稜を登るのが良いだろうという結論を得た。それでもまだ探検に満足していなかったのか、シプトンはアンタルケーとクサンを同伴して標高6802メートルのマイクトリの初登頂を成し遂げたあと、チーム全員で難しいスンダルドゥンガ・コルを通ってサンクチュアリから抜け出した。

1936年のナンダ・デヴィ初登頂

1934年の偉業を受けたロンドンのヒマラヤ委員会は、シプトンを1935年のエヴェレスト偵

■頂に立つ―――1935年のエヴェレスト偵察中、リントレンの標高6437メートルのキャスター峰に登頂したエリック・シプトン。彼はこの遠征で、標高6100メートルを超える26の山に初登頂するという驚異的な記録を達成した。ある山に登っているときには、尾根から雪庇（せっぴ）が落下してきてメンバーのダン・ブライアントを直撃したが、シプトンは自らと彼とをつなぐロープをつかんでなんとか救出し、難を逃れた。

察隊の隊長に任命した。自然な流れとして、ティルマンもまた偵察隊の一員となる。シプトンは、翌36年にもしぶしぶながらエヴェレストへと赴き、再び本格的な登頂に挑んだが、高度順化にときどき難渋していたティルマンは、この遠征には召喚されなかった。

ヒマラヤ委員会からは外されたティルマンだったが、それでも捨てる神あれば拾う神ありで、カンチェンジュンガに挑戦する英米合同の遠征隊引率を、アメリカが打診してきた。しかし、1936年にティルマンが隊長兼偵察員としてカルカッタに到着すると、彼の遠征隊には許可がない旨を帝国政府に勧告される。後日、彼は書く――「たいていの神のお告げと同様、理由はまったく教えられなかった」。完全に覇気を失ったティルマンは、代わりの申し出を受けることにする。2年前に予備調査していた山、ナンダ・デヴィへの登頂である。ガルワールへと北東に向かう数百キロの道のりを進みながら、件のお役所の介入が実は天の恵みだということに、ティルマンは気づいた――ナンダ・デヴィは標高7816メートルと、カンチェンジュンガより770メートルほども低い。とすると、登頂できる確率ははるかに高いのである。

最大の問題は、登山のスタート地点までどうやってたどり着くかということだ。1934年の小規模なチームにとってさえも、リシ峡谷は充分すぎるほどの難所だった。しかも今回は、8人の登山家と高地専門のポーターがいるだけでなく、数週間分の物資を渓谷の上まで運び上げなければならない。それは悪夢のような仕事であり、地元のポーターの半数が脱落したときには、登山が中止になりかけた。しかし、ティルマンは厳密に「栄養がある」と思われない食料はすべて手放して、問題の軽減に努めた。アメリカ人のメンバーのひとり、アド・カーターによれば、それは唯一食べられるものを置いていくことを意味していたのだという。

食料に関する小さな不満はあったものの、英米合同の遠征隊は調和のとれたチームだった。アメリカ側のメンバーを選んだのは、チャールズ・ハウストンだ。伝説的なハーバード登山クラブに籍を置き、のちにK2登山隊を2回指揮する著名な登山家である。イギリスのチームには、エヴェレスト遠征の経験があるベテラン登山家ノエル・オデルが名を連ねていた。

ナンダ・デヴィ・サンクチュアリのベースキャンプに到着すると、8人の登山家は岩がちなナンダ・デヴィの南稜［第9章MAP12参照］の登攀に取りかかった。ここでもシェルパが道を切り拓いたり、キャンプ設営のための資材を運び上げたりと、登山に欠かせない重要な役割を果たした。キャンプのなかには、テントがひとつしかなく、しかも外側の端が崖からはみ出しているものもあったが、標高7300メートルに設営した最上部のキャンプはもっと広々としていた。もともと慎み深い性格であるティルマンは、アタック隊のイギリス代表にオデルを指名した。アメリカ代表に選ばれたのはチャールズ・ハウストンだったが、彼は激しい胃痛に襲われたため、代わりにティルマンが行くことになった。2人の出発は、1936年8月29日の夜明けだった。

帰国後、ティルマンは北ウェールズの自宅の書斎に座り、遠征の手記をまとめたが、そこには、極度の高所における悲喜こもごもの苦闘が見事に描写されている。


寒くてたまらない。ナンダ・デヴィ東峰の山稜からはまだ日が昇っておらず、西からは弱い風が吹いている。こんな朝早くから地獄のような尾根の上でうろうろしているなんて、我々はいったいどれほどの愚か者だろうか！　それに、このロープの輪もどうしようもない。船の係留の索具さながらに固くなり、好むと好まざるとにかかわらず前を歩く薄汚れた男とつながっている。実際のところ、テントの後ろの雪のこぶに登ったとき、我々のうち少なくともひとりはそんな感慨を抱いていた。寒々とした夜明けの光のなかで、目前の尾根の細さが際立った。

2人は非常にゆっくりと歩みを進めた。最初は安定した楽な岩場だったが、そのうち「綿の上を登っているように」雪が深くなり、一歩進むたびに「深呼吸を6回から8回」しなければならなくなった。そのうえ、「この重労働と高所の影響に追い討ちをかけるように、太陽光が真っ白な雪に容赦なく降りそそいで目をくらませ、唇を焦がし、心と体からエネルギーを奪った」のだという。

そんな苦労が報われたのは、午後2時になってからのことで、2人はついに、それ以上高い場所はないという長細い雪の尾根に足を踏み入れた。

オデルは温度計を持参していたが、測高計も持ってくるべきだったと後悔していたに違いない。測定によると気温は華氏20度［摂氏氷点下約7度］だったが、風がなかったため、我々の敵だった太陽光もそのときは味方してくれているようで、ありがたく感じられた。（……）その極上の山頂で過ごした45分間は、短かったとはいえ輝かしい人生の何時間分にも値する時間だった。その後、「我々にはとうてい理解しえぬ思考」［シェイクスピア『ハムレット』第1幕第4場］を残し、決して色あせることのない記憶とともに、我々は後ろ髪を引かれる思いで山頂をあとにした。

■ヒドゥン・ピーク――標高 8068 メートルで世界第11 位の高峰、ガッシャーブルムⅠ峰。マーティン・コンウェイがこの山に「ヒドゥン・ピーク」という別名をつけたのは 1890 年代のことだ。しかし、初めて本格的に登頂をめざしたのは、ギュンター・ディーレンフルト率いる 1934 年の国際遠征隊だった。初登頂は、1958 年にアメリカのニコラス・クリンチ隊が達成した。「空の上を歩くような長い道のりだった」とクリンチは描写している。

標高7816メートルはカメットよりもはるかに高く、人類が登頂した標高の新記録となった。高度順化に問題があると見なされた男としては、悪くない偉業だろう。

エヴェレスト遠征を再開――1930年代

マロリーとアーヴィンがエヴェレスト山頂付近で行方不明になってから9年後、ダライ・ラマはイギリスの新しい遠征隊にエヴェレスト入山の認可を与えた。ヒュー・ラトリッジが率いたその1933年の遠征隊には、優れた若きロッククライマーのジャック・ロングランドのほか（彼は吹雪のなか第6キャンプからシェルパの一団をうまく導いて無事下山させた）、フランク・スマイスや、彼のカメット遠征に同行したシプトンとグリーン、そして、シプトンによる2度目のケニア山登頂のときのパートナーであるパーシー・ウィン＝ハリスが加わった。このときのアタックでは、9年前にアーヴィンが北壁で落としたか置いたと思われるピッケルを、ウィン＝ハリスが見つけている。彼はローレンス・ウェイジャーとともに、ノートンがかつて到達した地点まで登った。山頂まで高さにしてあと300メートル弱というその地点には、その後フランク・スマイスも到達するものの、「グレート・クーロワール」と呼ばれる小峡谷の対岸にある最後の急斜面が不安定だったために、登頂を断念している。

1935年の「偵察隊」を率いたのはシプトンである。彼はエヴェレスト遠征の費用が膨れ上がったことを由々しき事態と考え、コストを1933年の遠征の10分の1に抑えていた。彼の任務は、モンスーン期間の山の状態を評価することだった。6人の登山家からなるチームは、当然のことながら、エヴェレストでは高い地点までは登っていない。しかし、探査した範囲はヒマラヤの登山史でもおそらく屈指の広さであり、それほど高くはないものの、26の峰々に初登頂している。

1936年には、再びラトリッジの指揮によってエヴェレスト登頂をめざす本格的な遠征が行われたが、天候に恵まれず、北壁の積雪が深かったために、またしても登頂は果たせなかった。戦間期における最後の遠征は、1938年にビル・ティルマンが率いたものだ。メンバーのひとりであるピーター・ロイドは、酸素補給器の試験と改良で有益な仕事をしたが、隊長からはまったくと言っていいほど督励を受けていない。ラトリッジはこう書いている。

山は〔酸素〕なしで登れるし、登るべきであるというのが、私個人の意見であり、酸素の助けを借りて登るくらいなら登らないほうがましだという、妥当な理由があると考えている。（……）人間が生存のためでも、また生存の手段のためでもなく、楽しみのために、あるいは最悪の場合は自分の出世のために自然と闘おうと考えるのならば、それは自然の武器を使ってなされるべきだ。

この意見への賛同者は多かった。しかし、第2次大戦後にエヴェレスト遠征が再開されると、世界最高峰への初登頂という、登山における究極の栄誉を手に入れることが喫緊の目標となりつつあるなか、こうした道徳的な機微は脇に押しやられることになる。

カラコルム——登山家を阻んだ数々の巨峰

中央アジアに数ある大山脈のなかで、規模と荘厳なたたずまいにおいてカラコルムに匹敵するものはない。近代的な道路がなかった時代、極地以外では最大規模の氷河がインダスの大河を潤す、この荒涼たる山岳地帯を探検するには、大変な労力を要した。カラコルム屈指の高峰への挑戦がことごとく失敗に終わったのも、驚くにあたらない。

おそらく最も意欲的なプロジェクトは、ギュンター・ディーレンフルトが率いた1934年の国際ヒマラヤ遠征隊（IHE=International Himalayan Expedition）ではないだろうか。彼はこの隊の資金の一部をまかなうため、登山家ばかりか俳優や映画製作者の一団も連れてきた。めざすは、広大なバルトロ氷河の上にそびえる4座の8000メートル峰のひとつ、ガッシャーブルムI峰（ヒドゥン・ピーク）である。だが、遠征隊は激しい嵐に遭ったために足止めを食い、満足な成果を収めることなく撤退した（なお、はるかに南のナンガ・パルバットでは、同じ嵐でドイツ隊が8人のメンバーを亡くしている）。とはいえ、ドイツ人のハンス・エルトルとスイス人のアンドレ・ロッホがガッシャーブルムI峰への登攀で使ったルート——IHE山稜——は後年、この山への登頂で使われることとなる。

1935年には、さらに東に位置するサルトロ・カンリに、ジェイムズ・ウォラー率いるイギリス隊が挑んだ。この巨大で複雑な峰の下には、その23年前にワークマン夫妻がシアチェン氷河へ行く途中で越えた峠、ビラフォンド・ラがある。ウォラーの小規模な遠征隊のメンバーは比較的経験の少ない登山家たちだったが、サルトロ・カンリへの登頂可能なルートを開拓し、嵐に遭いながらも山頂をめざした。カラコルムでは嵐で挑戦を断念するチームも多いが、彼らは登攀隊長のジョン・ハントのもとで果敢に登頂に挑んだ。ハントはその18年後、エヴェレスト初登頂のチームを率いることになる。

3年後、ウォラーはマッシャーブルム登頂をめざすチームを率いて、カラコルムに戻ってきた。19世紀に測量されていたときに「Ｋ１」と呼ばれていた高峰である。南側の曲がりくねったルートを数週間登ったあと、メンバーのジョック・ハリスンとロビン・ホジキンは、頂上に近い標高約７７００メートル地点に到達したが、そこで強風のために標高約７５００メートルの第7キャンプまで引き返した。２人はすでに凍傷にやられていたうえ、翌朝の夜明けにキャンプが雪崩に埋まってしまったため、そこを放棄して下山せざるを得なくなる。吹雪のなか苦労しながらもなんとか歩みを進めたが、

■マッシャーブルム（▶カラー図版6）――――バルトロ氷河の上にそびえる、標高7821メートルのマッシャーブルムを空撮。1938年には、イギリス隊が比較的容易な反対側の斜面から登頂をめざしたが、あやうく大惨事になるところだった。初登頂は、アメリカのジョージ・ベルとウィリー・アンソールドが1960年に達成した。

その日に第6キャンプまでたどり着けず、クレバスのなかで悲惨な夜を過ごすことになった。チームのほかのメンバーは、あらゆる装具を放棄して、ひどい凍傷を負っているこの2人を下山させることに注力した。一行がベースキャンプに帰還できたのは、その3日後のことだった。ハリスンは足の指すべてと手の指のほとんどを失い、ホジキンは手の指のほとんどを部分的に失った。

K2——エヴェレストよりも困難な山

1938年7月17日夜、マッシャーブルムでジョック・ハリスンとロビン・ホジキンのキャンプが雪崩に埋まりつつあったとき、バルトロ氷河のはるか対岸にいたアメリカ隊が、世界第2位の巨峰、K2の第5キャンプで同じ嵐に遭って足止めを食っていた。隊長は、1936年にビル・ティルマンとナンダ・デヴィに挑戦してヒマラヤの経験を積んだチャールズ・ハウストンである。ナンダ・デヴィよりもさらに困難なこの目標に挑むため、彼は6人のアメリカ人登山家と6人のシェルパからなる小規模なチームを結成した。選んだルートは、1909年にアブルッツィ公が通り、アブルッツィ稜として知られる南東稜だ。起伏が激しく複雑な尾根だが、登頂できる可能性の高いルートである。

そこから1300キロ近く東にあるエヴェレストの広大な北壁とは異なり、アブルッツィ稜は、K2山頂へのルートとしては最も障害が少ないものの、恐ろしいほど険しい過酷なルートだ。今では固定ロープやワイヤーの梯子が設置されているとはいえ、1938年にビル・ハウスが最初に通った「ハウスのチムニー［縦の割れ目］」はいまだに恐ろしい障害であり、そこを通った現代の登山家は先人への敬意をさらに強くする。

チャールズ・ハウストンは、メンバーのやる気を引き出す隊長で、ナンダ・デヴィでの経験を生かして自己中心的な人物を避け、1本のロープでつながる仲間としての関係を重視しながらきわめて慎重にメンバーを選んだ。そして、エヴェレストよりもはるかに登頂が難しく、より大きな危険をはらんだ山だという認識のもと、いかなるときにも安全第一の精神をもって彼は取り組んだのである。急峻で複雑な地勢を持つこの一帯では、カラコルム特有の嵐は避けられない。ひとたびそれに出遭えば、退却は容易なことではないだろう。登攀に当たっては規律を守ることが第一である。ハウストンは、キャンプに充分な量の食料と燃料を蓄え、互いに決して離れてはいけないと、メンバーに言い聞かせた。

彼のチームが通ったルートは、その後、K2登攀の標準となる。キャンプは7カ所に設営した。ハウストンとポール・ペツォルトは、最も上のキャンプから、標高およそ7900メートルの「肩」と呼ばれる、雪に覆われた平坦な尾根に到達した。ペツォルトが最後の険しい斜面に向けて歩き出してはみたものの、2人とも疲労困憊していたうえ、あまりにも先に進みすぎたと感じていた。嵐が長引いて山を襲ってくる前に、安全を確保するのが先決だ——そう判断したハウストンはベースキャンプまで下りるようチーム全体に命じ、それ以降のアタックの中止を決めた。

アメリカ隊は1939年にもK2に挑戦しているが、このときも同じような状況だった。隊長のフリッツ・ウィスナーは、東アルプス山脈で優れたロッククライマーとしての名声を確立し、1932年にヴィリ・メルクルが率いたナンガ・パルバット遠征に参加した。K2に挑む今回の遠征では、やる気のないパサン・ダワ・ラマとともに「肩」を越え、氷結した「ボトルネック・クーロワール」の側

■牧歌的な風景――1932年、独米混成のナンガ・パルバット遠征隊が、壮麗な高峰を望む草原「メルヘンヴィーゼ」に近づく。花々で彩られた牧歌的な草原にこの名前をつけたのは、同じ遠征隊にいたドイツの登山家ヴィリ・メルクルである。

面にある難所の岩壁を登りきって、標高およそ8370メートルまで到達した。しかし、あとロープ1本分の距離を進めば、山頂へ続く容易な雪の斜面に上がるというところで、日が沈む。吹きさらしのなかでビバークするのをパサンが拒否したことから、2人はいったん引き返した。その途中で2人ともアイゼンをなくしたが、そんな状況にもかかわらず、なんと彼らは翌日も山頂にアタックした。今度は

クーロワールの脇のルートを使ったが、やはりアイゼンなしで登ることはできなかった。

ウィスナー個人の成果は、極度の高所で成し遂げられたものとしては登山史を飾る屈指の偉業ではあるが、強力なリーダーシップでチームを動かす彼のスタイルは、いかにも傲慢なやり方だった。ウィスナーとパサン・ダワ・ラマが山頂をめざして苦闘しているあいだ、チームの一員であるダッドリー・ウルフは疲労困憊してそれ以上登れなくなり、第8キャンプに置き去りにされていた。ウィスナーとダワ・ラマは下山中にウルフを第7キャンプまで下ろしたが、その後、不可解にも下のキャンプがもぬけの殻になっているなど、壊滅的な誤解がいくつも重なり、その間を通じてウルフは第7キャンプに残されたままだった。ベースキャンプに戻ったウィスナーは、すぐさまウルフ救出のためシェルパの一団を第7キャンプまで送ったものの、救助隊が着いたときには、ウルフは衰弱しきってとても動ける状態ではなくなっていた。最終的にパサン・キクリとパサン・キタール、ピンツォが果敢に救助を試みたものの、3人が生還することはなく、ダッドリー・ウルフの遺体が54年後の1993年にアブルッツィ稜の麓で発見された一方で、彼らはいまだ行方不明のままである。

ナンガ・パルバット――裸の山

戦間期に世界屈指の巨峰への登頂をめざす取り組みは、ヨーロッパ諸国がアジアで最後に覗かせた帝国主義的な野望とも解釈できる。イギリスはエヴェレストへの入山許可を独占的に得ていたし、アメリカ人登山家はK2への挑戦に乗り出し、一方フランスはガッシャーブルムI峰に挑んだ。パウル・バウアーが率いたドイツ隊はカンチェンジュンガに果敢に挑んでいるが、ドイツとの結びつきが最も強くなる山といえば、ナンガ・パルバットということになる。「裸の山」という意味で、ディアミールとも呼ばれるナンガ・パルバットは、岩と氷に覆われた幅広い山で、インダス川の峡谷からそびえるその高さは世界屈指である。その偉容はドイツ人登山家の心をつかんで離さず、初登頂をめざす挑戦は第2次大戦後まで続くことになる。

1895年にアルバート・ママリーがこの山に挑んだときには、西のディアミール壁がルートに選

■死の登山―――1934年の遠征でナンガ・パルバットの急斜面を歩くヴィリ・メルクル。彼はこのあと非業の死を遂げることになる。1932年の偵察時に比べて雪線が低かったため、山頂へのアタックは予想より低い地点からのスタートとなり、1週間以上も続いた荒天によって、6人のシェルパと3人のドイツ人が命を落とすという、ヒマラヤ登山史でも最悪の大惨事を迎えるのだった。

B

ばれた。一方、1932年にミュンヘン出身の登山家ヴィリ・メルクルが最初のドイツ隊を率いたときには、北のラキオット側から登攀している。気温が高く、砂塵の舞う長い接近路を進んだあと、ベースキャンプを設営したのは、この世のものとは思えないほど風光明媚で牧歌的な草原「メルヘンヴィーゼ」にある松林の中だった。しかし、目前に横たわるのは、巨大な氷河だ。適度に傾斜したその斜面には、いかにも雪崩を起こしそうな雪がたっぷり積もっている。登山隊はまるで地雷原を行くかのように、苦心してジグザグに歩みを進めながら、ラキオット・ピークの山腹を横断し、ジルバーザッテル［「銀の鞍部」の意。第8章MAP7参照］の高い尾根をめざした。

メルクルの最初の挑戦は標高7000メートル付近までで終わったが、1934年には新たに誕生したナチ政権の恩恵を最大限に受け、規模を大きくしたより強力なチームを率いて戻ってきている。このときは経験豊かな大勢のシェルパから支援を受けてさらに上へと登り、7月6日には先発隊が標高7830メートルのジルバーザッテルにまで到達した。山頂までの高さはまだ296メートル

■屈強なシェルパ――――1939年のアメリカによるK2遠征で、シェルパのパサン・ダワ・ラマが、険しいアブルッツィ稜に多い急斜面を進む［ph A］。フリッツ・ウィスナーとともに、この標高では最も厳しい登山に挑んだ彼は、登頂まであと一歩の地点にまで達したのだが、下山中、衰弱していたダッドリー・ウルフがなぜか高所のキャンプに置き去りにされて死亡したほか、彼を助けようとした3人のシェルパも命を落とすなど、登山自体は災いに見舞われた。前年の遠征を率いたチャールズ・ハウストンは、この1939年の惨事の原因をウィスナーの統率力の不足に求めている。なお、ハウストンは1953年にもK2に挑んでいるが、登頂は果たしていない。このときの手記は『K2　非情の山』［伊藤洋平訳、白水社］というタイトルで出版された［ph B］。

A

ほどあったものの、水平距離にしてあと1・5キロの地点まで近づくことができた。

それから何年もあとになって、ヘルマン・ブールがその長く続く尾根の難しさを痛感することになるのだが、1934年のドイツ隊はそこまではいかず、しかも、彼らの多くがベースキャンプへの帰還を果たせなかった。7月6日の夜、ジルバーザッテルの上に設営された第8キャンプには16人の男たちがいたが、距離にして4キロ離れた1500メートル下の第4キャンプまでのあいだには誰もいなかった。その夜、翌日まで続く嵐が西から襲来し、7月8日には、新雪の重みに耐えかねてテントのポールが折れ、男たちは半分雪に埋まってしまう。

その後の退却は大失敗に終わる。ペーター・アッシェンブレンナーとアーウィン・シュナイダーは第5キャンプまで戻れたものの、その途中で3人のシェルパとつながっていたロープが外れたために彼らを見捨ててしまう。ほかのメンバーは第7キャンプにさえも到達できず、吹きさらしのなかで夜を明かさなければならなかった。翌日、ウリ・ヴィーラントはテントまであと5メートルというところで倒れ、そのまま息を引きとった。その後も嵐は続き、7月15日までには、下から登ってきたシェルパが勇敢にも胸まである雪をかき分け、仲間たちを救出しようとしたものの、結局6人のシェルパが命を落とした。そのなかのひとりであるガライは、ジルバーザッテルの下で倒れた隊長のヴィリ・メルクルと残ることに決め、そのまま帰らぬ人となった。3人目のドイツ人、ヴィロ・ヴェルツェンバッハは第7キャンプで死亡した。

3年後には、さらに痛ましい悲劇が起きる。再びナンガ・パルバットに挑んだドイツ隊は、大規模な氷の崩壊によって第4キャンプで寝ていた16人のメンバーを亡くしたのである。1938年には、その仇討ちをするかのように、パウル・バウアーが4回目のドイツの遠征隊を率いてやって来た。この遠征では、モーレンコップフ［「ムーア人の頭」の意］と呼ばれる有名な岩峰の近くで、メルクルとガライの凍った遺体が見つかったが、悪天候が原因で登頂はやはり失敗に終わる。

1939年の5回目の挑戦では、ペーター・アウフシュナイターがオーストリア人中心のパーティを率いた。メンバーのひとり、ハインリヒ・ハラーはその前年にスイスのアイガー北壁への初登頂に参加した登山家である。この遠征では、ラキオット側よりもディアミール壁のほうが技術的には難しいが、

◉ヴィロ・ヴェルツェンバッハ

ナンガ・パルバットで非業の死を遂げた登山家のなかでも最も才能豊かだったのは、おそらくヴィロ・ヴェルツェンバッハだろう。1900年、当時の一流登山家を数多く輩出したミュンヘンに生まれ、建築士の資格を取得したあと、市議会で働いた。ラウターブルンネン・ブライトホルンなど、アルプスの大きな北壁のいくつかに初登頂するという画期的な成果を収め、優れたアイスクライマーとして特に名を馳せた。

1930年、ナンガ・パルバット遠征の資金収集を試みたものの、ドイツ当局が支援先に選んだのは彼ではなくパウル・バウアーだった。バウアーはその資金で1931年にカンチェンジュンガへの遠征を行った。ヴェルツェンバッハは1932年にようやくナンガ・パルバット遠征の資金を得るものの、今度は勤務先から休暇の許可が下りなかった。そのときは、グラン・シャルモの北壁に初登頂した際の仲間であるヴィリ・メルクルが、代わりに遠征隊を率いている。ヴェルツェンバッハがついにナンガ・パルバットに足を踏み入れたのは、1934年のことである。しかし、第7キャンプで風雪にさらされて衰弱し、帰らぬ人となってしまう。

その3年後、凍ったメルクルの遺体が発見されたとき、ポケットには、下にいる登山家に救助を求めるヴェルツェンバッハのメモが入っていた――その願いは、結局のところ叶わなかったのである。仮にヴェルツェンバッハが生き延び、帰国してアルプスへの挑戦を続けていたならば、嘱望されていたアイガー北壁からの初登頂を必ずや成し遂げていたことだろう。

迂回も少なくて距離が短く、おそらく安全だろうという判断が下された。その見解は正しかったのだが、1940年に本格的な登頂に挑むべく入山許可を申請しようとしていたところで、第2次大戦が勃発した。アウフシュナイターとハラーは、ヨーロッパへ戻る前に外国人として抑留されたものの、その後、イギリスの捕虜収容所から見事な脱走劇を演じた。その経験から、アウフシュナイターは優れた地図を製作し、ハラーはベストセラーとなった手記『チベットの7年』［『セブン・イヤーズ・イン・チベット』、福田宏年訳、角川書店］を出版している。

地図の空白部――カラコルムの辺境の地を探査する

入念に計画された大規模な遠征隊は、世界屈指の巨峰に登頂することにこだわり、悲劇的な結末を迎えることも多かった。一方で、ヴィーニュやヤングハズバンド、ロングスタッフ、アブルッツィ公、デ・フィリッピ、ワークマン夫妻といった先人の仕事を受け継いで、中央アジアの辺境の地、特にカラコルムの広大な氷河を広範囲に探査するチームもあった。

分水嶺の北側は、荒々しい巨大な氷河がシャクスガム渓谷へと注ぎ、現在でもほとんど知られていない未開の地である。1926年には、ケネス・メイスンがインド測量局の仕事でこの地域を探査しているほか、1929年にはスポレート公が彼の仕事を受け継いだが、おそらく最も見事な探検家はオランダ人の夫婦、フィリップ・ヴィッサー博士とイェニー・ヴィッサー・ホーフトだろう。夫妻は1922年、1929から1930年、そして1935年に、西のシムシャルから東のサセル・カンリまで、カラコルムの数多くの氷河を探査している。

1937年と1939年のエリック・シプトンの遠征

エリック・シプトンが遅かれ早かれカラコルムの広大な地域に魅せられることは、誰もが予想していたことだった。彼は後年、カラコルムの風景には「天上の孤独感とでもいうようなもの」が漂っていると書いている。1936年のエヴェレスト遠征を終えると、シプトンは不毛な苦労をすることに幻滅を感じ、次なる目標をカラコルムに定めることに決めた。1937年に向けて彼が立てた計画は、その規模においても野心においても驚くべきものだ。ヨーロッパからの同行者は、彼のほかにわずか3人しかおらず、1935年のエヴェレスト遠征でシプトンと一緒だったビル・ティルマンと測量士のマイケル・スペンダー、そして、地質学者のジョン・オーデン（スペンダーと同様、弟は有名な詩人）という面々だった。7人のシェルパの支援を受けながら、K2の北側に位置するシャクスガム渓谷の最初のベースキャンプまで行く。装備は最小限で、それぞれが背負うリュックサックはひとつ、食料は必要充分な量

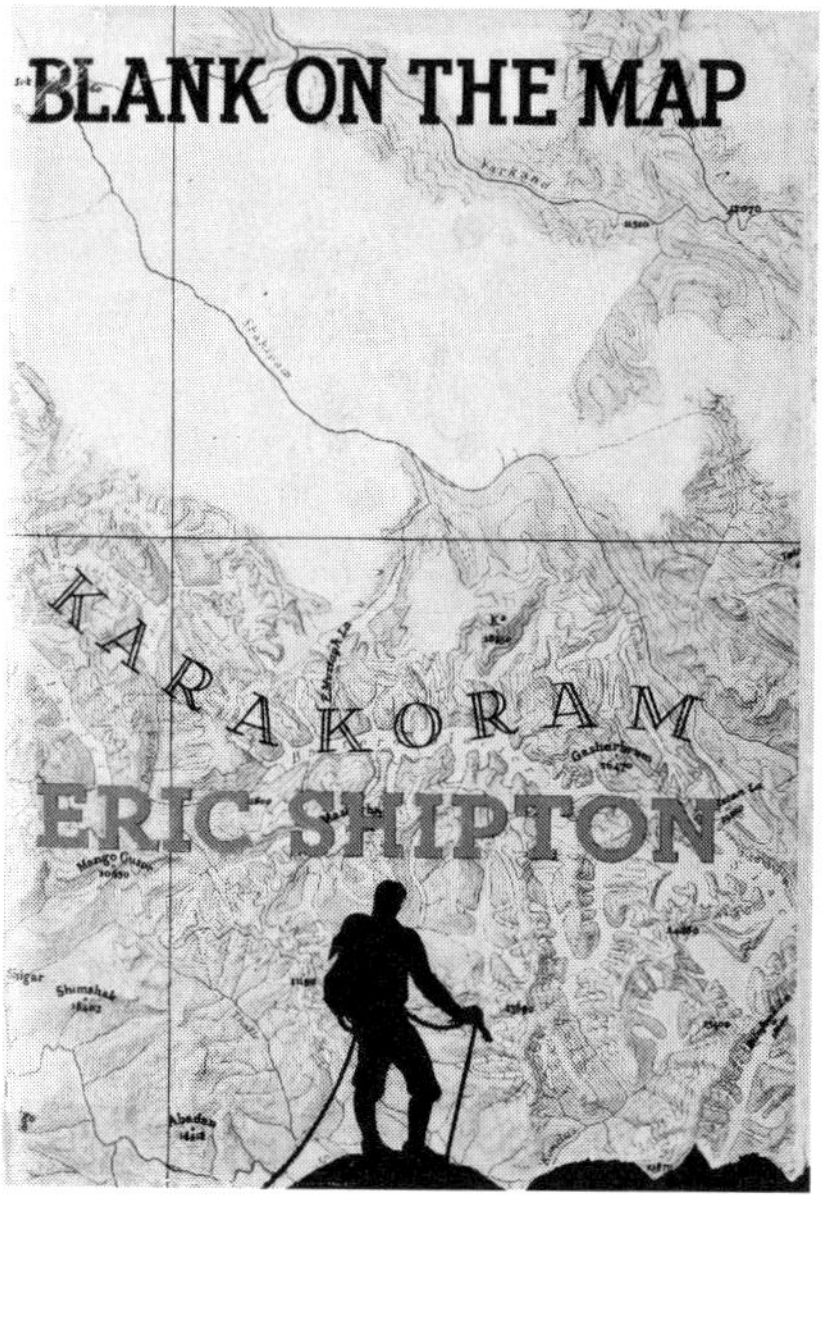

■未踏の地へ―――エリック・シプトンは、相棒のビル・ティルマン同様、すばらしい旅行記を残している。そのなかでも最も印象的なタイトルが、1937年のカラコルム遠征を記録した『地図の空白部』(1938) である。ティルマンとジョン・オーデン、マイケル・スペンダー、そして、7人の忠実なシェルパとともに、シプトンはカラコルム山脈とその北のアギール山脈を含めた広大な地域を探査し、数々の未踏の地に足を踏み入れたほか、ワークマン夫妻など初期の探検家が残した不正確な記録の多くを修正した。シプトンはヨーロッパ人のなかでもK2をいち早く目の当たりにした人物で、この遠征は自分の生涯のなかで最も荘厳な体験のひとつだったと述べている。

に限った。

シェルパ隊は、以前の遠征でシプトンの忠実な仲間となったアンタルケーが率いる。シプトンは遠征の記録を綴った手記『地図の空白部』〔諏訪多栄蔵訳、あかね書房（以下の引用は独自訳を採った）〕で、アンタルケーについて次のように書いている。

> 彼の見解では、パーティに入るべき人間の階級には3つしかないという。第1に挙げられるサーブ（雇い主の登山家）は、心を満たすために山にやって来る人間だ。第2はシェルパで、彼らがいなければどの遠征隊もその無意味な目標を達成することはできない。そして第3が地元のポーターである。彼らはかなり下級の人間ではあるが、サーブとシェルパで運べない荷物があるときには雇わざるを得ない。

このときの遠征の「下級の人間」は、100人を超えるバルティ人で、彼らはサルポ・ラッゴ峠を越え、カラコルムの分水嶺の向こうにあるシャクスガム渓谷まで、

遠征隊とその物資を無事に送り届けるために雇われた。最初の探査はK2の北側地域に絞られ、シプトンとティルマンはアギール山脈を詳細に調査したあとに南下して前人未踏のクレヴァス氷河などを発見し、1892年にマーティン・コンウェイが見つけた盆地「スノー・レイク」まで進んでから複数のパーティに分かれ、それぞれが異なるルートを通ってインドの低地帯へと戻った。

シプトンとスペンダーは、アンタルケーとともにシムシャル経由でフンザへと向かった。シャクスガムから来た彼らは当初、中国人の侵略者と間違われてしまうのだが、その誤解が解けるとシムシャル峠のある高地の草原へ案内され、その向こうのまるで別世界のような峡谷に下りた。シプトンは次のように回想している。

夜、渓流の沖積層が浸食されてできた、どこよりも幻想的な渓谷の脇にやって来た。未踏の国でこの風景に出合ったならば越えがたい障害になるだろうと、アンタルケーは言っていたが、それはある意味で真実だ。崖には驚くほど見事に階段が設けられ、1500フィート（約460メートル）下にあるこの恐ろしい渓谷に下りるのは簡単だった。

数日後、彼らはシムシャル村ですばらしい接待を受けた。それは9月半ばのことで、遠征の最後の日々に関するシプトンの手記は哀愁を帯び、このすばらしい地域を旅し

■非情の山（▶カラー図版7）———中国の新疆ウイグル自治区に位置する、世界第2位の巨峰K2（8611メートル）の北壁。この山への挑戦が始まった当初の登攀は、反対のバルティスタン側のみで行われていた。1902年には、エッケンシュタインとクロウリーが北東稜から登るという先進的な試みに挑んでいる。その後、アブルッツィ稜（南東稜）に目が向けられるようになったものの、1939年には衰弱したダッドリー・ウルフを救出しようとしたシェルパ3人が亡くなるという惨事が起きている（ウルフの遺体は1993年になって発見された）。アブルッツィ稜からは1954年にコンパニョーニとラチェデリが初登頂を成し遂げ、また北東稜からは、ライヒャルトとリッジウェイ、ロスケリー、ウィックワイヤーが1978年にアメリカ悲願のK2初登頂を達成している。

たことのある者であれば必ずや共感を覚えることだろう。

世界はなんと美しいのだろう。熟れたトウモロコシは黄金色に輝き、深い緑色をしたリンゴ畑やアンズ畑、すらりと立ったポプラの林が、少しだけ紅葉した木々に囲まれている。高山地帯の渓谷に秋が訪れ、辺りは穏やかで心地よい美しさに包まれていた。

カラコルムにすっかり魅了されたシプトンは、1939年にも異なるチームを引き連れてこの地に戻ってきた。このときのメンバーに選ばれたインド人測量士のファイザル・エラーイは、カラコルム中部の詳細な地図を製作する任務を負った。この2回目の遠征で、シプトンはさらに大胆な目標を掲げる。「スノー・レイク」周辺をさらに探査したあと、秋のあいだに北上し、シャクスガム渓谷で越冬しようというのだ。夏には増水してとても通行できない川沿いを、水が凍っているうちに歩き、カラコルム峠をめざして徐々に東へ向かい、翌1940年の夏にレーで探査を終える計画である。

残念なことに、ナチスドイツのアドルフ・ヒトラーによるポーランド侵攻のために、シプトンの計画は頓挫する。1939年9月、シプトンがスノー・レイクでひとりキャンプにいたとき、物資の補給に出ていたチームの植物学者スコット・ラッセルが、イギリスの参戦という知らせを持ち帰ってきた。その時点で探査は終わったも同然だった。戦後はどうなるだろうかと、不確かな未来について話していたとき、シプトンはこんなことをラッセルに語っている——いつかネパールが山岳地帯の渓谷を外国人に解放したら、再びエヴェレストへ行って、南からアプローチするルートをぜひとも探ってみたいものだ。だが、それはまだ先の話になる。しばらくは、山岳探査がかつてなく盛んに行われたすばらしい10年を回想して満足するしかない。シプトンは自伝『わが半生の山々』［『世界山岳名著全集』11所収、吉沢一郎訳、あかね書房（以下の引用は独自訳を採った）］で、この時代を次のように振り返っている。

生き方それ自体にすっかり満足した経験ほど、その価値が長続きする宝物はまずないと言っていい。結局、どんな運命にも、どれほどの大惨事にも奪われない財産は、それしかないのだ。永遠のなかの一瞬でも本当に生きたのなら、その事実は何人《なんぴと》たりとも変えることはできない。

第7章
エヴェレスト登頂への道のり
(1940–1953)

The Conquest of Everest 1940–1953

ミック・コンフリー

1946年6月、アメリカのフロリダ州ペンサコラにある海軍航空医学校で、志願した4人の被験者が減圧室に入った。進行中の「エヴェレスト作戦」の一環である。このあと35日かけて、室内の気圧を徐々に下げ、標高0メートル地点の3分の1、つまりエヴェレスト山頂と同じ値にする。この実験の責任者は当時下士官だったアメリカの登山家で医師のチャールズ(もしくはチャーリー)・ハウストンで、高度が人体に及ぼす影響と、それが海軍パイロットや登山家にどのように作用するのかを調査しようというのである。

航空医学は第2次大戦中にめざましい進歩を遂げたが、高地での生理学的な研究はまだ始まったばか

■氷壁への挑戦———1953 年のエヴェレスト遠征で、クーンブ・アイスフォール最上部の最後の氷壁を登るシェルパのひとり。不安定な氷の尖峰がそびえ、クレバスが刻々と形を変えるアイスフォールは、エヴェレストの登攀ルートでも技術的に最も難しい区間のひとつである。

りで、今回が初めての実験だった。28日目、ハウストンは被験者たちの身体と精神に関する一連のテストを実施した。2人は初期段階で課題を達成できなくなったが、残りの2人は酸素が不足している状況を考えると、驚くべき量の仕事をこなすことができた。

1920年代と30年代には、数多くの登山家がヒマラヤの高峰の頂上をめざしたが、8000メートル峰への登頂を果たした者はいなかった。これほどの高地で人間が生き延びることは身体的に不可能だという意見もあれば、外部から酸素を補給しながら登れば生還できるとする見方もあった。だが、暖かく設備の整った減圧室――被験者は食事と水分を与えられ、煙草を吸うことさえできた――と極寒の山上とでは明らかに大きな違いはあったものの、ハウストンは研究を通じてそのどちらの説も誤っていることを示したのである。

エヴェレスト作戦は興味深い科学実験ではあったが、10座の8000メートル峰への登頂が達成される10年間につながる道が開けたのは、科学が進歩したからというよりも、政治情勢の変化があったからこそである。まず、1947年にインドとパキスタンが独立してほぼ1世紀に及ぶイギリス支配が終わり、そしてその3年後の1950年10月には中国がチベットへと侵攻し、36年間というチベットの短い独立時代に終止符を打った。このアジアからのイギリスの撤退と中国によるチベット侵攻に促されるかのように、もうひとつの重要な出来事も起きた。ネパールが、外国人に対して国境の扉を開いたのである。

ネパールは何世紀ものあいだ、世界で最も入国が難しい国のひとつだった。「ラナ家」として知られる強大な支配者が、外国人に対して国境を閉ざし、シャー王朝の世襲の王を無力化したのだ。当時、ネ

■ヒマラヤ登山の拠点（▶カラー図版8）———ネパール中部の町、ポカラのフェワ湖の背景に横たわるアンナプルナ山群。ここはヒマラヤの登山やトレッキングにおける重要な町で、アンナプルナ、ダウラギリ、マナスルという3座の8000メートル峰への拠点となっている。左から、アンナプルナ南峰、アンナプルナⅠ峰、マチャプチャレ（中央でピラミッドのように突き出た山）、アンナプルナⅢ峰、アンナプルナⅣ峰、アンナプルナⅡ峰。

パール人兵士がイギリス軍に雇われており、チベットとインドとのあいだには限られた交易があったものの、ネパールと外国とのつながりといえばその程度のものだった。カトマンズに暮らしていたイギリス人を除くと、ネパールに入国できたヨーロッパ人はごくわずかで、カトマンズ渓谷の先に足を踏み入れた者はほとんどいなかった。

1940年代の後半、ラナ家は政策を変更する。共産党が支配する中国と新たに独立したインドの両国を恐れたネパールは、外国の政府との関係改善を模索し始め、国を開放する姿勢のひとつとして、欧米人旅行者の入国を許可するようになったのである。そして突然、ネパールの世襲君主であるトリブバン国王がラナ家から権力の座を奪うと、同国の解放は一気に進んだ。

これで、欧米の登山家による挑戦が可能な大山脈が、またひとつ増えたことになる。

大英帝国の終焉とともにイギリスの登山家は特権的な立場を失い、同国に留まらずアメリカやスイスもネパールへの遠征隊を送り込むようになった。当初、ネパール側はどの遠征隊にも科学的な目的を求めていたものの、やがてはその態度も軟化した。1949年には、アメリカの外交官でチャールズ・ハウストンの父親でもあるオスカー・ハウストンが、シェルパの里であるソルクンブへの小さなトレッキング隊を率いている。そこには、チャールズのほか、戦前に複数の遠征隊に参加したイギリスのベテラン登山家ビル・ティルマンも同行していた。

このときチャールズ・ハウストンとビル・ティルマンは、オスカーや年長のメンバーを置いて、クーンブ氷河まで足を伸ばし、現在カラ・パタールと呼ばれている小さな峰に登頂したほか、エヴェレストの南壁と巨大なクーンブ・アイスフォール（氷瀑）の写真撮影も麓から行っている。チベット側からクーンブ・アイスフォールを見たイギリス人登山家と同様、2人もまたこの氷瀑の登攀は不可能だろうと考えた。とはいえ、これはエヴェレストの歴史において重要な瞬間だった。

そしてその数カ月後、登山史においてさらに重要な出来事があった。アンナプルナが、8000メートル峰として初めて人類に頂上を明け渡したのである。

標高8091メートルのアンナプルナI峰は世界第10位の高峰だが、1950年以前には地図にも記載がなく、登ろうとする者さえいなかった。しかし1949年、フランス山岳会がネパール北東部における探査許可を同国政府から得て、ダウラギリもしくはアンナプルナへの登攀が可能になった。フランスの登山家がヒマラヤに挑戦するのは、このときが2度目である。前回の挑戦は1930年代のことで、ガッシャーブルムI峰への登頂をめざしたものの、失敗に終わっている。

1950年のフランス隊の隊長を務めたのがリヨン出身の技師モーリス・エルゾーグだ。戦功によって受勲した英雄にして、フランスでも一流の登山クラブ、グループ・ド・オートモンターニュ（高峰会）の会員でもあった。チームのほかのメンバーも、彼と肩を並べる精鋭ぞろいだ。アルプス登山の拠点であるシャモニーからは、ルイ・ラシュナルとリヨネル・テレイ、ガストン・レビュファという3人の優れたガイドが参加した。遠征に必要な資金の3分の1はフランス政府が拠出し、残りは主に個人からの支援金でまかなわれた。チーム内ではきわめて強い愛国心が求められたほか、序列が重視され、メンバーは隊長への忠誠を誓わなければならなかった。

フランス隊は1950年3月、3・5トンもの物資とともにヒマラヤへ向けて出発した。ナイロン製のロープ、アイダーダウン［ケワタガモの羽毛］の防寒着、ゴム底の登山靴、ごく基本的な酸素補給器など、装備はすべて当時の最新のものだ。山麓までの荷物の運搬には150人のポーターを使い、そこから山頂までの運搬には、有名なアンタルケーをサーダー［シェルパ隊のリーダー］に、6人のシェルパをそろえた。アンタルケーは１９３０年代後半のイギリスの遠征隊に何度か参加したことがあり、登山家エリック・シプトンのお気に入りだった。

４月17日、山麓への長い道のりを経て、フランス隊は初めてダウラギリを目の当たりにする。それは、経験豊富な登山家にも畏怖の念を起こさせる、荘厳な山容だった。アンナプルナは手前の大山脈に隠れてまだ見えない。どちらの山に登るべきか、エルゾーグは決めかねていた。チームはとりあえず、２つの峰のほぼ中間地点に当たる、標高２５９０メートルのツクチャにベースキャンプを設営した。

２週間にわたる調査の結果、ダウラギリに登頂できそうなルートを見つけられなかったため、エルゾーグはアンナプルナ挑戦の決断を下す。当時の登山家もそれ以前の登山家もたいていそうだったのだが、彼もまたモンスーンの到来と、それに伴う豪雪とを常に気にかけていた。酸素補給器も用意されていたが、リヨネル・テレイが初めて試したときに窒息寸前になり、以

来、誰も使おうとしなかった。

　5月21日、フランス隊は北アンナプルナ氷河に第1キャンプを設営し、そこから山頂へのルートを工作することにした。エルゾーグの見立てによれば山の北壁を登るのが最短ルートだったが、その時期は午後にまとまった量の雪が降ることが多く、雪崩に遭う危険があった。しかし、彼らはあえてこのルートを選択し、速いペースで高度を稼ぎ、5月末には山頂にアタックできるところまで到達した。

　エルゾーグとラシュナルは、標高7400メートルに最終キャンプのつもりでキャンプを設営した。頂上までの高さは600メートル強、アンタルケーとサルキという2人のシェルパが一緒だったが、どちらのシェルパもアタックへの同行を辞退して、エルゾーグを驚かせた。だが結局、それは賢い選択ではあった。

　6月3日の夜明け、2人のフランス人は頂上を

C

B

■アンナプルナへ――――ベースキャンプから望む、アンナプルナの南壁［ph A］。エルゾーグが率いた1950年の遠征隊は南壁から頂上に挑んだが、そのルート工作には、アンナプルナの西に連なる山脈の切れ目を見つけるのにかなりの労力を費やさなければならなかった。幸いにもエルゾーグは経験豊かなアンタルケー［1908–1981。ph B］をシェルパ隊のリーダーに迎え、登頂を成し遂げた。しかし、その代償は大きかった。エルゾーグは手足の指に凍傷を負って自力で歩くことができず、メンバーに運ばれて下山しなければならなかった［ph C］。

めざしてキャンプを出発した。厳しい寒さのなか、ラシュナルは凍傷の兆候を感じて、すぐに足の状態を心配し始めた。プロの登山ガイドであるラシュナルにとって、登山技術と自分の手足は商売道具だ。あるとき、あまりにも心配になって引き返すことを提案してみたが、それならひとりで行くつもりだとエルゾーグに言われると、自分だけ引き返すわけにはいかないという気にもなり、結局2人で上をめざすことになる。午後2時、ついに2人は山頂に到達し、登山史に名を連ねることになった。ラシュナルは、エルゾーグがフランス国旗を掲げる姿を撮影しながらも、とにかく早く下山しようと焦りを感じていた。わずか数分の滞在ののち、2人は折り返し始める。登攀はそれほどトラブルもなく終えはしたものの、この下山は悪夢さながらだった。

エルゾーグは外側にしていた手袋を山頂近くで落とし、徐々に寒さを厳しく感じるようになる。下山の開始を少しだけ早めたものの、ラシュナルがキャンプの近くで転倒し、すべったままでキャンプを通り過ぎてしまう。ようやく静止したのは、テントよりおよそ90メートル下だった。2回目のアタックのため登ってきたガストン・レビュファとリヨネル・テレイは、エルゾーグとラシュナルの状態を心配して登攀を中止した。ラシュナルの足は凍傷がひどく、登山靴をどうにも脱がせられない状態で、靴の革を切断するしかなかった。

翌日、4人の男たちは高所のキャンプを出て下山を始めたが、そのあいだにも天候が崩れ、せいぜい1メートル先しか見えない状況にまで視界も悪化した。レビュファとテレイは、最善のルートを必死に探してスノーゴーグルを外して進んだにもかかわらず、次のキャンプを見落としてしまう。天候がさらに悪くなるなか、4人はクレバスに入って一夜を明かすことにした。寝袋はひとつだけで、そのうえ水も食料もなかった。

事態は悪化する一方だった。夜明けには雪崩に遭い、足をマッサージするために脱いでいた登山靴が、雪に埋もれてしまう。テレイとレビュファは、目覚めてみると雪盲になってほとんど視力を失っていた。症状はあまりにも悪く、エルゾーグとラシュナルが先導せざるを得なくなった。助けられた者が、今度は助けるほうに回った。

命からがらようやくベースキャンプに戻った彼らを見て、チームドクターのジャック・ウードはショックを受けた。エルゾーグの手と足はほぼ完全に麻痺していたし、ラシュナルの足の指は真っ黒になっていた。敗血症が進行していることを懸念したウードは、凍傷に効くと当時考えられていたプロカインとペニシリンを2人に投与した。プロカインは胃に注射されたが、2人が受けた苦痛はあまり

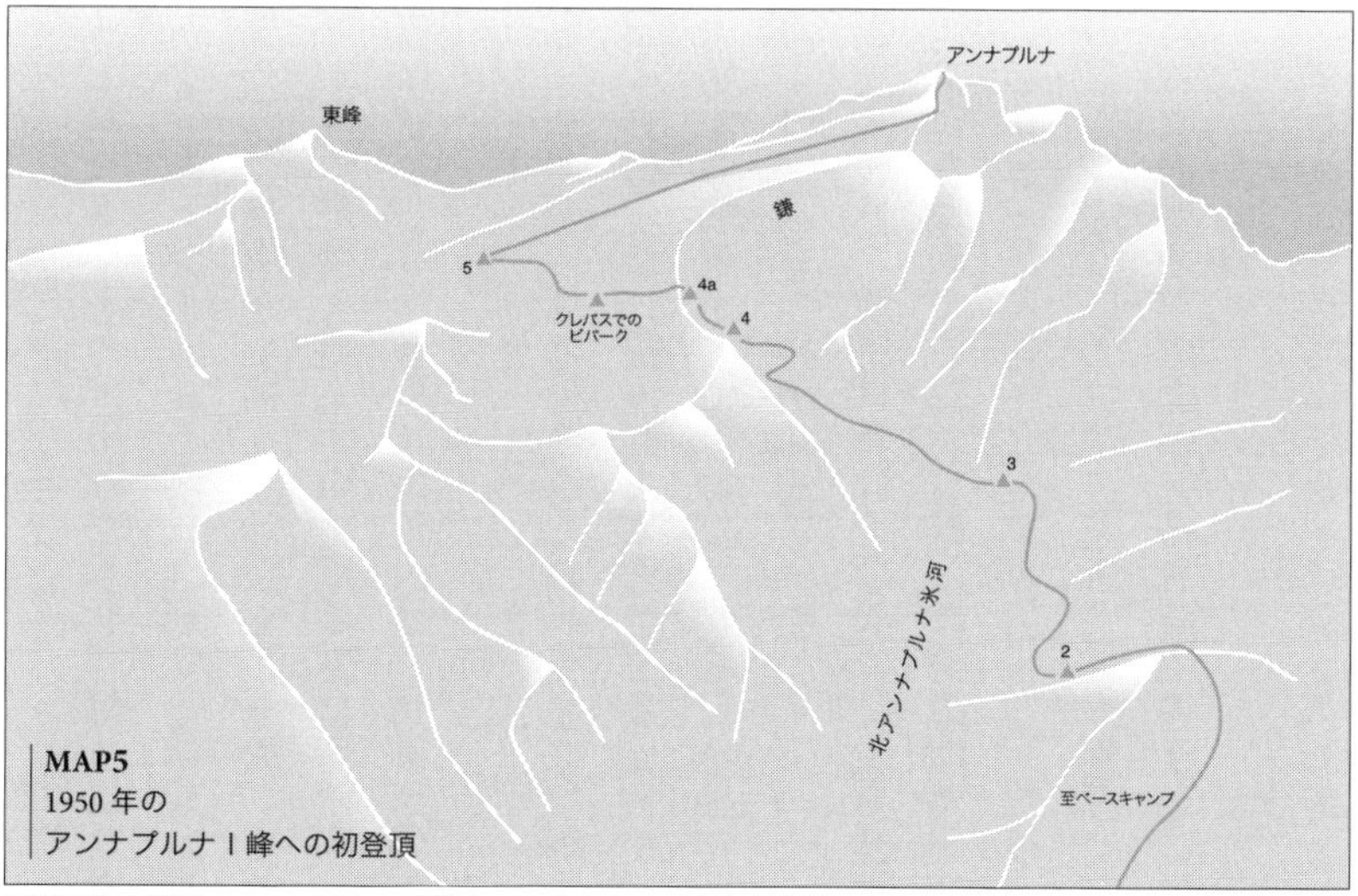

MAP5
1950年の
アンナプルナⅠ峰への初登頂

■歴史的な登頂———フランス隊は1950年にヒマラヤに足を踏み入れたとき、アンナプルナⅠ峰とダウラギリのどちらの8000メートル峰に挑むべきか決めかねていた。信頼の置ける地図はなかったし、どちらの山も過去に誰も挑んだことがなかったからだ。結局、どちらかというと接近しやすいように見えたアンナプルナに挑むことにする。アルプスのモンブランと同様、アンナプルナは山塊であり、6つの主要峰のなかで最も高いのがアンナプルナⅠ峰だ。登頂を果たしたエルゾーグとラシュナルにとって、北壁の登攀は意外なほど順調だったが、下山は苦痛以外のなにものでもなかった。

にも激しく、それを抑えるためにモルヒネも投与しなければならなかった。

帰りの旅は時間との必死の闘いだった。モンスーンの雨によって川は増水し、行きよりも渡るのがはるかに難しくなっていた。激痛を抱えたエルゾーグとラシュナルは、間に合わせの担架で運ばれた。夜になると、凍傷を負った2人に対し、ウードは壊死した皮膚を切断する治療を施した。トラックが待機している場所にようやく着いたときには、エルゾーグの足指4本と手の小指1本は切断されていた。数日後、列車に乗ったときにも、苦痛と過酷な治療は続き、ラシュナルの足指は、列車が停まるたびに1本ずつ切断された。

初登頂が6月16日にフランスへと伝えられると、新聞の一面は軒並みそのニュースで埋め尽くされた。しかし、誰もが思いもよらなかったことに、エルゾーグはすぐに帰国しようとはしなかった。まず向かった先はカトマンズだ。ネパール国王に遠征の報告をする約束をしていたため、それを果たさなければならなかったのである。そのあいだ、ほかのメンバーはできるだけ休息をとった。

7月17日、登山隊がようやくパリに到着すると、オルリー空港は熱狂する人々で大混乱に陥った。飛行機から降ろされたエルゾーグの手と足には、包帯が巻かれていた。空港には報道陣が大挙して押し寄せ、フランスに誕生した新たな国民的英雄を讃えようと、友人やファンが殺到した。祝福ムードが落ち着き、功績を讃える祝典が終わると、エルゾーグはヌイイ＝シュル＝セーヌにあるパリ・アメリカ病院へと移送された。彼の状態は絶望的とも思われるほど悪く、医師が包帯を解くと手足の傷口にはウジがわいていた。

傷を癒すための入院生活は、ほぼ1年にも及び、ようやく退院したとき、エルゾーグは手と足の指をすべて失っていた。一方、彼が口述によって執筆した遠征の手記は、類書のなかでは最も大きな成功を収め、これまでに1100万部が売れたと推定されている。エルゾーグはその名を国際的に知られるようになり、世界屈指の有名な登山家となった。彼の手記は、次のような謎めいた言葉で締めくくられている――「男の人生には、数々のアンナプルナがあるものだ」。エルゾーグの偉業はヒマラヤ登山史における輝かしい時代の始まりを告げたが、その時代をさらに深めていくために、イギリスの登山家が成し遂げなければならない仕事があった。エヴェレスト初登頂である。

エヴェレスト偵察隊

1951年の初め、兵役を終えつつあったイギリスの若き登山家マイケル・ウォードが、ある提案を携えてヒマラヤ委員会にやって来た。英国山岳会と王立地理学会の有力者が集まって結成されたこの委員会は、戦前のエヴェレスト委員会の後継となる団体で、前回の遠征における余剰資金も少額ながら受け継いでいた。会員は、イギリス当局と強いつながりを持っている。

マイケル・ウォードの提案とは、エヴェレストの南側からの登山ルートを開拓するための偵察隊を出したいというものだった。イギリスが長く探査に関わってきたことを考えれば、エヴェレストは「わが国の山」であり、ネパールが「外国の」登山隊に入山を許可していることに憤慨している旨を彼は強く訴えた。ヒマラヤ委員会に最初の提案を出したとき、ウォードはハウストンが少し前に実施したソルクンブ遠征のことについて何も知らず、ビル・ティルマンが撮影したクーンブ氷河の写真を一枚も見たこ

◉神出鬼没のイエティ

1951年11月、エヴェレストの偵察を終えて帰る途中で、エリック・シプトンとマイケル・ウォードが雪の上に奇妙な足跡を見つけた。巨大な足跡が2組あり、指は4本で、極端に肥大した「親指」が外側に飛び出ている。シプトンはその大きさを示すため、ウォードを足跡のそばに立たせ、登山靴やピッケルをスケールにして、写真を何枚も撮影した。

シェルパのセン・テンシンに足跡について尋ねてみると、それは間違いなくイエティの足跡だという答えが返ってきた。イギリスで「忌まわしい雪男」と報道されたイエティの存在を、当時、ほとんどのシェルパが信じていたのである。地元の僧院の壁画には、2足歩行をする大きくて毛むくじゃらの生物が描かれている。その習性については諸説があり、一部のシェルパの話によれば、イエティにはヤクを食べる種類と人間を食べる種類があるのだという。雌は乳房が大きいために、雄より動きがにぶいとも言われている。

一行がイギリスに帰国し、シプトンが撮影した写真が報道されると、世間は大騒ぎになった。これはイエティの足跡をとらえた初めての写真にもなるだろうか。シプトンが『タイムズ』紙に語ったところによれば、彼とウォードが足跡を追って氷河を下ってみると、その生物がクレバスを跳び越え、向こう側で爪を使ってしっかり氷をとらえた形跡があったという。しかし、その何年もあとに出版された自伝で、シプトンはあれほど注目されたことにすっかり驚いていると書いている。大英博物館はシプトンの報告をきっかけにイエティの展示会を開催したが、そうした権威ある科学者たちよりも、ロンドンの心霊学研究会のほうがより大きな関心を寄せてくるのではないかと予想していたと、皮肉たっぷりの筆致である。

シプトンの報告から数年間、イエティの存在を証明するさらなる証拠をつかもうと、探索が続けられた。1954年には、その前年のエヴェレスト遠征に押しかけようとして名を知られるようになったジャーナリストのラルフ・イザードが、写真家のトム・ストバートとヒマラヤに向かい、数週間かけて探したが、有力な手がかりを得られないままイギリスに戻ってきた。

その数年後、エドマンド・ヒラリーが遠征隊を率いてイエティ探索に乗り出したものの、やはり成果のないまま帰ってきている。となると、シプトンの写真は偽物なのだろうか。結局のところ、彼は悪戯好きで知られていた人物ではなかったろうか。写真全体が偽造でないにせよ、より本物らしく見せるために、一部を消したり強調したりしたのではないだろうか。

現在では、シプトンの話に疑いの目を向ける者もいるが、彼自身は友人たちに、写真は本物だと死ぬまで言い続けていた。そのうえ、目撃者はほかにもいる。そのときはマイケル・ウォードも一緒だったし、数日後にはトム・

ボーディロンも氷河に到着し、長く連なった足跡を目にしている。とはいえ、ともすればクマの足跡かもしれないとも書いているボーディロンの記述からは、それほど明白な証拠は得られない。

　1952年のチョー・オユー遠征でも1953年のエヴェレスト遠征でも、イエティは目撃されていないが、遠征メンバーのひとりだったチャールズ・エヴァンズが、毛を何本か持ち帰っている。地元の僧院に保管されていたイエティの頭皮から取ってきたものだという話だったが、その毛をロンドン警視庁と一流の動物学者が分析した結論は、両方ともクマの毛だというものだった。

　イエティの話は今もなお消えていない。その後も、イタリアのチロル出身の有名な登山家ラインホルト・メスナーは、イエティを撃退して写真を撮ったと著書のなかで書いているが、一方で、それはまったく新しい種類の生き物というよりも、クマの一種だったのだろうと推測している。21世紀に入っても、イエティを探す遠征はいくつか実施されているものの、決定的な証拠を見つけた者はまだ誰もいない。


とがなかった。ヒマラヤ委員会から支援に対する同意を得ると、ウォードは偵察隊の編成に本格的に取りかかり、友人や若い登山家からなる小規模なチームを結成した。だが、準備は容易ではなかった。戦時中に設けられた制限がいまだ緩和されておらず、テントや寝袋といった基本的な用具の供給が限られていたのである。集めたメンバーのうち2人が参加を辞退したが、それでもウォードはあきらめなかった。そして、予想外の出来事が起きることになる。

　1951年夏、戦前に活躍した登山界の大御所エリック・シプトンが、イギリスに帰国したのである。戦時中に中国で外交官を務めていた彼は、毛沢東を信奉する革命家たちによって、昆明のイギリス総領事の地位から突如追放されたのだった。帰国後に初めてエヴェレスト偵察隊のことを知ったシプトンだが、その隊長への就任を要請されると、引き受ける決心をする。しかし、就任にあたり、いくつかの気がかりがあった。エヴェレストの南側に登攀可能なルートがある可能性は低いと考えていたし、山を歩

き回る登山家の生活に戻りたいのか、自分でも気持ちが整理できていなかったのだ。一方、シェルパの里であるソルクンブを訪問できるのはいかにも魅力的で、結局その期待が懸念を上回ることになる。

1951年9月、シプトンはウォードのほか、ビル・マリーとトム・ボーディロンという2人の若いイギリス人登山家とともに、ネパールに到着した。「小さいことは常に美しい」という考えを持っていたシプトンだが、インドでの登山経験がある2人のニュージーランド人を加えてもいいと、土壇場で認めている。この決定は、のちに長期的な影響をもたらすことになるのだった。

パーティに同行したのは、シプトンの旧友で、アンナプルナ遠征で高く評価されたベテランのシェルパ、アンタルケーだ。一行は1カ月をかけてネパールの山岳地帯を歩いてソルクンブへと到達し、ディングラで2人のニュージーランド人と合流した。ひとりは弁護士のアール・リディフォード、そしてもうひとりは、冬のあいだ父親の養蜂場を管理していた若き登山家エドマンド・ヒラリーである。シェルパの村でたっぷり酒を飲んで大騒ぎしたあとに一行は出発し、ようやくクーンブ氷河に到達した。そこからエヴェレストの南壁をじっくり調べようというのである。

一見したところ、有望なルートを見つけられる可能性は低いように思われた。クーンブ氷河が滝のように流れ落ちる地点に形成された氷瀑「クーンブ・アイスフォール」は、思っていたよりも大きく、威圧感があった。クレバスが迷路のように入り組み、塔のようにそそり立つ氷

■優位に立つ―――プモリの尾根に立ち、クーンブ氷河の向こうにそびえるヌプツェを望むエドマンド・ヒラリー。この光景を見てウェスタン・クウムへと入ったヒラリーは、ローツェの北側斜面は恐れていたほど急峻ではなく、サウス・コルに登れそうなルートがあると考えた。

塊が行く手を阻む。両側の斜面では雪崩が発生する。シプトンとヒラリーはもう少し詳しく観察しようと、あまり期待せずに、近くにそびえるプモリの高い尾根に登ってみた。しかし、標高5500メートル付近で止まって双眼鏡をのぞいたところ、予想に反して通れそうなルートをひとつ見つけることができた。クーンブ・アイスフォールはどの方向から入っても危険だったが、いったん登りきってしまえば、その先の谷は比較的簡単に通過できそうだった。エヴェレストとローツェのあいだには巨大な斜面があり、簡単ではないものの登攀は可能とシプトンは判断した。

一行はクーンブ・アイスフォールで初めての登攀を試みたが、登りきったところで、目の前に険しい斜面が立ちはだかる。さらに上をめざそうとしたものの、雪崩が起き始め、アール・リディフォードが危うく巻き込まれそうになった。

ウォードと若いイギリス人登山家たちが高山病にかかってしまったため、シプトンはエヴェレスト偵察を2週間休止することに決め、周辺地域の探査に出かけた。それが終わった頃には、全員が高度に順化し、アイスフォールを覆う不安定な雪の大半が吹き飛んでいるだろうと期待したのだ。

休止のあと、一行は2回目の登攀を試み、「ウェスタン・クウム」と呼ばれる谷間まで達することができたが、そこには巨大なクレバスが横たわり、行く手を阻んでいた。

若い登山家の何人かは続行を希望したが、シプトンはここで探査は終わりだろうと考えた。これほど大きなクレバスを越えるには時間も装備も足りなかったうえ、冬が近づいていたために気温は日に日に下がっていたのである。とはいえ、今回の偵察は、事前に予想していたよりもはるかに多くの成果を収め、翌年の春に戻ってきて本格的なアタックに取りかかるのを楽しみにした。

帰路には、チベットの国境警備隊とイエティに出くわして危ない目に遭った。そんな刺激的な旅を経て、ようやく11月初めにカトマンズに到着した一行を待ち受けていたのは、ある衝撃的なニュースだった。1952年のエヴェレストへの入山は、他国に先を越され、イギリスには許可されなかったというのである。

1952年のスイス隊による遠征

雪崩など山岳地帯で起きる現象を研究する「スイス山岳研究財団」は、1951年、エヴェレストに遠征隊を送る許可を得た。現在でこそ入山する登山隊の数に制限はなくなったが、1970年代まで、ネパール政府は1度にひとつの登山隊しか入山を許していなかった。つまり、シプトンをはじめとするイギリスの登山家は、1953年までエヴェレストに入れないのである。

スイス隊には、著名なガイド兼登山家のレイモン・ランベールや、やはり名を知られた登山家で雪崩の専門家でもあるアンドレ・ロッホなどの、ヨーロッパ屈指のアルピニストが一員となっていた。メンバーの大半が、ジュネーヴにある一流の登山クラブ「アンドロサケ」に所属している。アンドロサケはそもそも、近くにある世界第6位の高峰チョー・オユーへの遠征隊派遣を申請していたが、スイス山岳研究財団からエヴェレスト登山の誘いを受け、2つ返事で引き受けたのだった。それから数週間、イギリスのヒマラヤ委員会はイギリス・スイス合同の遠征隊を組織しようと奔走したものの結局のところ実現はせず、皮肉なことにイギリスのほうがチョー・オユーへの遠征に赴くことになった。

1952年3月に空路でネパール入りをしたスイス隊は、150人のポーターに物資を運ばせながらエヴェレストへと向かった。クーンブ・アイスフォールでは、シプトンが1951年に提案した中央寄りではなく、左側のルートを使い、それに「自殺ルート」という呼称をつけた。チーム最年少のジャン＝ジャック・アスペルは、シプトン隊が思いとどまった巨大なクレバスのなかへ18メートル降下し、対面へ渡れる氷の橋を見つけ、上までよじ登った。彼がそこにアイスアンカーを打ちつけると、まもなくスイス隊は人と物資をロープで運ぶための「チロリアン・トラバース」を設置し、ウェスタン・クウムへと足を踏み入れた。

そこから一気に高度を稼いだスイス隊は、ローツェ・フェイス登攀に取りかかった。この高さ1200メートルほどの斜面の上に

■あと一歩―――1952年のスイス隊によるエヴェレスト遠征に参加中のレイモン・ランベールとテンジン・ノルゲイ。ネパール側から初登頂に挑んだが、南峰まであと150メートルほどというところで引き返さざるを得なかった。ランベールは頂上までの最後の道のりについて、「足がさらに重く鉛のようになり、脳もがちがちに固まって、まったく機能しなくなった」と描写している。

は、エヴェレストとローツェのあいだに横たわる標高およそ7900メートルの広い鞍部「サウス・コル」がある。ローツェ・フェイス登攀に当たっては途中にいくつかの中間キャンプを設営する必要があるとシプトンは考えていたが、スイス隊の隊長であるルネ・ディテールは一気に登れるルートを開拓しようとしていた。だが、それは大きな間違いだった。

スイス隊は準備にほぼ2週間をかけたが、結局、ローツェ・フェイスを1日で登りきるのは不可能だとわかり、斜面を4分の3登ったところで、凍えるような気温のなかビバークしなければならなかった。何人かのシェルパはすでに引き返しており、そのためサウス・コルに達した時点で、山頂にアタックするにはテントや物資の量が不足していた。にもかかわらず、彼らはアタックしようと心に決めていた。

5月25日、レイモン・ランベールとレオン・フローリ、ルネ・オーベールが、シェルパ隊のリーダーであるテンジン・ノルゲイとともに、南東稜の登攀に着手した。高さにして900メートルを登れば、そこが山頂だ。この数週間ほどで、ランベールはテンジンとの絆を深め、それから一生続く友情をはぐくんでいた。テンジンはほとんどフランス語をしゃべれず、ランベールの英語も片言だったが、2人は本能でつながり合っているようだった。

標高8310メートル地点で、彼らは最終キャンプを設営した。テントはひとつしかなく、しかもひとり用で、とても4人の男が泊まれるものではない。フローリとオーベールはしぶしぶ、しかし寛大な心をもって引き返すことにし、ランベールとテンジンに最後のアタックを任せた。食べ残しが少しある以外は寝袋も食料もなく、2人は身を寄せ合って暖をとりながら、みじめな夜を過ごした。さらに悪いことに、雪を解かして水をつくるのに使える道具は、ろうそくと古い空き缶しかなかった。

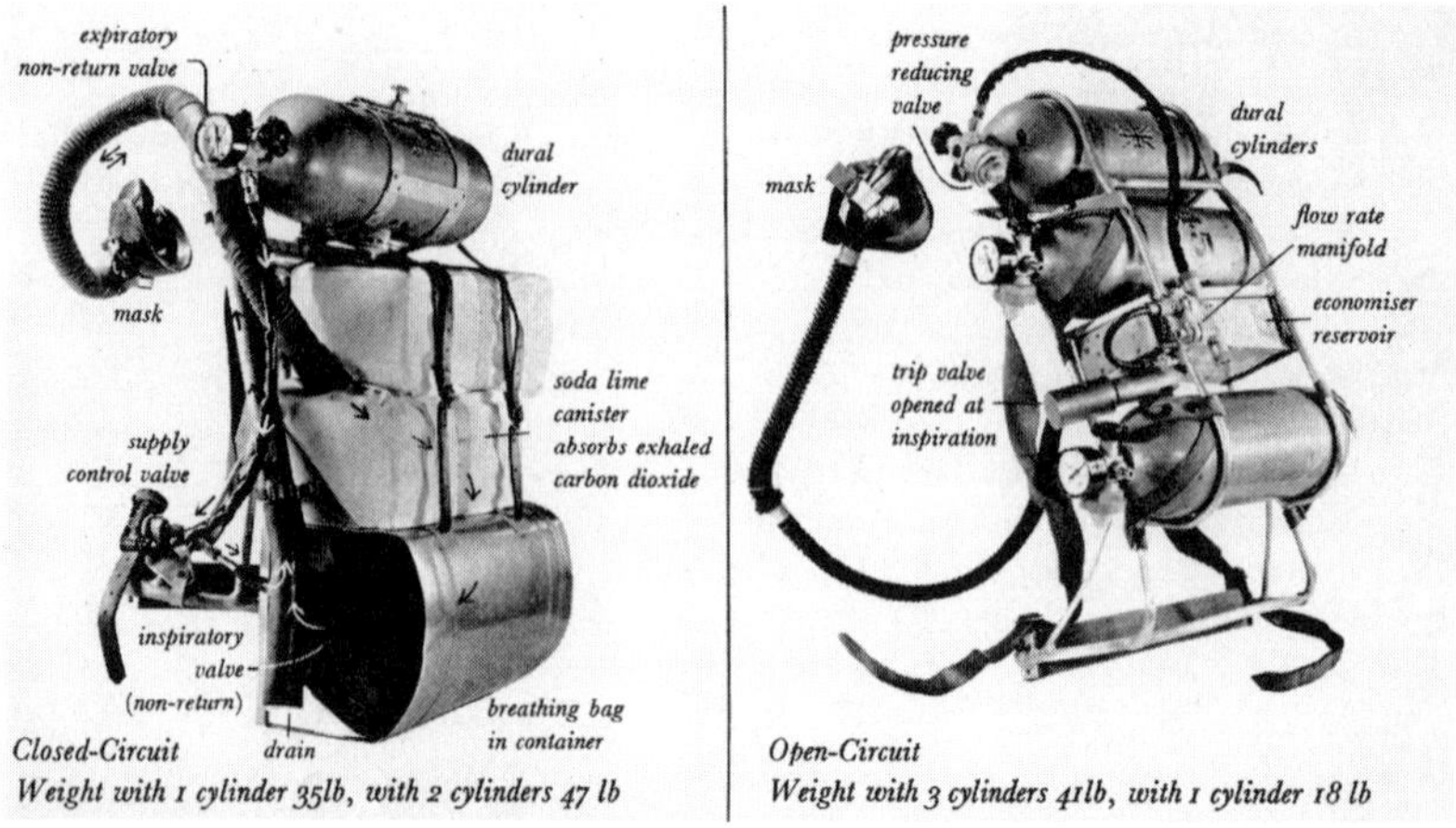

■ 2 つの方式────1953 年のエヴェレスト遠征のために開発された、閉鎖型（左）と開放型（右）の酸素補給器。この遠征では、1952 年のスイス隊よりもはるかに多い、20 万リットル近くの酸素が用意された。閉鎖型は信頼性で劣ることが判明し、ヒラリーとテンジンは開放型を使って登頂を達成した。

翌朝、夜が明け始めると、ランベールとテンジンは最後にもうひと踏ん張りして頂上に立つという決意を胸に、キャンプを出発した。しかし、運は味方してくれなかった。酸素補給器は高地で歩く登山家用ではなく、鉱山作業員用に設計されていて、バルブがあまりにもきつく、立ち止まったときにしか酸素が出てこない。4時間にわたって悪戦苦闘したものの、頂上までは高さにしてまだ300メートルほどあった。ランベールはここが引き返す潮時と判断し、テンジンに暗黙の合図を出した。最終キャンプのテントはそのまま放棄し、よろめきながらもなんとかサウス・コルまで下り、そこで待っていたフローリとオーベールに抱きかかえられた。第1次アタック隊が下山したあと、別のパーティがサウス・コルに登ったが、テンジンとランベールが設営したテントまでもたどり着けなかった。

このニュースがヨーロッパに届くと、スイス国内の各地で賞賛の声が上がった。ランベールが引き返した標高は8595メートルと推定され、到達高度の世界新記録だという主張まで表れた。最近の研究では新記録達成に疑問符がついているものの、スイス隊の遠征はすばらしい偉業だと考えられている。大半が未知のルートだったにもかかわらず、最初のアタックで、イギリスが第２次大戦前に出した記録に匹敵すると見られる高度まで到達したからである。

イギリス隊のキャンプにも祝福ムードは漂った。スイス隊が登頂に失敗したということは、イギリスが翌年の１９５３年に世界の登山界で最高の栄誉を獲得できるチャンスを得たということになる。それには本格的な遠征を可能にしなければならないという条件があったが、１９５２年夏の時点で、遠征を主催するヒマラヤ委員会には、その確信がほとんどなかった。

１９５２年のチョー・オユー

スイス隊がエヴェレストで大健闘する一方、イギリスがトレーニングのために実施したチョー・オユー遠征はほとんどなんの成果も上げられなかった。登頂どころか、山頂の近くまで達することもできず、結論としては、手に負えない実に不運な遠征となった。チームを率いたエリック・シプトンが幾多の批判にさらされたことは言うまでもない。しかも、その大半が彼の聞こえないところで叩かれた陰口だった。

今から振り返ってみると、シプトンが背負わされた期待があまりにも大きかったことは明らかだ。それまでチョー・オユーにアタックした事例はなく、標高ではエヴェレストよりもはるかに低いとはいえ、登頂はきわめて難しい。シプトンが１９５２年の遠征にあまり乗り気でなかったことも確かだ。彼は大規模なチームが好きではなく、当時のマスコミが「エヴェレスト登頂レース」と呼んでいたような国と国との競争という考え方にも嫌悪を感じていた。また、公式にはそうは言っていないように見えても、シプトンが酸素補給器などの機器を高所登山に取り入れることに消極的だったのも明白である。これらすべての要素が、1953年の遠征の足かせとなった。

1952年7月半ばにイギリスに帰国したとき、自身の直感やヒマラヤ委員会の賢明な判断に反して、シプトンは1953年の遠征隊長になる要請を受けた。彼が承諾したにもかかわらず、その後、裏では「夏の陰謀」が着々と進められ、ヒマラヤ委員会の何人かの委員が翻意して、代わりの人材探しを始めていた。そして、9月初めの会合ですべてが明らかになる。シプトンは、1953年の遠征で隊長の座をジョン・ハントに譲って補佐的な役割を果たすよう丁重に求められた。だが、彼はそれに同意せず、遠征への参加を辞退したのだった。

隊長の変更

エリック・シプトンが1953年の遠征から外れたという知らせが伝えられると、チーム内にも大きな動揺が走った。メンバーのひとりであるトム・ボーディロンが参加の辞退を表明し、ほかの何人かも自分の立場を見直し始めた。新隊長のジョン・ハントは、チームを再びひとつにまとめる多大な任務を負うことになったが、幸いなことに、ヒマラヤ委員会の人選は間違っていなかったようだ。彼はきわめて有能で、かつ人を惹きつける魅力

■ハントが率いたチーム――1953年のエヴェレスト登山隊。立っているのは、左よりトム・ストバート、シェルパのダワ・テンジン[左から2人目か3人目。どちらかの名が原文に記載なし]、チャールズ・ワイリー、エドマンド・ヒラリー、ジョン・ハント、シェルパのテンジン・ノルゲイ、ジョージ・ロウ、マイケル・ウォード、トム・ボーディロン、ジョージ・バンド、グリフィス・ピュー、アルフレッド・グレゴリー、ウィルフリッド・ノイス。座っているのは、ほかのシェルパで、マイケル・ウェストマコットは写っていない。

を備えていた。

ハントは新しい登山家の確保に乗り出し、シプトンが築き上げた盤石のチーム編成を、さらに強化することにした。その後の3カ月で、遠征のあらゆる側面に関して綿密に計画を練り上げる。イギリスの医学研究会議の科学者であるグリフィス・ピューがハントの主任科学顧問に就任し、防寒着の試験とデザインに力を貸したほか、チームの「酸素管理者」であるピーター・ロイドと共同で、高所登山に欠かせない酸素補給器の選定も行った。

それぞれのメンバーが、特定の分野で責任ある業務を任せられた。23歳でチーム最年少の登山家ジョージ・バンドは通信と食料を担当し、遠征の幹事であるチャールズ・ワイリーは登山靴と橋の架設用具に関する責任者となった。遠くニュージーランドにいるエドマンド・ヒラリーにも担当が割り当てられ、彼は寝袋と調理用具の調達を任された。

11月半ばまでに、ハントはチームの会合を設定し、用具をテストするためにアルプスへの調査旅行を企画した。

■クレバスを越える（前ページ）———1953年のエヴェレスト遠征で、第2キャンプにほど近いウェスタン・クウムのクレバスに架けられた不安定な梯子を渡るエドマンド・ヒラリー。

■氷上を進む———やはり1953年のエヴェレスト遠征における一枚。荷物を持って第2キャンプへ登る途中で、クーンブ・アイスフォールの危険な「氷の迷路」を進むシェルパ。

しかし、そこでひとつの壁が目の前に立ちはだかる。イギリスの威信にとってきわめて重要な「国家的な」遠征だと、会計係のR・W・ロイドが繰り返しアピールしていたにもかかわらず、当初はほんのわずかな資金しか集まらなかったのである。ヒマラヤ委員会はそれまで、メディアに遠征の取材権を売ることで資金の大半を集めてきたが、長年のパートナーだった『タイムズ』紙は、スイス隊の2回目のエヴェレスト遠征の結果が判明するまでは協力しないと言っていた。

スイス隊が2回目のエヴェレスト遠征に出発したのは、9月初めだった。春の遠征に参加したメンバーも何人かいて、装備は春よりも入念に整えた。再びシェルパ隊のリーダーとしてテンジンを雇ったが、今回はそれだけにとどまらず、彼を登山隊の一員として正式に迎え入れた。

スイス隊はクーンブ・アイスフォールを難なく通過したが、今回もローツェ・フェイスを一気に登ることにこだわったために、時間を浪費してしまう。しかも重大な事故が発生して、シェルパのひとりが命を落とし、2人が負傷する惨事も起きた。この段階になってようやく彼らは考えを改め、中間キャンプを設営した。春の遠征で英雄となったランベールとテンジンは、再びサウス・コルに到達で

■科学による支え———ジョン・ハントの肺胞の空気を調べるグリフィス・ピュー。肺表面の肺胞から酸素を集めて臓器の機能を評価する、高所では欠かせない試験である。次の写真同様に、1953年の初登頂の裏には、こうした支えがあった。

きたが、強力なシェルパ隊が同行していたにもかかわらず、あまりにも厳しい寒さに阻まれ、それ以上先には進めなかった。

皮肉にも、スイス隊失敗のニュースを聞いたとき、ジョン・ハントはスイスにいた。1952年12月、彼はユングフラウヨッホで用具と衣服のテストをするために、小規模なパーティを伴って空路でスイス入りしていたのである。スイス隊の2回目のアタックが失敗したという知らせを受けたのは帰英直前のことだ。これでイギリスは準備を本格化できる。『タイムズ』紙はようやく資金提供の契約を交わしたほか、その他の寄付金も集まり始めた。

R・W・ロイドの大きな手柄のひとつは、フィリップ王子を説得して遠征への支援を取りつけたことだ。1953年はエリザベスが女王に即位する年であり、イギリスの新聞は来たるべき新時代について盛んに論じ、世間の関心も高まってきていた。その年の夏にエヴェレスト登頂を達成できたなら、新しい女王の誕生を祝うのにふさわしい贈り物になるだろう。

登頂を競い合うライバル関係にあったにもかかわらず、スイスからは大きな協力を得ることもできた。

ジョン・ハントとグリフィス・ピューはチューリッヒを訪れ、スイス山岳研究財団からアドバイスや実践的な支援を受けている。

しかし1953年2月、インドへ向けて船で出航する直前に、ジョン・ハントが病に倒れた。医師の診断によると、もともと鼻や喉の粘膜に炎症が続いており、それによって鼻腔がひどく損傷しているということだった。手術しか治す道はなかったが、大きな遠征の2週間前に実施するのは適切ではない。一時は参加が危ぶまれたが、ハントは手術を乗りきって見事な回復力を見せ、なんとか持ち直した。

ついにネパールへ

カトマンズに到着すると、ハント率いる遠征隊はイギリス大使館の敷地で悠々とキャンプ生活を送った。登山家11人、医師ひとり、生理学者ひとり、写真家ひとりという、かなり大規模な集団で、その後、現地記者

■費やされる労力（▶カラー図版9）———ベースキャンプへ物資を運ぶヒラリーのシェルパ隊。

として『タイムズ』紙が派遣したジャーナリスト、ジェイムズ・モリスもそこに加わった。スイス隊と同じく、イギリス隊もシェルパのリーダーとしてテンジンを雇ったが、公式に登山隊の一員として迎えることまではしなかった。

イギリス隊とシェルパ隊のあいだには、当初から、わずかながらも明らかに張りつめた空気が漂っていた。宿泊場所、遠征後に用具を保持する権利、シェルパが運ぶ荷物の大きさなどをめぐって、何度か口論があった。テンジンがスイス隊と築いていたような気楽な信頼関係は、イギリス隊とのあいだでは望むべくもなかった。インドやネパールの地元報道機関は、遠征に関する『タイムズ』紙の独占取材に激怒したが、そうした反応を受けた同紙はといえば、テンジンは山頂まで登山隊を案内するガイドなのだと反論して、彼の果たす役割を強調した。

3月初旬にカトマンズを出発すると、ハントはようやく入山ができることに胸をなで下ろした。彼が立てた綿密な高度順化の計画によると、エヴェレスト地域を数週間かけて歩いたのち、トレーニングのために近くの山に登る予定だった。チームの絆を深め、用具に慣れる良い機会だと、ハントは考えていた。登山家の何人かは、1951年の偵察か1952年のチョー・オユー遠征に参加していて、ヒマラヤ登山の経験があったが、ジョージ・バンドとマイケル・ウェストマコットという新人2人についてはその限りではなかった。ニュージーランド人のジョージ・ロウが後日母国で語ったように、チームは似たもの同士の集まりで、2人のチャールズ、2人のトム、2人のマイクがいたほか、大半のメンバーがパブリックスクールの出で、そのうえ従軍経験があることも共通していた。

クーンブ・アイスフォールとローツェ・フェイス

それまで3回のヒマラヤ遠征の経験があるベテラン登山家エドマンド・ヒラリーは、第1パーティを率いてクーンブ・アイスフォールに足を踏み入れた。巨大なクレバスが新たに口を開け、氷の塔はいつにも増して不安定にそびえ立つ。アイスフォールはそれまでにないほど大きな危険をはらんでいるように見え、いつ何時崩れてもおかしくなさそうだった。「マイクの恐怖《マイクス・ホラー》」、「ヒラリーの恐怖《ヒラリーズ・ホラー》」、「身の毛もよだつクレバス《ギャストリー》」、そして「玉つぶし《ナット・クラッカー》」――ルートを登っていくうちに彼らが特定の区間につけた名前が、その恐ろしい地形を物語っている。テンジンはクレバスに間に合わせの橋を架けようと、クーンブ渓谷から丸太を運び上げていた。またチーム

■氷河にて―――固定ロープを使ってクーンブ・アイスフォールを登るウィルフリッド・ノイス。ベースキャンプはこの麓に設営されたが、危険な一帯を抜けるルートを工作し、ウェスタン・クウムにアドバンス・ベースキャンプを設営すると、アイスフォールで一夜を過ごす必要がなくなり、メンバーは大いに安心した。

は、最も幅の広いクレバスを渡るためにアルミ製の梯子も3台用意していた。ボルトでつなぎ留めて使うのである。

5月に入る頃には、ウェスタン・クウムに到達し、物資や用具の蓄積を始めた。下痢と喉の不調を伴った不快な症状「ベースキャンプ病」［原文 base-campitis］を何人かが訴えたが、深刻な問題は起きていない。チーム最年長で、出国直前に手術をしたジョン・ハントは、当然ながら自分の体調を心配した。当初から呼吸するのも苦しいほどのひどい咳をしていたのだ。チームドクターのマイケル・ウォードは胸膜炎の疑いがあると考えていたが、ハントはいくらも経たないうちに回復し、必要最低限の休息しか取ろうとしなかった。

5月7日、ハントは遠征の最終ステージに向けた計画と、アタック隊のメンバーを発表するため、遠征隊の全員を集めた。その場には張りつめた空気が漂っていた。誰もがチームワークの概念を大切にして取り組んではいたが、それでも、うちに秘めた野心は大きく、できるだけ重要な役割を果たしたいと思っていた。最終的に選ばれたメンバーは、ほぼ予想通りだった。第1次アタック隊には、副隊長のチャールズ・エヴァンズと、イギリスでも最も屈強な登山家として鳴らすトム・ボーディロンが入り、その翌日に第2次アタック隊としてエドマンド・ヒラリーとテンジンが続く。3回目のアタックは必要に応じて実施するが、そのメンバーは発表されなかった。誰もが理解していたように、ハント自身もエヴェレスト登頂に対して強い思いを抱いていたし、アタック隊に加わりたいと熱望していたはずだ。

いずれにしろアタックの前に、まずはローツェ・フェイスを登らなければならない。ハント

■突破口———第4キャンプに向かう途中、ウェスタン・クウムのクレバス付近を行くノイスとシェルパのポーター。ノイスが5月21日に第7キャンプからサウス・コルまで登攀したことによって、遠征は大きく進展した。

の計画では、およそ450キロの用具やテントを、吹きさらしのサウス・コルに運び上げる必要があった。足場づくりを得意とするジョージ・ロウがルート工作に取りかかったが、その仕事は最初から問題続きだった。

モンスーンが到来する兆候はなかった。しかし5月半ば、天候が急速に悪化し、午後はほぼ毎日、吹雪に見舞われることになる。さらに悪いことに、ローツェ・フェイスのルート工作を補佐するジョージ・バンドとマイケル・ウェストマコットが、2人とも病に倒れた。ロウとシェルパのアン・ニーマは最善

を尽くしていたが、作業はなかなか捗《はかど》らなかった。

そんな状況に、ハントは徐々にしびれを切らしていく。最初のアタックの準備を5月15日までに終えたいと思っていたのだが、その日が来ても現在地は頂上にはほど遠かった。ルート工作にいそしむジョージ・ロウを助けるため、屈強なイギリス人登山家であるウィルフリッド・ノイスとマイケル・ウォードを送り込むが、日が経つにつれてロウの疲労の色は濃くなっていった。

ハントは計画の変更を余儀なくされる。下から上までルートの準備が整うのを待つのをやめ、シェルパのポーターを送り込んで、必要とあればそのうちのひとりと一緒にサウス・コルまで取り急ぎ登り、登攀が可能かどうかを確かめるよう、ノイスに伝えた。進行をさらに早めるため、ヒラリーとテンジンにも登攀許可を与え、ルート工作を支援するように告げた。ノイスとシェルパのアナルーがまず成功すると、翌日にはチャールズ・ワイリーが15人ものシェルパを引き連れてサウス・コルまで登った。彼らは荷物をその場に置くと、できる限り速く山を下りた。

最初のアタック

5月22日、ハントは第1次アタック隊のトム・ボーディロンとチャールズ・エヴァンズとともにアドバンス・ベースキャンプを出発した。だが、ローツェ・フェイスを登り始めると、高所登山の難しさを思い知らされることになる。酸素補給器はさまざまな場面で故障し、そのたびに無防備な状態で風雪にさらされているような不安な気分に陥った。サウス・コルの暴風のなかでテントを張るのは、全員が決して忘れられないほどのつらい経験だった。あまりにも疲労が激しかったため、最初のアタックを5月26日に延期し、1日休んで用具の準備をして過ごすことにした。

最初のアタックには、ボーディロンとその父親のロバートが設計した閉鎖型の酸素補給器を使う計画だった。それまでこの補給器はうまく機能していなかったが、高度が上がるにつれて動作が安定してくるというのが一般的な見解だった。目標は、サウス・コルから頂上まで一気に登り、その日のうちに戻ることである。高さにして900メートルを1日で往復するのは容易ではなかったが、自分たちならやれるという自信がボーディロンにはあった。たとえ登頂できないにせよ、少なくとも2回目のアタックのために貴重な情報を持ち帰ってこられるはずだ。

5月26日の朝は、幸先の悪いスタートとなった。エヴァンズの酸素補給器のバルブが故障し、その修理に2時間近くも費やしてしまう。ようやく出発したときには、2人とも過度の期待は持っていなかったが、高度を上げるにつれて、閉鎖型のメリットをしだいに感じるようになってきた。1952年にランベールとテンジンが残したテントの残骸を通り過ぎたところでいったん立ち止まり、酸素ボンベとソーダ石灰の容器を交換したが、こつのいる細かい作業にもかかわらず無事に終えることができた。

だがその数分後、自分の酸素が正常に流れていないことに、エヴァンズは気づく。しばらくすると耐えられないほどになったためにいったん歩みを止めて、ボーディロンがエヴァンズの酸素補給器を確認したが、特に異常は見当たらない。実はソーダ石灰の容器の内部に問題が発生していたのだが、その時点では発見しようがなかった。今回の遠征ではこのような問題が起きたことがなく、これはかなりの痛手だった。それでも2人は上をめざす。先導するボーディロンに、エヴァンズはできる限りついていった。

◉酸素補給器

登山界では、酸素補給器の使用の倫理的な是非について、1920年代に大きな議論が巻き起こった。あらゆる「人工的な」補助はその性質からスポーツ精神に反するというのが、一方の主張だ。登山になんらかの価値があるとするならば、どんな機械装置も介在させることなく、生身の人間の精神と筋力が山と相対するところに価値がある、というのである。一方、酸素補給器の使用に賛成する者は、これらすべてを否定する。最新の科学技術を活用することにはなんの問題もなく、スポーツ精神に反するどころか、酸素補給器を使えば登山家がさらに高い山をめざせるようになるし、そもそもヒマラヤの高峰に酸素なしで登るのは人間には不可能なのだと主張した。

1950年代初頭には、賛成派が実質的にこの論争を制していた。1920年代と30年代に無数の失敗が重ねられた結果、高所登山には携帯型の酸素補給器が必要だというのが当然の考え方になったのである。酸素補給器の重さと不便さに不平をこぼす登山家や、補給器が登山の純粋な体験を妨げていると考える登山家もいまだにいるが、大半の人々は、エヴェレストやK2、カンチェンジュンガに登頂したいのなら酸素補給器を使う以外に選択肢はないと、その現実を受け止めている。

50年代初頭に使われていた補給器は、完璧にはほど遠かったものの、それ以前のものに比べればはるかに進歩していた。基本的な酸素補給器は、運搬用のフレーム、1本か2本の酸素ボンベ、酸素の流量を制御する装置、そして、呼吸用のチューブかフェイスマスクという、4つの要素から構成される。酸素補給器は第2次大戦と朝鮮戦争のあいだにパイロット向けの装置として大きく改良され、戦後の登山家はその恩恵を受けた。フェイスマスクの性能は上がり、酸素ボンベは大幅に軽くなった。

1952年、イギリスの科学者グリフィス・ピューが、エヴェレスト登山のトレーニングを目的としたチョー・オユー遠征で、登山での酸素補給器の使用について初めて系統的な調査を実施した。その目的は、さまざまな登山活動に最適な酸素の流量を見つけることにあった。高所における余分な器具の携行は、登山家の負担を大きく増やすことになるが、それを補うには供給する酸素の流量も応分に増やさなければならず、さもなければその恩恵を得られない。しかし、流量を過度に増やせば、酸素ボンベを頻繁に交換しなければならなくなる問題が起きることに、ピューは気づいていた。

彼は登山家の小さなグループに、メンルン・ラの斜面を1週間かけて自分のペースで歩かせた。そしてロンドンに戻り、集めたデータを分析した結果、高所で登攀する登山家にとって最適な酸素の流量は1分間につき4リットルであると結論づけた。下山の際には1分間につき2リットルに設定してもよく、夜間には1分間につき1リットルの流量で酸素を補給すれば、登山家の睡眠の質を大きく改善できる。

1953年のエヴェレスト遠征隊は、2種類の酸素補給器を持参した。大半は従来の「開放型」の装置だったが、そのほかに、実験として「閉鎖型」の装置も持ち込んだ。これは、イギリスの登山家トム・ボーディロンと父親のロバートが設計と製作に携わったものだ。

従来の開放型の酸素補給器では、周囲の空気と人工の酸素を一緒に吸い込み、呼気は外に排出される。一方、閉鎖型の酸素補給器では、使われている部品の多くは開放型と同じだが、その基本的な設計は根本的に異なる。登山家は周囲の空気が入らない密閉されたマスクを着用し、ボンベから純粋な酸素を吸い込む。呼気はソーダ石灰が入った容器を通り、二酸化炭素をそこに吸収させ、化学反応によって生じた酸素を吸気として使う。呼気の一部を再利用する仕組みである。閉鎖型の補給器は開放型よりはるかに高圧で動作し、使う酸素の量も少ないため、登山家はより速く遠くまで進むことができる。

しかしそこには欠点もある。まず、閉鎖型の酸素補給器は重いうえ、交換用の酸素ボンベのほかにソーダ石灰容器の予備も運ばなければならない。また、二酸化炭素から酸素を生成する化学反応では、大量の熱も発生するため、山を下るにつれてその熱を不快に感じるようにもなる。マスクを顔に密着するように着けているので、仲間と会話することもできない。閉鎖型の場合、全体的に装置が複雑で、バルブなどの装置の部品も多く、故障が起きやすいのも問題だった。

1953年の遠征隊を率いたジョン・ハントは、最初のアタックでは閉鎖型を使うことに決めたが、2回目のアタックでは開放型を使うことにした。歴史が示しているように、それは賢明な選択だった。


午後1時頃、エヴァンズとボーディロンは、南東稜にある小さな岩峰、南峰《サウス・サミット》に登りきった。その様子をサウス・コルから目撃したシェルパは、エヴェレストの山頂そのものに立ったのだと思って大きな歓声を上げたが、実際には、山頂まで高さにしてまだあと90メートルが残っていた。

南峰に立った2人は写真撮影のために立ち止まり、飴を何個かなめた。そして、互いの姿を写真に収めながら、この先どうすべきかを考えた。酸素は山頂まで登るのには充分あるが、そうすると下山の途中でなくなってしまう、というのがエヴァンズの目算だった。

■南峰———1953年5月26日、エヴェレストの南峰に到達したチャールズ・エヴァンズ。トム・ボーディロンとのアタックは失敗に終わったが、その一因は酸素補給器の不具合にあったと見られる。

ボーディロンは考えあぐねていた。この1時間ほどエヴァンズの酸素補給器は調子が悪いが、自分のほうはまったく問題ない。自分ひとりで山頂をめざすべきか。あと100メートル足らずの高さを登れば、登山界で最高の栄誉を手に入れられるのだ。

2人の意見は一致しなかったが、エヴェレストの標高8748メートル地点にいる今、あれこれ議論をする余地はない。もしここから山頂をめざせば、奥さんのジェニファーには二度と会えないぞ——エヴァンズはボーディロンに釘を刺した。ボーディロンはここでは感情論に走らず、筋の通った議論を冷静に進めたいと、引き続き状況分析を続ける。ジェニファーには登山の危険性について話してあり、それは理解してくれている。だが、綿密に計算したうえでリスクをとるのと、単に無謀な行動に走るのとでは、大きな違いがある。

ボーディロンは、残りの斜面の状態をよく見ようと尾根沿いを歩いてみた。そして、引き返すことに

■アタックの最終段階へ―――5 月 26 日、南峰から下りたあとのチャールズ・エヴァンズとトム・ボーディロン［ph A］。2 人が山頂にアタックしているあいだ、ハントとダ・ナムギャルは南東稜を登り、ヒラリーとテンジンのために物資の集積場（8350 メートル）を設けた。その仕事を終え、サウス・コルに戻ってきたハントらは、茶を飲んでひと息入れた［ph B］。ヒラリーとテンジンは 5 月 28 日の正午頃に南東稜の標高 8321 メートルに達し［ph C、次ページ］、このあと最終キャンプへと向かった。

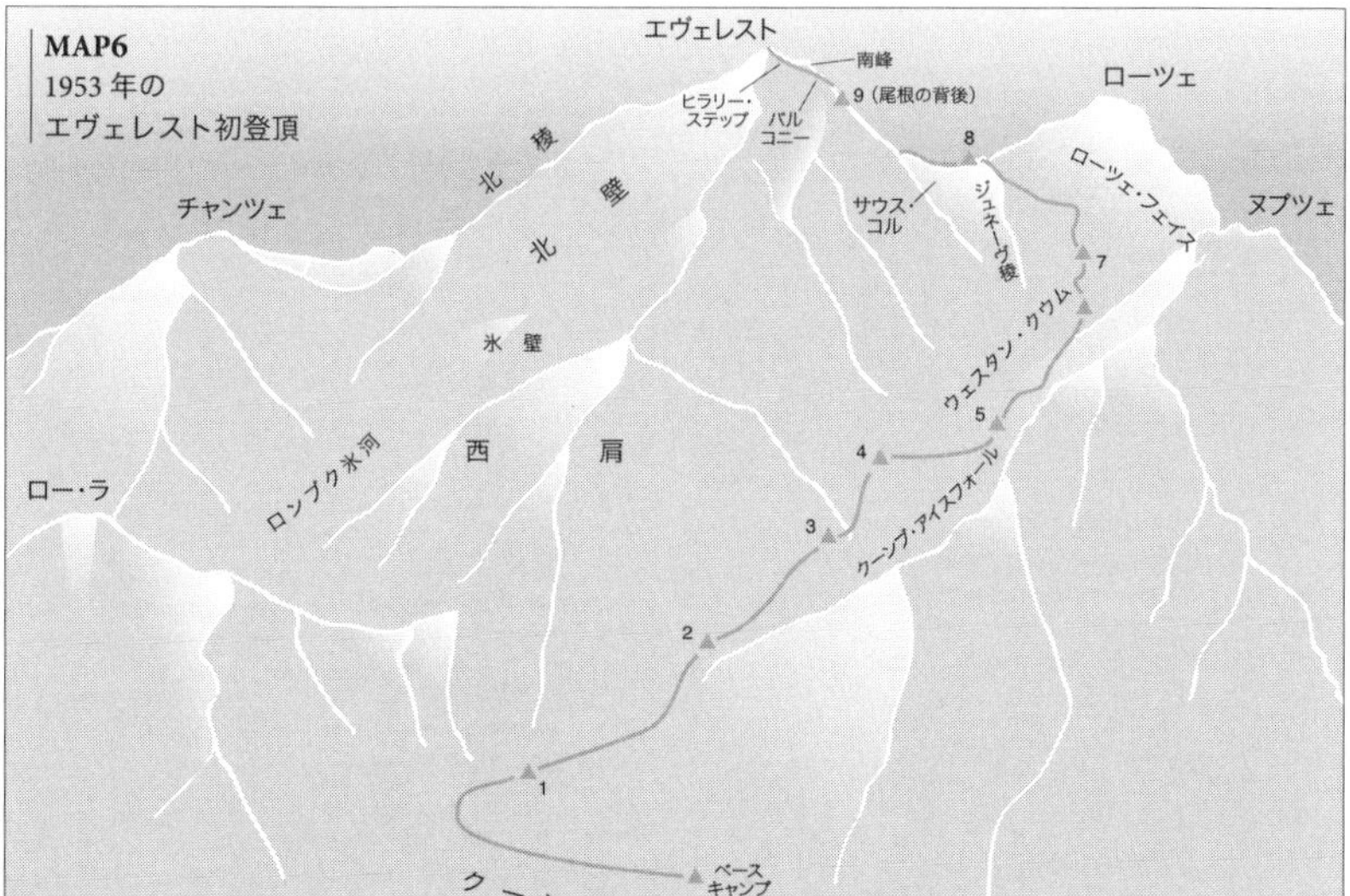

■キャンプ地の再利用―――1953 年のイギリス隊は、その前年にスイス隊が設営したキャンプ地のいくつかを利用した。単調な軍用食を何週間も食べていたチームにとって、スイス隊が残したチーズやクラッカーは良い気分転換になった。また彼らは、スイス隊が放棄した酸素ボンベを使うために、特製のアダプターまで持参していた。

決めた。最初のアタックはここで終わりだ——だが、それは悪夢の始まりでもあった。斜面を下りる途中で、2人とも転倒を繰り返す。どちらかが転んで相手を引っ張ってしまうと、転んだほうはひたすら謝罪する。南東稜を下りるときは「ヨーヨー」のようだったと、2人はあとで冗談混じりに語ったが、実際に彼らが直面していた危険は、笑い事では済まされないほど深刻だった。

サウス・コルで待っているメンバーの心配は、しだいにいや増してきた。南東稜は雲に覆われていたが、ときおり雲の切れ間から、下りてくるメンバーの姿が見える。最初のアタックの当否を知る手立てはない。いずれにしても、2人が無事にここまで下りられるかどうかが、ジョージ・ロウには心配でたまらなかった。午後3時半にようやくサウス・コルに到着した2人は、頭からつま先までつららにびっしり覆われ、異星人のように見えた——エドマンド・ヒラリーはのちにそう書いている。

翌日、2人は下山しなければならない。ボーディロンの状態があまりにも悪かったため、ジョン・ハントはしぶしぶサウス・コルを離れ、彼に付き添った。ハント自身も、決して万全の状態というわけではない。その前日、ボーディロンとエヴァンズが最初のアタックに挑んでいるとき、シェルパのダ・ナムギャルとともに、ヒラリーとテンジンの高所キャンプ用の物資を運び上げて、疲れきっていたのだった。

2回目のアタック

ヒラリーとテンジンはアタックに際し、昔ながらの開放型の酸素補給器を使った。ただし、酸素の消費量はこちらのほうが増えるため、サウス・コルから山頂まで1日で登りきることはできない。そのため、2人は5月28日、ジョージ・ロウとアルフレッド・グレゴリー、アン・ニーマの助けを借りて、まず標高8425メートルの中間キャンプまで登った。

その夜は天候が荒れた。2人は斜面につくった居心地の悪い棚に並んで寝転んだものの、どうにか2時間連続して眠れただけだった。翌朝の始まりも幸先が悪かった。ヒラリーの登山靴が凍りつき、こんろを使って解かさないと出発できなかったのである。とはいえ、晴天に恵まれて早朝から出発できたことだけは幸いだった。

第1次アタック隊のボーディロンと同じく、ヒラリーは南東稜を登りながら、自分とテンジンに残っている酸素を絶えず計算した。登攀時には1分間に最低でも4リットルの酸素を吸うことを主任科学顧問のグリフィス・ピューから推奨されていたが、それでは酸素が不足してしまうとヒラリーは考え、1

■登頂の瞬間―――5月29日午前11時30分にエドマンド・ヒラリーとエヴェレスト山頂に立ったあと、ピッケルを振って歓喜を表すテンジン・ノルゲイ。ピッケルには国連旗と、ネパール、イギリス、インドの国旗がつけてある。ヒラリーは、テンジンの写真を何枚か撮影したが、頂上で自分の写真を撮ってほしいとテンジンに頼むことはなかった。

分間に3リットルで間に合わせることにした。こうして南峰の下に差しかかったとき、最も危険な瞬間が訪れる。ボーディロンとエヴァンズは岩の斜面を通ってそこに到達したのだが、ヒラリーとテンジンは厚い雪の吹きだまりを通る別ルートを選択していた。斜面はいつ雪崩が起きてもおかしくないように見える。もしそうなれば、何百メートルも下の氷河まで一気に押し流されてしまうだろう。

2人は運に恵まれ、午前9時に南峰にたどり着いた。ボーディロンとエヴァンズより4時間も早い到着だ。少しだけ立ち止まり、1本目の酸素ボンベを交換したあと、登攀を再開した。目の前に見えるのは高さ90メートルの最後の尾根と、山頂の下にある高さ数十メートルの岩場だ。2人は45分後、このエヴェレストの最後の障壁に到達した。

左手には、高さ12メートルほどの難しそうな斜面が、そして右手には、カンシュン・フェイスからチベットのほうへ張り出した、いかにも危険な雪庇《せっぴ》がある。どちらも登攀は難しそうだ。ヒラリーはカメラを取り出して、周りの風景を撮り始めた。ここでアタックが終わるのなら、少なくとも、ボーディロンとエヴァンズよりも高い地点まで到達したことを証明する写真を持ち帰りたかったのである。

その後、もう一度よく見ると、左の岩の斜面と右の雪庇のあいだに、小さなチムニー［縦の割れ目］があるのを見つけた。ちょうど自分が入れそうなくらいの幅だが、果たして崩れはしないだろうか。テンジンにロープを繰り出してもらいながら、ヒラリーはアイゼンで氷に足場を刻みつつ、チムニーを登った。雪庇はいつ何時崩れてもおかしくなさそうだったが、最後まで持ちこたえ、ヒラリーは上まで登りきることができた。

彼はテンジンをすばやく上まで登らせ、2人で山頂めざして最後の尾根を登った。彼らは最後だと思っ

■登頂の翌日———第4キャンプまで下りて、茶を飲んでひと息入れるヒラリーとテンジン。このキャンプにとどまっていたメンバーは、アタックの結果を心配しながら朗報を待ちわびていた。

ていたのだが、実際にはどこまで登っても、こぶが次々と現れるだけで、終わりが見えない。だがついに、斜面が下り始める地点に差しかかった。地平線の彼方へ消えていくチベットの平原が見える。ヒラリーが最後のこぶに足場を刻み、2人は世界最高峰の頂上を踏んだ。

時刻は午前11時30分だった。空は澄みわたり、眼下には絶景が広がっていた。あえて酸素の吸引をやめる危険を冒してみると、あまり動かなければ、それほど気分が悪くならないことがわかった。ヒラリーはまず、テンジンがピッケルを掲げて頂上に堂々と立ち、旗と同じように風に吹かれている写真を何枚か撮影し、エヴェレストの四方に広がる眼下の風景を撮ったあと、マカルーにレンズを向けた。テンジンはシェルパにとって最も神聖な2つの聖地、チベット側のロンブク僧院とネパール側のタンボチェ僧院を見ることができた。彼は雪に穴を掘ると、神々への小さな捧げ物として、菓子と娘からもらった鉛筆1本とを埋めた。これを見たヒラリーは、ジョン・ハントと交わした約束を思い出した。ハントがベネディクト会修道士にもらった小さな十字架を預かっていたのである。ヒラリーはそれを取り出し、山頂の雪に埋めた。

およそ10分後に、2人は下山を開始した。

午後4時、ジョージ・ロウはサウス・コルに戻ってきた2人を、温かい飲み物と安堵の笑顔で迎えたが、興奮のあまり、到着する2人の姿を撮影するのを忘れてしまったほどだった。アドバンス・ベースキャンプにいるジョン・ハントと直接通信する手段はなかったが、ヒラリーとテンジンの下山を助けるために再びサウス・コルに登ってきていたウィルフリッド・ノイスが、寝袋を使ったサインを試みてくれた。登頂に成功したら2つの寝袋でTの字をつくり、南峰までしか到達できなかったら2つを平行に並べ、なんの成果もなかったら寝袋をひとつだけ置くことを、事前に取り決めていたのだ。

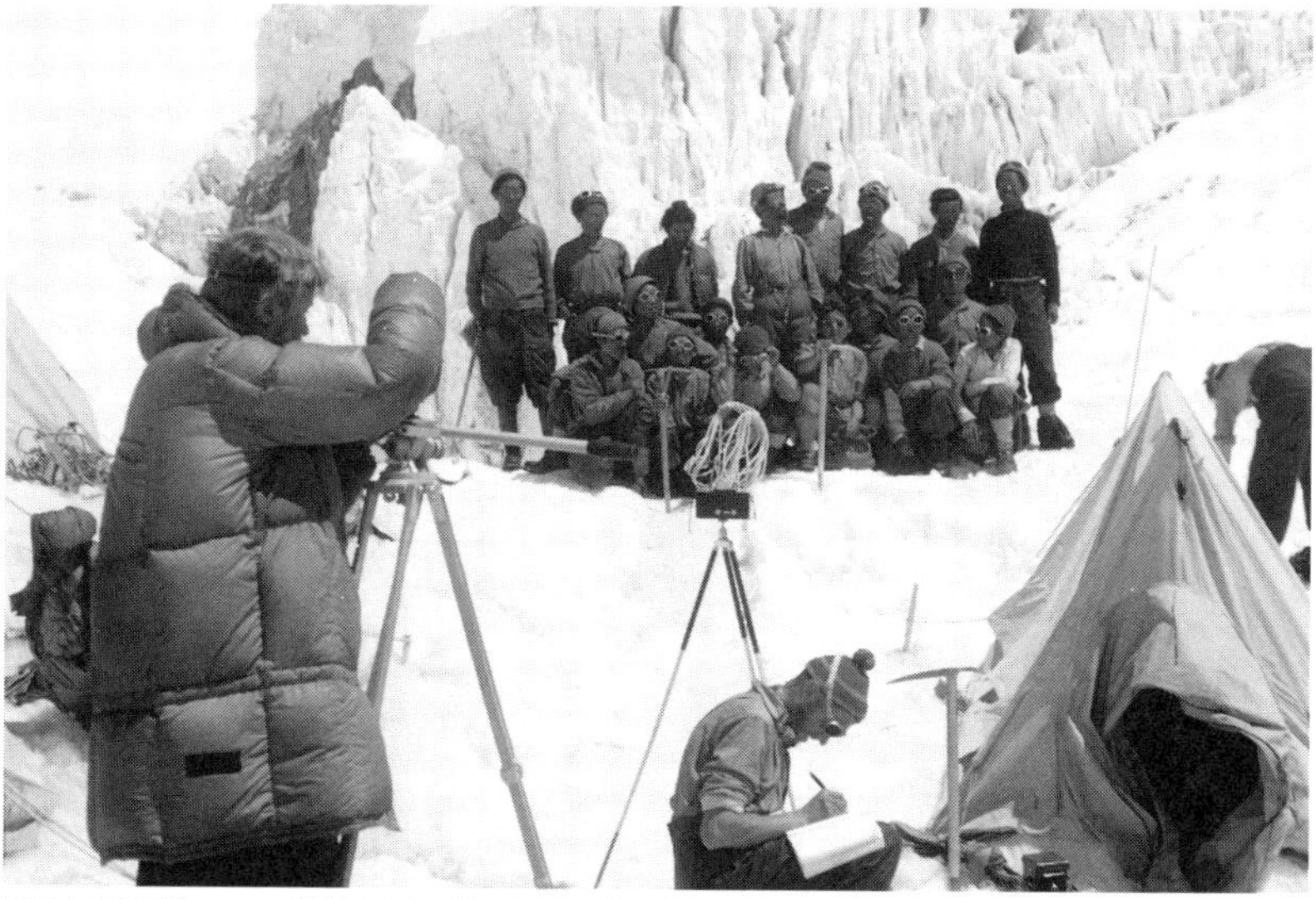

■雪上の撮影会――登頂のあと、第4キャンプに戻るシェルパを映画用カメラで撮影するトム・ストバート。

ノイスとパサン・プタールが忠実にサウス・コルの端へ歩いていき、寝袋を雪の上にT字形に並べると、それぞれが寝袋の上に横たわった。しかし、2人の姿は雲にあまりにも厚く覆われていたために、アドバンス・ベースキャンプからは見えなかった。風に吹かれて震えながら10分間横たわると、ジョン・ハントに何も伝えられないまま、2人は引き返した。

翌朝、ヒラリーとテンジンはローツェ・フェイスを下り、アドバンス・ベースキャンプにいた隊長とようやく会うことができた。結果は、最後の最後まで伝えないようにしていた。そして、突然ジョージ・ロウが笑みを浮かべ、片手を高々と掲げた瞬間、ジョン・ハントの言葉を借りれば、全員が歓喜の声を上げ、辺りは熱狂の渦に包まれたという。今シーズン中に3回目のアタックをする必要もなくなり、安堵の気持ちも大きかった。ようやく全員で帰国できるのだ。

初登頂の栄冠を手に帰国

祝福ムードに包まれるなか、『タイムズ』紙の特派員ジェイムズ・モリスがマイケル・ウェストマコットとともに急いでアイスフォールを下った。そして翌朝、無線で送信するための短い伝言を携えた使者がベースキャンプを出発し、直近の町ナムチェバザールへと向かった。きわめて小さな可能性ではあったが、うまくいけば、エリザベス女王の戴冠式までに、ロンドンに朗報が届くかもしれない。

数日後、チーム全員がベースキャンプに戻り、荷物を運ぶポーターの到着を待っていると、インド国営放送から驚くべきニュースが飛び込んできた。エヴェレスト初登頂の知らせがイギリスに届き、戴冠

◉エヴェレスト初登頂の知らせ

1953年のエヴェレスト遠征は、当時のどの遠征よりも多くのメディアで報道された。「第3の極点」とも呼ばれた世界最高峰であることを考えれば意外なことではないが、それは取材に注がれた労力がいかに大きかったかを示す現象でもあった。

1930年代の遠征では特電を打つのは遠征隊長に一任されていたが、そんな時代とは異なり、1953年の遠征には『タイムズ』紙の記者であるジェイムズ・モリスが同行していた。そのほかに、モリスの原稿をできるだけ安全かつ迅速にロンドンへ送るため、アーサー・ハッチンスンという記者も同行した。遠征隊長であるジョン・ハントも電報を送る必要はあったが、遠征が進むにつれて、現場からの報告に関してはモリスの役割がだんだん大きくなっていった。

遠征の主催者との契約によって、『タイムズ』紙は遠征の一部始終を独占的に取材する権利を持っていた。しかし、ライバル関係にあるイギリスの各紙やインドとネパールの地元紙など、競争相手も多い。自分の特電を守るため、モリスとハッチンスンは巧妙な暗号システムを作り、遠征隊のメンバーや山の場所を示す単語や文節を置き換えていた。

遠征の特電はエヴェレストからカトマンズまで、使者によって運ばれる。当初、モリスは無線の送信機を持ち込みたいと打診したのだが、ネパール政府はそれを許可しなかった。使者がライバル紙に買収される可能性も認識していたが、そのような事態も起こらなかった。登頂が成功したか失敗したかを伝える最後のメッセージは、なるべく直接的なルートで送りたいとモリスは考え、ナムチェバザールの警察の無線局からイギリス大使館に送信する手はずを整えた。だが、メッセージをいかにも暗号らしくすると、無線局の職員が怪しんで、何か重大な知らせに違いないとライバル紙に漏らすおそれがある。それを避けるため、モリスは特別な暗号を考案した。一見何の変哲もないが、実は暗号化されているメッセージである。

5月30日、初登頂を成し遂げたヒラリーとテンジンが下りてきたとき、幸運なことにモリスはアドバンス・ベースキャンプにいた。そして、2人に短くインタビューすると、マイケル・ウェストマコットとともにクーンブ・アイスフォールを下り、無線でメッセージを送信したあと、長めの特電は使者に託して、遠くカトマンズまで届けてもらう。待機していた使者たちは、翌朝早くに出発する。それは5月31日のことで、6月2日の戴冠式までに大ニュースが届く可能性はわずかしかなかった。

暗号化されたメッセージはエヴェレストのベースキャンプからナムチェバザールまで届けられたあと、カトマンズのインド大使館の無線局まで送信され、そこからようやくイギリス大使のクリストファー・サマーヘイズのオフィスに到達した。

そのメッセージとは、次のような内容である――「雪の状態が悪く、遠征隊は29日にアドバンス・ベースキャンプを放棄し、状況が好転するのを待っている。全員無事！」

しかし、これを解読するとこうなる――「5月29日、ヒラリーとテンジンがエヴェレストに登頂。全員無事！」

興奮したサマーヘイズが暗号シートを読み間違え、トム・ボーディロンとテンジンが初登頂を達成したという電報をあやうく送信するところだったが、事前のダブルチェックのおかげでそれは免れた。

サマーヘイズがロンドンに電信を送ったのは6月1日の午後だった。東から西へ向かう場合には、時差が有利に働く。メッセージが外務省を経由して『タイムズ』紙に届いたのは、午後4時の編集会議が始まる前だった。翌日の紙面はすばやく組み直され、社説では、イギリスがエヴェレストで成し遂げた快挙を、女王エリザベス1世の治世にスペインの無敵艦隊を破ったフランシス・ドレイク提督の偉業になぞらえた。『タイムズ』紙は一面の右上に小さく記事を載せただけだったが、イギリスのほかの新聞ははるかに大きく取り上げた。『デイリー・エキスプレス』紙は一面の端から端まで、「エヴェレストからも吉報！」という大きな見出しを掲げている。

ヨーロッパのほとんどの新聞は、イギリスの勝利を素直に讃えたが、そうは報道しなかった新聞も世界にはあった。インドとネパールでは、『タイムズ』紙が取材を独占したことに端を発した怒りが根強く残っていて、多くの新聞がエヴェレスト初登頂を、イギリスの勝利ではなく、テンジンの偉業として伝えた。テンジンがヒラリーを山頂へ導いたと、多くの地元紙が報道したほか、なかにはテンジンがヒラリーを頂上まで引きずっていったとまで書いた新聞もあった。

新聞各紙による部数競争の加熱によって、遠征隊のなかに摩擦が起き、しばらくのあいだテンジンがイギリス人のほかのメンバーと仲違いする事態にまで発展した。現在、ジェイムズ・モリスによる時宜を得た報道は、20世紀屈指の大スクープと考えられている。

式の日の朝に報道されたというのである。

ソルクンブを出たあとには、祝電や新聞、いち早く届いた祝賀の手紙をたっぷり抱えた配達人に出迎えられた。ジョン・ハントとエドマンド・ヒラリーはナイト爵位を授与され、テンジンも将来の栄誉を約束された。しかし、カトマンズに到着すると、慶びのムードをかき消すような論争が起きる。「公式の」

NEWS CHRONICLE

THE CROWNING GLORY: EVEREST IS CLIMBED

THE QUEEN'S DRESS TODAY Back Page

Tremendous news for the Queen

HILLARY DOES IT

WHO CARES NOW IF IT SNOWS?

Stabbed girl dead in Thames

Flash kills 3 cricketers

400 watch sea rescue

No bread

NEWS BY RUNNER

TEN STEPS A MINUTE

A

エヴェレスト報道から除外されたと感じていたインドとネパールの報道機関が、テンジンがヒラリーよりも先に頂上に到達したと訴え、彼こそがエヴェレストの真の征服者であると主張していたのだ。テンジンやヒラリー、そしてほかのメンバーにとって、どちらが先に登頂したかは的外れの議論だったが、報道機関はどうにかそれをはっきりさせたがった。カトマンズに着いたテンジンは、彼が前にいたことをぜひとも確認しようという報道陣から質問攻めに遭った。実際のところ、その日はヒラリーが先頭に立ち、ロープでつながっていたテンジンが後方にいたのだが、この騒ぎを静めるため、2人は「ほとんど一緒に」登頂したという共同声明を出した。

これで論争は収まったものの、それからしばらくはテンジンとほかのメンバーのあいだで確執が続いた。1953年11月に公式の遠征記録を収録した本が出版されたときには、「ほとんど一緒」という文言が引き続き使われていたが、2年後にテンジンによる自伝が発売されると、論争や憶測に終止符が打たれた。そこには、ヒラリーが少しだけ前にいたと書かれていたのである。

帰国した遠征隊は、新たなイギリスの英雄と讃えられる。初登頂のニュースと戴冠式が重なったことも、メディアはこぞって大きく

■英雄を迎える―――独占取材の契約を結んだ『タイムズ』紙が初登頂のニュースをいち早く伝えた一方で、他紙は広範囲にわたる取材をもってこの偉業を報じた。『ニュース・クロニクル』紙は、初登頂のニュースが女王エリザベス2世の戴冠式の日にロンドンに届いたことから、「戴冠」の意味もあるcrowningという単語を使って「最高の栄誉」を意味する見出しを一面につけた[ph A]。一方、登山家たちは現地で祝福を受け、ヒラリーとハント、テンジンはネパールのカトマンズに近い町バネパで、有志から花輪の贈呈を受けた［ph B、次ページ］。

取り上げた。ジョン・ハントによる遠征の報告は大反響を呼び、イギリスのブラックプールから当時ベルギー領だったコンゴまでの、遠征隊による世界を股にかけた講演旅行が長期にわたって実施された。ハントは、初登頂がチーム全体の努力のたまものであることをどんなときにも強調していたが、それでもほとんどのマスコミの関心がヒラリーに集まるのは避けられず、ハントの人気はわずかにヒラリーに及ばなかった。

　メディアによる報道があまりにも大規模だったことから、ヒマラヤ委員会には多額の資金が集まり、登山遠征の財政支援をするために設立されたマウント・エヴェレスト財団へと注ぎ込まれた。その恩恵を享受した最初の重要な遠征が、数年後にチャールズ・エヴァンズが率いたカンチェンジュンガ遠征だった。

　イギリス隊による初登頂後の数年間、エヴェレストは静けさに包まれていた。１９５４年と翌５５年に計画されていたフランスとアメリカの遠征が中止されたのである。エヴェレストをめぐる長い物語は終わり、これからは「本物の」登山を始めることができると、エリック・シプトンは刊行物のなかで書いている。ジョン・ハントにしても、関心がほかのところへ移るのではないかと懸念していたが、2人の考えはどちらも間違っていた。今やエヴェレストには、どの時代よりも多くの登山者が訪れ、1953年以降、3000人以上が登頂している。その多くが、1953年に開拓された南東稜ルートを使っているが、なかには新たなルートに挑む登山家もいる。エヴェレストは「難攻不落」という称号こそ失ったものの、その魅力は依然として強く保たれているのである。

■氷壁を登る———ナンガ・パルバットの第1キャンプ上方に立ちはだかる氷瀑、ラキオット・アイスフォール。不安定なセラック（塔状の氷塊）と大きく口を開けるクレバスの危険をくぐり抜けながら、登山隊は上をめざす。荷物を運ぶフンザのポーターを助けるため、難所にはロープ梯子が設置してある。

第8章

黄金時代（1953-1960）

The 'Golden Age' 1953–1960

ピーター・ギルマン

1953年6月16日、オーストリアの登山家ヘルマン・ブールが、ナンガ・パルバットの標高6150メートルにある第3キャンプで嵐をやり過ごしていた。この荒天が始まって5日目に入っていたが、依然として高原では風がうなりをあげている。そのとき、ブールと仲間のヴァルター・フラウエンベルガーが人の声を聞いた。ブールの記録によれば、暗闇のなか登山家の一団が現れ、物資とともに以下の驚くべき知らせを携えてきたのだという――「エヴェレストが登頂された！」まさかイギリス隊のアタックが成功するとは夢にも思わず、ブールは驚き、そして同時に感動で体を震わせた。数週間前に彼らが登頂したという知らせは、「我々の挑戦にとって大きな刺激」になったという。ブールは、この高峰では贅沢品となる貴重なビールで乾杯して、イギリスの勝利を讃えた。

エヴェレスト初登頂のニュースを耳にしたのは、ドイツ隊による1953年のナンガ・パルバット遠征にとって重要な時期だった。彼らはパキスタン経由で北から接近し、5月23日、ラキオット氷河の最上部に当たる標高4000メートル地点にベースキャンプを設営した。6月11日には、アタックの拠点とする第3キャンプも設けていたが、その後、ひどい悪天候のために計画変更を余儀なくされ、登山家たちはキャンプで足止めを食っていたのである。ブールが書いているように、そのようなときに耳にしたイギリスによるエヴェレスト初登頂の一報は、チームの士気を劇的に高める出来事だった――とはいえ、それも長続きはしない。天候は悪化の一途をたどり、何もできない日々がさらに2週間も続く。チームの団結力はしだいに弱まり、ベースキャンプにいる隊長役を務める人物と、山の最前線にいる登山家とのあいだには溝が生まれた。チームの分裂の果てに、ブールはほかのメンバーからの支援をほとんど受けずに単独で山頂へとアタックすることになる。これは登山史上でも屈指の偉業と見なされているが、残念ながら、彼の功績を傷つける激しい論争を生むことにもなった。

ナンガ・パルバット――ドイツの山

エヴェレストをイギリスの山とするならば、ナンガ・パルバットはドイツの山ということになる――もっとも、この山に初めて挑んだのはイギリスの著名な登山家アルバート・ママリーであり、彼は1895年にルートを探している途中で雪崩に遭って死亡した。ドイツ隊は1930年代に4度、ナンガ・パルバット登頂に挑んだが、その過程で登山家とシェルパの計26人が落命している。1953年のドイツ隊の遠征には、ともすれば志半ばで命を落とした人々への償いの意味も込められていたのかもしれず、ドイツ隊の隊長を務めた36歳の医師カール・マリア・ヘルリヒコッファーも、さしずめそのような思いを抱いていたに違いない。彼は、1934年にナンガ・パルバットで死亡したヴィリ・メルクルの義理の弟であり、登頂してメルクルを追悼したいと公言していた。

遠征に向けたヘルリヒコッファーの声明には、どこか神秘的な雰囲気が漂っていた。彼はこう発言している――「〔メルクルは〕あの山の不滅の雪が放つまばゆい光のなかで、永遠に眠り続ける」。そこには軍隊を思わせる表現もあった――「あの山に初めての攻撃を仕掛けるためにドイツ隊を動員したのはメル

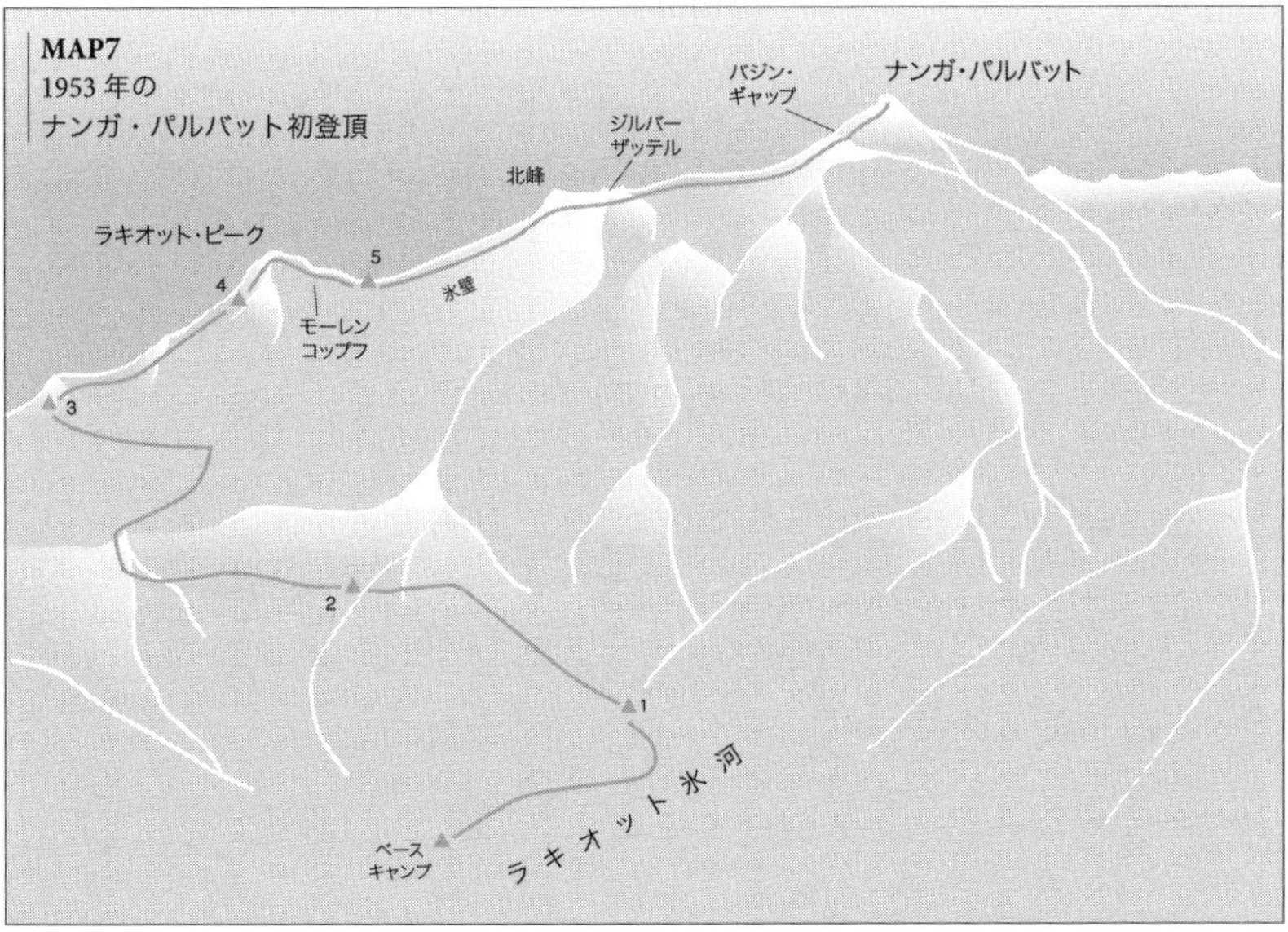

■ナンガ・パルバット―――この地図では、ヘルマン・ブールの偉業の大きさを示すため、彼のたどったルートを示した。標高6900メートルの第5キャンプから山頂までの高さは1200メートル以上ある。ブールは1953年7月3日にキャンプから山頂までの3キロの道のりを単独で17時間かけて登頂し、その後24時間かけてキャンプへと帰還した。

■キャンプにて———第3キャンプで、ハンス・エルトルが向けたレンズに対して和やかな表情を見せる遠征メンバー。左から、クノー・ライナー、ヘルマン・ブール、ペーター・アッシェンブレンナー、オットー・ケンプター、ヘルマン・ケレンスペルガー。

クルであり、4人の英雄たちの死と先駆的な仕事が無駄になることはないだろう」。著名な登山家ラインホルト・メスナーらは、このヘルリヒコッファーの言葉に不穏な歴史の影響を感じとっている。

ヘルリヒコッファーは最初から論争の渦に巻き込まれていた。彼はドイツの登山界から縁を切られ、国内の新聞で激しく批判されていた。「登山にかけてはまったくの初心者だが、宣伝の技術は名人級だった」と、メスナーはのちに発言している。だが、ヘルリヒコッファーには支持者がいた。たとえば、ドイツ生まれのスイスの登山家ギュンター・ディーレンフルトなどは、「あらゆる抵抗勢力をものともせず」遠征隊を編成する「偉業」を成し遂げたと、彼を讃えている。ヘルリヒコッファーはスポンサーの獲得と登山家の勧誘においては成果を収めたと言える。引き入れた登山家には、1932年と1934年の遠征に参加したペーター・アッシェンブレンナーや、当時傑出していた登山家のひとりでオーストリア出身のヘルマン・ブールがいた。

◉ヘルマン・ブールの偉業

ヘルマン・ブールによるナンガ・パルバットの単独登頂は、登山史でも屈指の偉業であり、人並み外れた強い意志や野心、自立心があったからこそ成し遂げられたのだろう（写真は登頂達成後の彼である）。ブールは1924年、オーストリアのチロル地方にあるインスブルックに生まれた。4歳のときに母親を亡くし、孤児院で数年間過ごしたのち、おばに引き取られた。少年時代はひ弱だと思われていたが、インスブルック山岳会のユース部門に入って登山に出合ったことで、体力をつけていった。1943年にはドイツ軍に入隊し、モンテカシーノでの戦闘に参加したあと、捕虜となった。

戦後、ブールはアルプスの難ルートを次々に制覇する。1950年にはマルモラータの南西壁を冬期に初めて登攀し、1952年にはピッツ・バディレの北東壁の単独登頂を達成したほか、同じ年には、仲間のゼップ・ヨヒラーとともに落石や吹雪、雪崩をくぐり抜けながら、アイガー北壁を4日間かけて登る偉業を成し遂げている。

ナンガ・パルバットで凍傷のために足の指を失ったにもかかわらず、ブールはドロミティやモンブラン山塊で主に単独登頂に挑み、アルプス登山の水準を引き上げ続けた。1957年には、3人の仲間とともにカラコルムのブロード・ピークで、果敢にもアルパインスタイルによる初登頂を達成している。その3週間後、ブールはクルト・ディームベルガーとともに近くのチョゴリザで南東稜から登頂を試みたが、山頂まであと305メートルという高度で吹雪のために撤退を余儀なくされた。その下山中、ブールは雪庇を踏み抜いて落下し、帰らぬ人となった。ディームベルガーは一命を取りとめ、ほかのメンバーとともにブールを探したが、彼の遺体は今も見つかっていない。

ヘルリヒコッファーの最大の弱点は、登山経験がないにもかかわらず、有無を言わせない独裁的なスタイルをとったことだった。イギリスのエヴェレスト遠征を率いたハントは高所のキャンプまで物資を運んだりしたものだが、ヘルリヒコッファーはといえば、ほとんどの時間をベースキャンプで過ごしてそこから指揮をし、第3キャンプより上には一度も足を運ばなかった。ベテランのアッシェンブレンナーを登攀隊長として指名してはいたが、彼もまたベースキャンプから多くの指示を出していただけでなく、どうしようもないことに、遠征が最も重要な局面に入ったときでさえも、ひとりベースキャンプに残っていた。

この遠征は、戦前のドイツ隊が頂上のおよそ300メートル下まで工作したルートをたどれるという大きなメリットを得て、「攻撃ベース」と呼ばれた第3キャンプを予定通りに設営した。先導する登山家たちは、嵐の合間にラキオット・ピークの

■山の偉容（▶カラー図版11）———ナンガ・パルバットの北壁（ディアマ壁）にあるディアマ稜。1953年のドイツ隊は、山を縁取る尾根の端にあるラキオット側から登攀した［MAP 7 参照］。

麓に第4キャンプを設け、第5キャンプ地点であるモーレンコップフをめざしていた。だが、そこでまた天候が崩れ始めた。イギリス隊のエヴェレスト初登頂の知らせにいったんは気分も和らいだが、6月の終わりが近づくにつれて、ヘルリヒコッファーは平常心を失いつつあるようだった。6月29日には、天候が依然として悪く、チームの士気もそれに応じて低下していると、彼は書いている。このため、ヘルリヒコッファーとアッシェンブレンナーはアタックを延期することを決定し、新たな計画を練るあいだ、先導する登山家たちにベースキャンプに戻るよう伝えた。アッシェンブレンナーに至っては、もう帰国したいとまで言い出していた。

6月30日、第3キャンプにいた登山家たちがテントから出ると、嵐は収まりつつあった。ブールの記録によれば、天候はすばらしく、「山頂への玄関口」であるジルバーザッテルは「再び山上で最高に輝いていた」のだという。それゆえに、ベースキャンプから無線を通じて引き返すよう求められたとき、ブールらは困惑した。休息して体力を回復させることが必要だ、気圧が下がっている、天候が悪化する兆しがある、ヘルリヒコッファーが登頂のスケジュールを練り直す、アッシェンブレンナーの帰国に当たり「きちんとした見送り」が必要だなどと、ベースキャンプはさまざまな理由を並べてくる。第3キャンプにいたメンバーのひとり、ハンス・エルトルは、激しい歯痛に苦しんでいる1名以外は下山の意思がないと応答したうえで、ベースキャンプからの支援を乞ういくつかの要請を出した。しかし、ブールの記録によれば、それらはすべて却下された――「これはつまり、真っ向から対立しているということだ。これで我々の結束力が強まった」。

7月1日、空には雲ひとつなく、これ以上ないほどの完璧な夜明けを迎えた。ブールの気分は絶好調

■単独行———7月2日、ナンガ・パルバットの北東斜面を歩くブール。このあとまもなく、3人の仲間とともに第5キャンプに到達する彼の、壮大な単独行に発つ前日の姿である。登りに17時間、下りにまる1日かかった壮絶なアタックの痕跡は、帰還後すぐに撮影された顔［当該のコラムを参照］に深く刻まれている。

だったが、ベースキャンプからは依然として下山の指示が出ていたと記録している――「ベースキャンプにいるメンバーの正気を、エルトルが疑い始めていた」。3人のフンザのポーターを含めた8人のチームは、第4キャンプへ向けて出発し、正午には到着して、雪に埋まったテントを掘り出した。ブールとエルトルはさらに180メートルほど登ったあと、第4キャンプへと帰還した。

7月2日も晴天だったが、ベースキャンプは依然として下山を呼びかけてくる。このときは、ヴァルター・フラウエンベルガーがこのまま山頂をめざすと主張して食い下がり、30分にわたる言い争いの末にベースキャンプ側が折れて、しぶしぶ成功を祈ると伝えてきた。こうして4人の登山家と3人のポーターは第4キャンプを出発した。アタックに取りかかれるよう、できるだけ高い地点に第5キャンプを設営するのが目的である。しかし、ブールがジルバーザッテルをめざすあいだ、ポーターが荷を降ろしたのは山頂より1200メートル以上も低い標高6900メートル地点で、しかも、尾根にある割れ目を越えるために、さらに90メートルを登る必要もあった。アタックの出発点としては不安なほど低く、途中に少なくとももうひとつキャンプを設けるのが理想だったが、これ以上できることはないと、ブールは判断した。テントがひとつしかないため、年長の登山家2人は潔く引き返し、ブールとオットー・ケンプターにアタックを任せた。その夜、ブールは頭のなかで登攀ルートを思い描き、アタックの様子をイメージしていたが、それがどうしても頭から離れず、眠りにつくことができなかった。しかし、アタックをするにはこれが最高のチャンスだと彼は確信していた――「きっとうまくいくはずだ！」

7月3日午前2時30分、ブールは出発した。テントを出るとき、寝袋に入っていたケンプターが目を覚ますと、ブールは先に行って道をつくると伝えた。ケンプターにはあとから来てほしいと思っていたようだ。月明かりのなかで、ブールは深い雪や暴風、猛烈な寒さと格闘しながら上をめざす。夜が明けると天気はましになり、午前7時にはジルバーザッテルに到達した。雪の上に座り、水筒からコカの葉の茶を飲んだ――これはエルトルがボリビアから持ってきた飲み物で、一種の精力剤のように言われていた。目の前には雪原が1・5キロ以上も続き、ナンガ・パルバットの前峰がその先にそびえている。下のほうにいるケンプターを何度か目撃したブールは、自分より少なくとも1時間は遅れていると見なしてそのうちに追いつくことを信じ、先に進む決心をした。

この決断が、想像を絶する苦闘の始まりとなる。夜明けとともに猛烈な寒さが過ぎ去ると、氷と雪が放つ強烈な熱と闘わなければならない。荷を軽くするためにリュックサックを放棄し、水筒と着替え、頂上に掲げる旗をポケットに突っ込み、カメラを肩にたすきがけした。雪原を横断しているあいだ、ケンプターのほうをもう一度見たが、彼は引き返したようだった。午後2時、ブールはバジン・ギャップに到着する。ここは主峰の下に横たわる割れ目で、越えるためには高さにして90メートルを失うことになる。疲労困憊し、喉の渇きと空腹に打ちひしがれ、雪上に倒れ込むと自暴自棄になって、ペルビチンを2錠飲み込んだ。ドイツ軍が第2次大戦で使っていたアンフェタミン［覚醒剤の一種］である。

おそらく妄想状態のなか、頂上までの道のりで最後の特徴的な地形である「肩」の上にたどり着くには、あと1時間ほどかかるとブールは見積った。だが、それはとんでもない誤算で、実際それは登るのに5時間もかかる厳しい道のりだった。その大半が高度な技術が要求される難ルートで、巨大なジャンダルム（岩の峰）の下を進むときには、何百メートルも下にあるディアミール壁を見やりながら、ぞっとするような絶壁を歩かなければならなかった。こうしてようやく、四つん這いになって「肩」の上にたどり着く。だが、挑戦はまだ終わらない。さらに1時間かけて小さな谷を越え、巨石を縫うように進む。そして、緩やかな短い雪の斜面が見えてくると、歓びと安堵の念が湧き上がってきた。そのすぐあと「これ以上登るところはない。（……）私はナンガ・パルバットの頂上に立ったのだ」。

第5キャンプからの登攀には17時間を要した。だが、疲労困憊していたブールには、勝利の興奮が湧き上がってくる感覚はなかったという。雪にピッケルを突き刺すと、チロルの三角旗をそこに結びつけ、写真を撮った。壮大な風景の彼方に、ヒンドゥークシュとカラコルムの峰々がそびえ、眼下には第5キャンプまでの尾根沿いの下山ルートが見えていた。三角旗をパキスタンの国旗に代え、さらに写真を撮影した。空には雲ひとつなかったが、太陽が地平線に沈むと、厳しい寒さが襲ってきた。頂上で30分過ごし、下山しなければならない時刻になると、登頂の証としてピッケルを残し、山を下り始めた。

第5キャンプに無事たどり着くまでには24時間を要した。登攀のときと同様、下山もまた苦難の連続で、片方のアイゼンのストラップを失ったために、もう片方のアイゼンと2本のストックだけで、バジン・ギャップに向けて下りなければならなかった。ギャップには日が暮れるまでに到達したかったが、それは叶わず、小さな岩棚に座ってビバークせざるを得なくなった。片手に2本のストックを握りしめ、もう片方の手で、落ちないようにかろうじて体を支えた。

夜は幸いにも穏やかで、夜明けとともに下山を再開した。雪や氷から放射される熱に再び焼かれ、喉がからからに乾いて、疲労で倒れる寸前にまでなると、幻覚が現れ始め、誰かの声が聞こえるような、誰かほかの登山家と一緒にいるような感覚を抱いた。午後の半ばには、登るときに置いていったリュックサックを回収し、雪と一緒にブドウ糖の錠剤を飲み込んだ。息苦しさにあえぎ、数メートル進むごとに倒れながらの下山ではあったが、眼下に見える第5キャンプの姿だけを頼りに歩みを進めた。キャンプに着くと、テントに向かって倒れ込み、エルトルに抱きかかえられて、こんな言葉を絞り出すように口にした――「昨日は人生でも最高の日だったよ」。そのときエルトルが撮影したブールの写真は「象徴的」という言葉がぴったりだ。そこには、顔面が汚れてしわが目立ち、なんとかしゃべろうと唇を開きかけた男が写っている。まるで一気に20歳も年をとったような相貌である。

3日後、凍傷で足の指を数本失ったブールは、歩きにくそうに足を引きずりながら、仲間たちとともにベースキャンプに帰還した。だが、そこで受けたのは「何よりも冷めた歓迎」だったと彼は言う。これはヘルリヒコッファーの話とも一致するのだが、ブールはフンザのポーターから花輪を贈られたきりで、「ほとんど奇跡的とも言える幸運」で天候に恵まれただけだと、ヘルリヒコッファーは書いている。さらに後年、「共通の成功のために野心を犠牲にした」メンバーと、命令に従わなかったメンバー――つまり、ブールとエルトル、フラウエンベルガー――の2つに遠征隊を分けている。ラインホルト・メスナーは、ヘルリヒコッファーの友人ではないと認めているが、彼がブールに対して敵意をむき出しにしている理由がわかっているという。ヘルリヒコッファーはその19年前のメルクルの死を償うため、チームが一丸となってナンガ・パルバット登頂を果たすのを夢見ていたのではないか、というのがメスナーの分析だ。ブールが単独で登頂したことは、ヘルリヒコッファーが思い描いていた友愛の精神に反し、犠牲となったメルクルの救済にはならなかったというのだ。

その後、ドイツの裁判所で訴訟や反訴が繰り広げられるなど、事態は泥沼の批判合戦へと発展した。ヘルリヒコッファーが公式の手記を出版すると、ブールも報復として自分の手記『８０００メートルの上と下』［『世界山岳名著全集』１２所収、横川文雄訳、あかね書房］を発表する。するとヘルリヒコッファーは、ブールが遠征の契約を破ったとして訴訟を起こした。ブールは手記のなかでもけんか腰で、単独登頂というリスクをとる正当な理由があったと主張し、「そうする権利も、そう言う権利もあった」と訴えた。８０００メートル峰の初登頂を単独で成し遂げた登山家は、ブールだけである。

ヘルリヒコッファーはその後、ナンガ・パルバットに7回挑戦している。１９７０年にはルパール壁への遠征隊を率い、ラインホルト・メスナーと弟のギュンター、そしてその後2人の登山家の登頂に貢献した。だが、ギュンターは下山中に死亡し、この遠征も激しい論争の的になる。訴訟はヘルリヒコッファーの生前だけでなく、１９９１年の死後ずいぶん経ったあとにも再び起こされた。

イタリア隊、魅惑の難峰K2に挑戦

フランスとイギリス、そしてドイツが「それぞれの」8000メートル峰に登頂し、イタリアも「初登頂競争」に参戦するときがきた。挑むのは、魅惑的なまでに美しく、登山家が震え上がるほど登攀が困難な山として知られる世界第2位の高峰、K2だ。この山には、ナンガ・パルバットに匹敵する壮大なドラマがある。1954年のイタリア隊による遠征は、1953年のドイツ隊を上回る長期の論

◉K2の7人の生存者

ヒマラヤ登山史上、最も劇的な出来事が、1953年にK2で起きている。それは、1938年のアメリカ隊を率いたチャールズ・ハウストンが、1953年6月に8人のパーティを率いて再訪したときのことだ。7月の終わりには、アブルッツィ稜のすぐ下に位置する標高7711メートルの第8キャンプに、8人全員が到達していた。2日間の登攀で頂上に達する距離にあったが、吹雪で足止めを食うことになる。そんななか、27歳の登山家で地質学者のアート・ギルキーが雪の上に倒れ込む一大事が起きた。診断の結果、血液が凝固することによって起きる血栓静脈炎だということが判明した。命に関わる重大な病気である。チームはアタックを中止し、即席の担架にギルキーを乗せて下山するという、決死の救出作戦に着手した。8月10日の午後半ば、吹雪が収まる気配を見せないなか、チームが一列になって第7キャンプ近くの氷上を横断していたとき、ひとりが足を滑らせてほかの5人を引きずり倒した。しかし、最後のひとりであるピート・シェーニングは倒れず、ピッケル1本でなんとか全員を支えた。何人かは負傷し、第7キャンプまで一歩一歩慎重に歩みを進めた。そのあいだギルキーは、50メートルほど離れた斜面に固定されていたのだが、翌朝チームがその場所に戻ってみると、彼はいなくなっていた。当初、ギルキーが雪崩に巻き込まれたのだとチーム全員は考えたが、何人かのメンバーは、彼が自分を犠牲にする行動に出たのではないかと思うようになった。自分がいなくなることで、仲間が助かる可能性を高めようとしたというのである。かつてイギリスの探検家オーツ大尉は南極で同じ行動に出たが、その勇気が報われることはなかった。だがK2では、7人の登山家は5日後に無事ベースキャンプにたどり着いたのだった。

争へと発展し、当時の世界有数のアルピニストを巻き込む事態となった。実に50年以上の歳月が費やされた末に、隊員のひとりであるヴァルテル・ボナッティは汚名を払拭することができ、それまでに受けていた中傷は根拠のないものだということ、そして彼のほとんど超人的な偉業は遠征の成功に欠かせなかったことが証明された。

エヴェレストはイギリスの山、ナンガ・パルバットはドイツの山と言われるように、イタリアはK2を自分たちの山だと主張している。とはいえ、アメリカ隊がイタリア隊に先駆けて登頂寸前まで行っていることを考えると、その主張の根拠は弱い。ただ、南東稜が登頂ルートとして最も有望であることを見出したのはイタリア貴族のアブルッツィ公であり、南東稜はアブルッツィ稜と言われる場合が多いのも事実だ。アブルッツィ公が率い

■魅惑の巨峰————南からのアプローチの途中、バルトロ氷河とゴドウィン＝オースティン氷河の合流点コンコルディアから望むK2。1954年、イタリア隊はアブルッツィ稜を通って右側の稜線をたどり、頂上をめざした。1939年、ウィスナーが率いたアメリカ隊は頂上まであと245メートルの高度まで到達している。イタリア隊はその高度を過ぎたあと非常に大きな困難に直面したが、最終的に楽な場所へと足を踏み入れ、ふと見上げると頭上には「青空しか見えなかった」という。

たのは、比類なき写真家ヴィットリオ・セラが撮影した作品でも知られている1909年の遠征隊である。イタリアは1929年にもK2の探査と科学調査を実施しているが、登頂には挑んでいない。一方、アメリカ隊は1938年と翌39年、1953年に登頂に挑み、そのうち1939年には山頂まであと245メートルの高度まで迫っている。

1954年にイタリア隊が遠征を実施したときには、国を挙げての取り組みという側面があった。ナンガ・パルバットにおけるドイツ隊と同じように、第2次大戦を経て、償いの意味もあったのかもしれない。遠征隊を率いたのは、1929年のイタリアの遠征に参加した地理学者にして地質学者のアルディト・デジオで、隊長が登山家でないのも、ドイツ隊のナンガ・パルバット遠征と同じである。ただ、デジオは登山家でないとはいえ、隊長の命令が絶対だという立場をとった。遠征隊は「軍隊の序列に従って」組織され、メンバーは隊長の命令への服従を求められた。遠征中には、愛国者を讃えるかのような声明を発表している――登山家たちが目標を達成したら、「世界中が君たちを民族のチャンピオンとして、死後も長く讃えることだろう」。イギリスの作家で登山家のジム・カランはこのように書いている――「ムッソリーニ自身でさえ、これほどうまく表現できないのではないだろうか」。

こうしたデジオの手法は、明らかにイタリアでは好まれていた。この遠征は、230本の酸素ボンベを含めた13トンもの物資を500人のポーターにベースキャンプまで運ばせるという、途方もない規模の計画だった。注ぎ込まれる資金も同様に破格の1億リラで、その前年に実施されたアメリカ隊の費用の5倍もの額に相当する。イタリア山岳会のほか、イタリア・オリンピック委員会や、政府が後援する全国研究協議会も、デジオを支援した。

いっそう冷酷なことに、デジオは遠征隊のメンバーを選ぶ際、自分の権威を脅かしそうな存在、つまり、自分に対する注目を奪いそうな存在を排除した。1953年、デジオはパキスタンへ偵察旅行に赴くに当たり、アルプスで一連の見事な登攀を成し遂げたイタリア人登山家の第一人者、リカルド・カシンを同行させた。だが、現地での移動の際、デジオは自分だけが飛行機を使い、カシンには電車であとを追わせていた。1954年の遠征当時45歳だったカシンは、登攀隊長として当然選ばれるべき存在だったにもかかわらず、健康上の理由という口実でデジオが首尾良くメンバーから除外してしまう。カシンのような著名人を遠征に連れていきたくなかったというのが、広く考えられた除外の理由である。一方カシンは、自分が「共産主義者」だから外されたのだと後日発言している（彼は第2次大戦の終わり頃、イタリアのパルチザンとともにドイツの占領軍と戦ったことがある）。

登攀隊長には、スキー指導員でプロのガイドであるアキッレ・コンパニョーニが選ばれた。10人からなるチームのなかで、スターになりそうだったのが、24歳のヴァルテル・ボナッティだ。アルプス山脈の一部であるドロミティのチマ・オヴェストで冬期初登頂を達成するなど、技術の点でも、大胆さの点でも、登山に新たな基準を打ち立てる功績をヨーロッパで残していた。

今回の大規模な遠征ではスカルドゥから1カ月かけて移動し、ゴドウィン＝オースティン氷河の上部にベースキャンプを設営した。聖母マリアの像まで備え、デジオが「K2の新たなイタロポリス」と呼んだ巨大な野営地だ。1953年のアメリカ隊よりも2週間早く進行しているとデジオは見積っていた。さらに彼は、スポーツマンらしく潔いアメリカ隊の登山家から現地の説明を受け、写真を提供してもらっているという、有利な状況にもあった。しかも、1939年のアメリカ隊は山頂までおよ

MAP8
1954 年の K2 初登頂と
1938・1939・1953 年の最高到達点

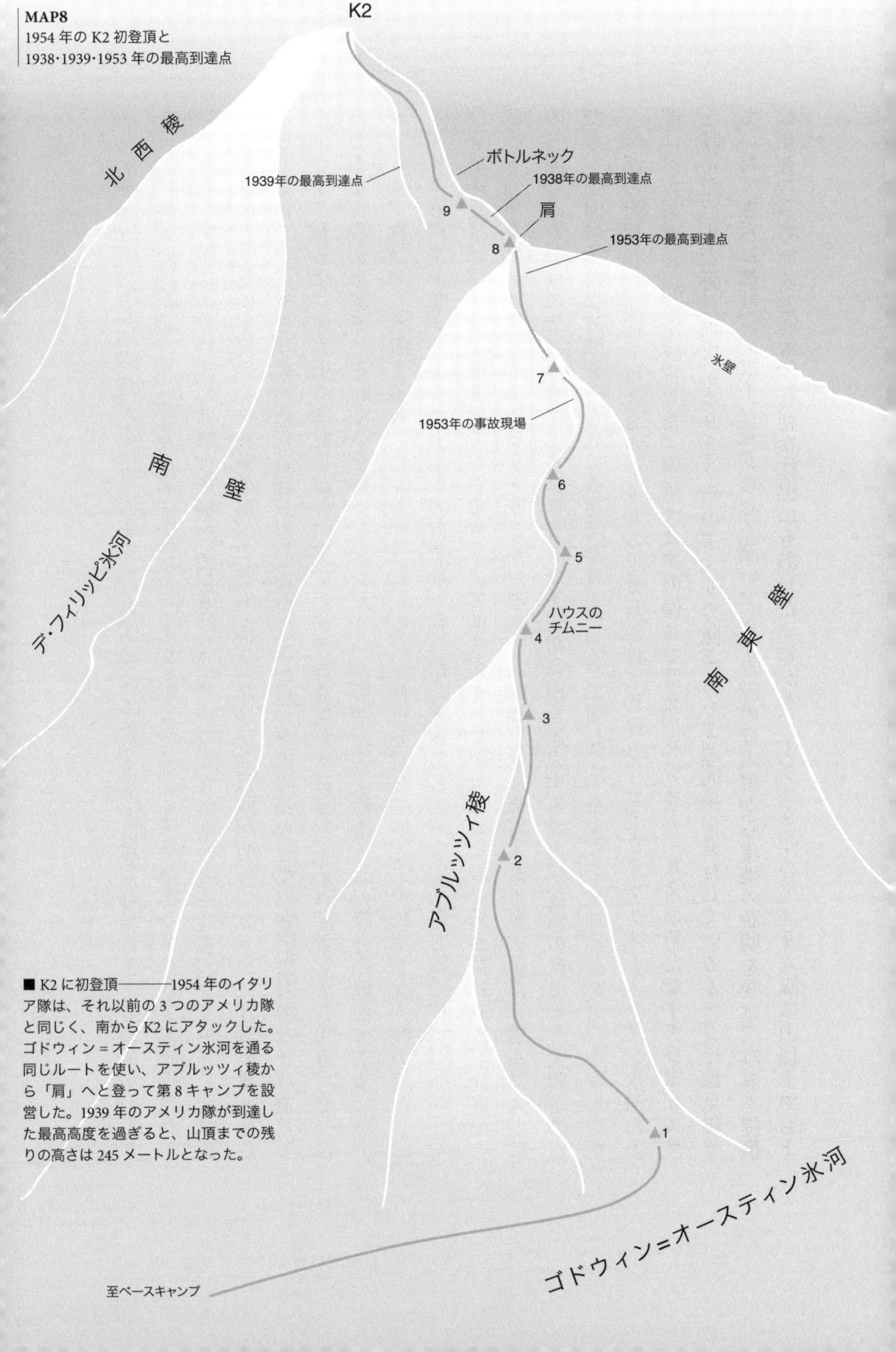

■ K2 に初登頂———1954 年のイタリア隊は、それ以前の 3 つのアメリカ隊と同じく、南から K2 にアタックした。ゴドウィン＝オースティン氷河を通る同じルートを使い、アブルッツィ稜から「肩」へと登って第 8 キャンプを設営した。1939 年のアメリカ隊が到達した最高高度を過ぎると、山頂までの残りの高さは 245 メートルとなった。

そ245メートルの地点まで迫っているため、彼らが使ったルートをたどれるメリットもある。だが、すべてが順調だったわけではなく、第2キャンプでは、おそらく肺水腫が原因でイタリア人登山家がひとり死亡した。アブルッツィ稜の最難関である「ハウスのチムニー」には6月30日に登り、標高6685メートルの第5キャンプに荷を上げるために、ウィンチ［巻き上げ機］を設置した。だが、デジオの綿密な計画と熱心な指導にもかかわらず、酸素補給器は高所キャンプにほとんど届いていなかった。アブルッツィ稜の上に広がるこぶ状の地形「肩」に第8キャンプを設営したのは、予定よりも遅い7月28日である。今回のアタックをあきらめて、モンスーンが去ったあと新しい登山隊と出直してこようとデジオが思ったほどの遅れだった。

ドイツ隊のナンガ・パルバット遠征と同じく、先発の登山家たちが主導権を持ち始めた。第7キャンプとその上にはボナッティを含めた選抜グループがいたが、そのうちコンパニョーニにはアタック隊を決める権限がデジオから与えられていた。コンパニョーニはアタック隊としてまず自分を選んだが、そのほかのメンバーには、ボナッティではなく、29歳の山岳ガイドでスキー指導員のリノ・ラチェデリを選抜した。ボナッティは胃の不調に悩まされていたが、アタックに必要な酸素補給器を運ぶ重要な役割を与えられた。

7月30日、コンパニョーニとラチェデリは第8キャンプを出発し、第9キャンプを設営する予定の「ボトルネック」と呼ばれる地形をめざした。ボナッティともうひとりの登山家ピノ・ガロッティは、第7キャンプ近くの貯蔵所に置いてある酸素ボンベを取りに下り、そこでほかの3人と合流して、合計5人で酸素ボンベをたっぷり背負い、第8キャンプに向けて出発した。だが、途中で2人が脱落したため、ボナッティとアブラム、フンザのポーターであるマディという残った3人で、予定の場所へと向かった。

ボナッティがコンパニョーニとラチェデリから聞いていた第9キャンプの設営地点は、ボトルネックの脇にある雪に覆われた「肩」だった。だが、その近くに来ても、まったくテントの姿が見えない。大声で呼びかけてみると、「足跡をたどって来い！」という声が聞こえてきた。午後6時30分、凍傷を恐れたアブラムが酸素ボンベを置いて第8キャンプへ下りると、残ったボナッティとマディは辺りが夜の闇に包まれるなかでテントを探し続けた。だが、どこにも見つからないため探索を中断し、ビバーク用の穴を掘ることにした。そのときボナッティは上のほうで明かりを発見し、今度は、酸素ボンベを置いて下りるように指示する声を聞く。コンパニョーニとラチェデリに対し、下りてきてテントまで案内してくれと大声で言い返したが、返事はなかった。

ボナッティの言葉によれば、このときの一連の出来事が、遠征について巻き起こることになる激しい論争の核心にあるという。メディアや裁判所で一方が主張すれば、もう一方は反論する。そんなことが繰り返され、ようやく真実が明らかになったのは50年以上の歳月が経ってからである。その夜、ボナッティとマディはテントも寝袋もなく、吹きさらしの山の上でビバークする苦難を強いられた。夜明けとともに下のキャンプへ戻ることができたが、ボナッティが無傷で済んだ一方で、マディはひどい凍傷を負った。両方の足首から下と両手を切断された彼は、再び山に登ることができなくなってしまった。

山頂からおよそ500メートル下の第9キャンプで、コンパニョーニとラチェデリはアタックの準備に取りかかっていた。まず、ボナッティとマディが置いていった酸素ボンベを取りに下りたのだが、後日彼らが語ったところによれば、そのときボナッティが下山しているのを見て驚いたという。2人は

■登頂の証し———K2 山頂でリノ・ラチェデリが撮影したアキッレ・コンパニョーニ。その隣に立てられているピッケルには、イタリアとパキスタン両国の国旗とイタリア山岳会の旗が結びつけられている。撮影時に手袋を外したことなどが原因となって、2 人とも手に凍傷を負った。

前夜に第8キャンプに戻ったものと思っていたのである。新しい酸素ボンベを手に入れると、コンパニョーニとラチェデリはボトルネックの脇の岩場を登り、不安定なセラック［塔状の氷塊］の下を左方向へ大きく迂回しなければならなかったほか、最後には高さ15メートルの雪の急斜面が立ちはだかり、登るのに1時間を費やした。この付近で、1939年のアメリカ隊が到達した地点を過ぎ、ようやく比較的楽な斜面に足を踏み入れた。そして午後6時少し前、地面が平らになり、頂上に到達した。

「それはきわめて単調な景色だった」と、コンパニョーニとラチェデリは公式の手記で述べている——「それでも、その風景を眺めているうちに、言葉に言い表せないような興奮が湧き上がってきた」。2人は抱き合い、雪の上にどかりと腰を下ろして酸素マスクを外したあと、イタリアとパキスタン両国の国旗と、イタリア山岳会の旗をピッケルに結びつけ、登頂の記念写真を撮った。このときコンパニョーニは片方の手袋を風に飛ばされてなくし、ラチェデリの片方を貸りた。30分の滞在ののち、山頂を最後にもう一度見てから、2人は山を下り始めた。「(……)風が吹きすさぶあの荒野――我々は人生で最高の瞬間を過ごしたのだと言ってもよいだろう」――登頂の事実を伝えるこの率直な記録でさえも、のちに繰り広げられる論争の火に油を注ぐことになる。

帰りは何度も転倒しながらの長時間にわたる下山だったが、午後11時、コンパニョーニとラチェデリは第8キャンプに到達し、仲間たちに抱きかかえられた。凍傷を負った2人は、手が温まり始めるなか「再び苦しみや不安、厳しい寒さを伴う夜」に耐えた。一方、デジオは無線装置の技術的な問題によってアタック隊と連絡

■苦い経験――イタリアによる1954年のK2遠征では、強風と極度の寒さがメンバーを苦しませた。この写真は、高所キャンプから戻ったあとのメンバーである。登頂を果たすリノ・ラチェデリ（中央）の両隣には、ウバイド・レイ（左）とセルジオ・リオット（右）が肩を並べている。

が取れず、8月1日に2人が到着して初めて登頂の知らせを聞いた。「2人を抱擁しながら、我々は涙を流した」とデジオはそのときの様子を記録している。翌日、コンパニョーニとラチェデリはベースキャンプに到着した――「疲労困憊し、とにかくぐっすり眠りたかった」。

登頂のニュースを放送してもらおうと、すぐさまイタリアに電報を打ったデジオは、遠征メンバーに対して、こんな言葉を捧げている――「君たちは自らの努力により、祖国に大いなる栄光をもたらした。世界中の人々がその名を口にするだろう。（……）今やすべてのイタリア国民が立ち上がり、君たちを民族の最高の英雄だと讃えている」。コンパニョーニとラチェデリは国民的英雄として迎えられ、遠征隊のメンバー全員がローマ法王ピウス12世に謁見するという栄誉を与えられた。

アタックを行った2人が第8キャンプでつらい夜を耐えたのだとすれば、その後に起きた出来事もまた同様に「つらい」という言葉がぴったりあてはまる。デジオは公式の手記を発表したが、そのなかでボナッティは軽くあしらわれており、一方遠征の成功に彼と同じくらい重要な役割を果たしたマディに至っては、記録から完全に除外されていた。あのときに起きた出来事をじっくり振り返ってみたとき、ボナッティが抱いたのは、コンパニョーニとラチェデリが第9キャンプの位置を、事前に詳しく決めた予定の地点よりも高い場所にわざとずらしたのではないかという大きな疑念だった。そうすれば、ボナッティはキャンプを見つけられず、アタック隊に加われなくなる。これは、コンパニョーニとラチェデリが不実な行為によってボナッティとマディを生命の危険にさらしたことを暗示する、重大な疑義である。そして最終的に、ボナッティの考えが正しかったことが証明される。

遠征が終わったあと、K2で起きた出来事をめぐって少なくとも4件の訴訟が起きた。最も世間の耳目を集めたのは、コンパニョーニが広めたとんでもない話に対する訴えだ。それによると、ボナッティはコンパニョーニとラチェデリのアタック隊に対し、どちらが山頂に先に着くか競争を仕掛け、酸素ボンベの一部を奪ったうえ、マディを置き去りにしたという。1966年、ボナッティは勝訴し、すべての嫌疑が晴れて、潔白が証明された。

その後も論争が続くなか、2004年にはラチェデリが独自の手記を発表した。それによると、2

◉ヴァルテル・ボナッティ——最高のアルピニスト

イタリアの登山家ヴァルテル・ボナッティは、登頂はしなかったものの、K2初登頂における真の英雄である（写真左はラチェデリ）。

1930年にイタリアのベルガモに生まれ、第2次大戦中には一家は極貧すれすれの暮らしを強いられていたが、そんなかでもグリーニャ山塊の石灰岩の峰々を歩いたり登ったりするのが楽しみだったという。人並み外れた才能と意欲の持ち主だったボナッティは、まもなくイタリア登山界の第一線に躍り出る。19歳のときには、3人の仲間とともに、アルプス山脈のグランド・ジョラスのウォーカー峰で4番目の登頂を成し遂げた（ちなみにこのルートの初登頂は偉大なる登山家リカルド・カシンだった）。

1953年2月、ボナッティはカルロ・マウリとともにチマ・オヴェストの北壁から冬期の初登頂を達成し、登山界での名声を確固たるものにした。K2遠征隊のメンバーに選ばれたのは、当然の流れだった。

心に深い傷を残したK2遠征のあと、ボナッティはすっかり幻滅して、大規模な遠征にはもう参加するまいと心に決める（ただし、1958年にマウリとともにガッシャーブルムⅣ峰への初登頂を達成した）。1955年には、アルプスのドリュの南西岩稜を5日間かけて単独で登攀するという衝撃的な偉業を成し遂げた。これは現代のアルピニズムにおける金字塔のひとつだと、今なお考えられている。その後もアルプスなどで重要な功績を残し、35歳になった1965年に本格的な登山から引退した。その後の20年はフォトジャーナリストとして活躍し、2011年、81歳で永眠した。

人で執筆したとされていた公式の登頂記録を実際に書いたのはコンパニョーニだったのだという。また、デジオを無能な独裁主義者であると指弾し、ほとんどの登山家から嫌われていたと辛辣な言葉で批判している。またコンパニョーニに関しては、ごますり男と呼んだうえ、K2の高所で起きたとされている出来事の主要な部分の間違いを指摘している。なかでも特筆すべきは、ボナッティが抱いた最悪の疑念が正しいと認めていることだろう。コンパニョーニがボナッティをアタック隊に加えないと決めたこと、そのために第9キャンプをラチェデリの意志に反して予定より上に設営したことは、本当だったのである。第9キャンプの位置は、「最も危険で愚かな位置」だったとラチェデリは考えている。

コンパニョーニの話には、ほかにも重大な誤りがある。第9キャンプを出発した時刻を筆頭に、酸素ボンベが空になった位置や時刻までのすべてが、ボナッティに対する訴訟を有利に進め、彼の名声を傷つけるために仕組まれたのだとラチェデリは見ている。それればかりか、コンパニョーニとデジオがボナッティに汚名を着せるために策略を練り上げ、ボナッティを「生贄」として差し出したとまでラチェデリは主張した。

ボナッティと彼の支援者にとって、ラチェデリの独白は完全に納得のいく話だった。一方、コンパニョーニのほうは、インタビューで怒鳴り散らすくらいがせいぜいで、酸素補給器に関わる重要な情報が新たに明らかになると、彼の主張の信憑性はさらに低下した。その後、依然として傷が癒えていないことを示す、悲しい出来事も起きた。2004年、ボナッティはイタリアで市民が受ける最高の栄誉である功労勲章を授与されたが、コンパニョーニの同様の受勲を知るや、それを返上した。

ボナッティの潔白がようやく完全に証明されたのは2008年のことだ。イタリア山岳会が彼の主張をすべて受け入れる旨を発表したのである（2004年のイタリア山岳会による発表は、もっと曖昧なものだった）──「この歴史的事実は、完全に威厳を回復し、登山の偉業の記憶においても忠実なものとなった」。イタリア山岳会はこの論争の傷が簡単に癒えるものと楽観的に考えていたようだが、ボナッティは次のように断言している──「このイタリアの偉業に関するすべての史実と威厳が回復され、あれから53年後に、国家的な誇りと歓びを再び我々の国にもたらしたのである」。

エヴェレストに続け──イギリス隊のカンチェンジュンガ遠征

1953年6月、エヴェレスト初登頂を成し遂げた遠征を率いた3週間後に、インドでの記者会見で次の登山の目標を尋ねられたジョン・ハントは、こう答えた──「カンチェンジュンガだ」。

ハントは、明快な言葉で回答を続ける──「カンチェンジュンガに初登頂した者は、登山界でも最大の偉業を達成することになる。風や天気、極度の高所といった過酷な悪条件が揃っているばかりか、高度な登山技術を要するこの山は、客観的に見てエヴェレスト以上に危険度が高い」。

ハントがエヴェレストでの自らの偉業と比べる形でカンチェンジュンガの危険を強調したのは、意外に思えるかもしれない。しかし、ハントは1937年に妻とシッキム側から北稜の頂上をめざしたことがあり、それほど口に出さなかったものの、カンチェンジュンガに関する知識を豊富に持っていたのである。大戦後には、イギリスの登山家たちが再びこの山に入っている。もし1952年のスイス隊がエヴェレスト初登頂に成功したならば、イギリスは「残念賞」としてカンチェンジュンガ初登頂をめざす計画だったという。いずれにせよエヴェレスト初登頂を成し遂げた今、カンチェンジュンガは、なんとしても達成すべき大きな目標になった――しかも、イタリアがK２に登頂してからというもの、カンチェンジュンガは世界最高の未踏峰にもなっていたのである。

１９５４年、イギリスの偵察隊が再びカンチェンジュンガに入った。その結果はハントにとって大きな励みになるもので、彼は翌年の１９５５年に本格的な遠征を送るべきだと英国山岳会に提案した。ハントは、王立地理学会の代表者を含む組織委員会の長を務めた。遠征の費用は1万８０００ポンドと、現在の水準ではそれほど大きな金額ではなく、１９５３年のエヴェレスト遠征に関連する収入で賄えた。遠征を記録した書籍や映画、講演会、写真の使用権が、安定した収益をもたらしていたのである。

遠征隊長には、エヴェレストでハントの補佐を務めたチャールズ・エヴァンズが選ばれた。当然選抜されるであろううってつけの人材であり、沈着冷静な支援ぶりをハントも評価していた。ハントと同様、登山の最前線へと乗り出す準備も万端に、１９５３年にはトム・ボーディロンとともに1回目のアタックへと挑んだエヴァンズは、5月25日の午前6時にサウス・コルを出発して、南峰《サウス・サミット》に到達した初の登山家となった。しかし、彼の酸素補給器に不具合が発生したために、2人は山頂を目前にして、不本意ながらサウス・コルへと引き返した。

ウェールズ出身で穏やかな語り口のエヴァンズは、外科医でもあり、知的で堅実な判断をし、独裁者のような振る舞いはしない人物として、１９５５年の遠征メンバーから絶大な支持を得た。ジョージ・バンドの印象では、相性の良いメンバーを集めてグループを編成する意図もあったようである。隊長として、「彼は物事を派手にふれまわる人物ではなく、ただ静かに淡々と自分の仕事をこなしていた」と、トニー・ストレザーは語る――「彼が何かを提案し、我々全員がそれを実行に移すというやり方だった」。

1954年8月、エヴァンズは遠征の幹事であるアルフ・ブリッジとともに詳しい計画を立て始めた。出発が6カ月後に迫っていたため、まずやるべき仕事はメンバーの募集だった。登山家には、経験の幅もさまざまな8人が選ばれた。バンドはチーム最年少だったが、1953年のエヴェレスト遠征への参加経験があった。ストレザーはイギリス陸軍の将校で、アメリカ隊の1953年のK2遠征に参加したことがあり、アート・ギルキーが命を落としたアブルッツィ稜からの悲劇の退却行を経験していた。ヒマラヤへの登山経験があったメンバーは、ほかにも3人がいた。

選出メンバーの顔ぶれのなかで最も興味深い人物が、ジョー・ブラウンである。ヒマラヤ登山を経験していない3人のメンバーのひとりだが、ロッククライマーとして驚くべき記録を打ち立てていた実力派であり、彼の選出によって、登山の社会的基盤の広がりが認識された。1953年のエヴェレスト遠征隊のメンバーは、イギリス登山界を構成していた中流階級と上流階級の結びつきのなかから選ばれていた。マンチェスターの労働者階級の出身で、家族が建築業に従事するブラウンは、まさかこの遠征に誘われるとは思ってもみなかったという。エヴァンズからの電報を受け取ったとき、「心の底から驚き、同時にとても嬉しかった」と彼は書いている。とはいえ、ブラウンとほかのメンバーとのあいだには、依然として文化や遠征への期待感に大きな隔たりがあった。経費は遠征予算から出すが、私費として20ポンドを持参するよう、各メンバーはエヴァンズから申し渡されていたのだという。「20ポンドを持っていないとは言えなかった」――ブラウンは、皮肉混じりに書いている。

カンチェンジュンガは、遅くとも1848年から探査の対象になってきた。その年、イギリスの探

◉ジョー・ブラウン――マンチェスターの登山家

カンチェンジュンガ初登頂をジョージ・バンドとともに達成したジョー・ブラウンは、イギリスの登山界では幸運の護符のような存在だ。1930年にマンチェスターの労働者階級の家に生まれ、少年時代には捨てられた洗濯物用ロープを使って登山していた。同じマンチェスター出身の仲間ドン・ウィランズ（彼もブラウンと同じで建設業に従事していた）など、友人たちとともにピーク地方の険しい砂岩の斜面で登山技術を磨き、登山の水準を急速に押し上げていった。さらに、ウェールズのスノードーニアでは、ランベリス・パスにある岩壁ディナス・クロムレックで、「セノタフ・コーナー」や「セメトリー・ゲイツ」といった新たなルートを開拓する見事な成果を残した。1954年には、ウィランズとともに初めてのアルプス遠征に挑み、ブレティエール針峰の西壁の初登頂のほか、ドリュ西壁の史上3番目の登頂を最短時間で達成した。ブラウン（前ページの写真は最後の岩壁を登る彼の姿）がカンチェンジュンガ遠征隊のメンバーに選ばれたことで、彼の技術が確固たる評価を得ただけでなく、登山家の社会的階級に関する考え方も変わった。ブラウンはカンチェンジュンガに登頂したあと、3人の仲間とともにカラコルムのムズターグ・タワーでも初登頂を達成した。

ブラウンはその後もイギリス登山界の第一線で活動し、スノードーニアのクログウィン・ドゥル・アルズや、同じくウェールズのアングルシーのクレイグ・ゴガースで大きな成果を収めた。放映され、ブラウンの名は一般にも広く知られるようになる。82歳になった2012年には、カンチェンジュンガ初登頂を記念してロンドンの王立地理学会で講演し、当時の体験を語って聴衆を喜ばせた。

検家で植物学者のジョゼフ・フッカーが、シッキムを旅行中にこの山から数キロの地点に近づき、山容を何枚も鉛筆でスケッチしている。1899年には、著名な登山家のダグラス・フレッシュフィールドが、あのイタリアの写真家ヴィットリオ・セラとともにこの山塊の周囲を歩いた。フレッシュフィールドが出版した書籍には、カンチェンジュンガの登頂に使える可能性のあるルートが掲載されているが、主峰南西側のネパールへ流下する長さ24キロの氷河について触れ、このように書いている――「ヤルン氷河の最上部にある岩壁は、蹄鉄状の崖の右側で目を惹く岩棚を使えば越えられるかもしれない。西稜には最後の麓近くから到達できるだろう」。この山の名前をチベットの言葉から採用し、ヨーロッパ向けの綴りを決めたのはフレッシュフィールドだ。「カンチェンジュンガ」は「(そびえ立つ)雪の五宝」を意味している。

その6年後、悪名高いアレイスター・クロウリーがヤルン氷河から山頂へアタックした。このときは、標高6100メートルを超える高度までは達したものの、雪崩に遭って4人が命を落としている。次に行われた大規模な遠征では、シッキムを経由して東からアプローチするルートが使われた。1929年と31年にドイツ隊が山頂に挑み、どちらの年にも標高6100メートル付近まで達しているが、嵐と雪崩に見舞われ、滑落や病気で合計5人が帰らぬ人となった。その6年後、ハントと妻のジョイ、レジー・クックの

■深淵――――イギリスによる1955年のカンチェンジュンガ遠征隊のメンバーが、クレバスにできた不安定な雪の橋を前に考え込む。ここヤルン氷河ではさまざまな危険と困難が立ちはだかり、登山家のひとりは「私が想像した地獄」とこの氷河を描写した。遠征隊は1週間もの期間を費やした末に下部アイスフォールを抜け、ようやく比較的安全なルートへと入った。

MAP9
1955 年のカンチェンジュンガ初登頂

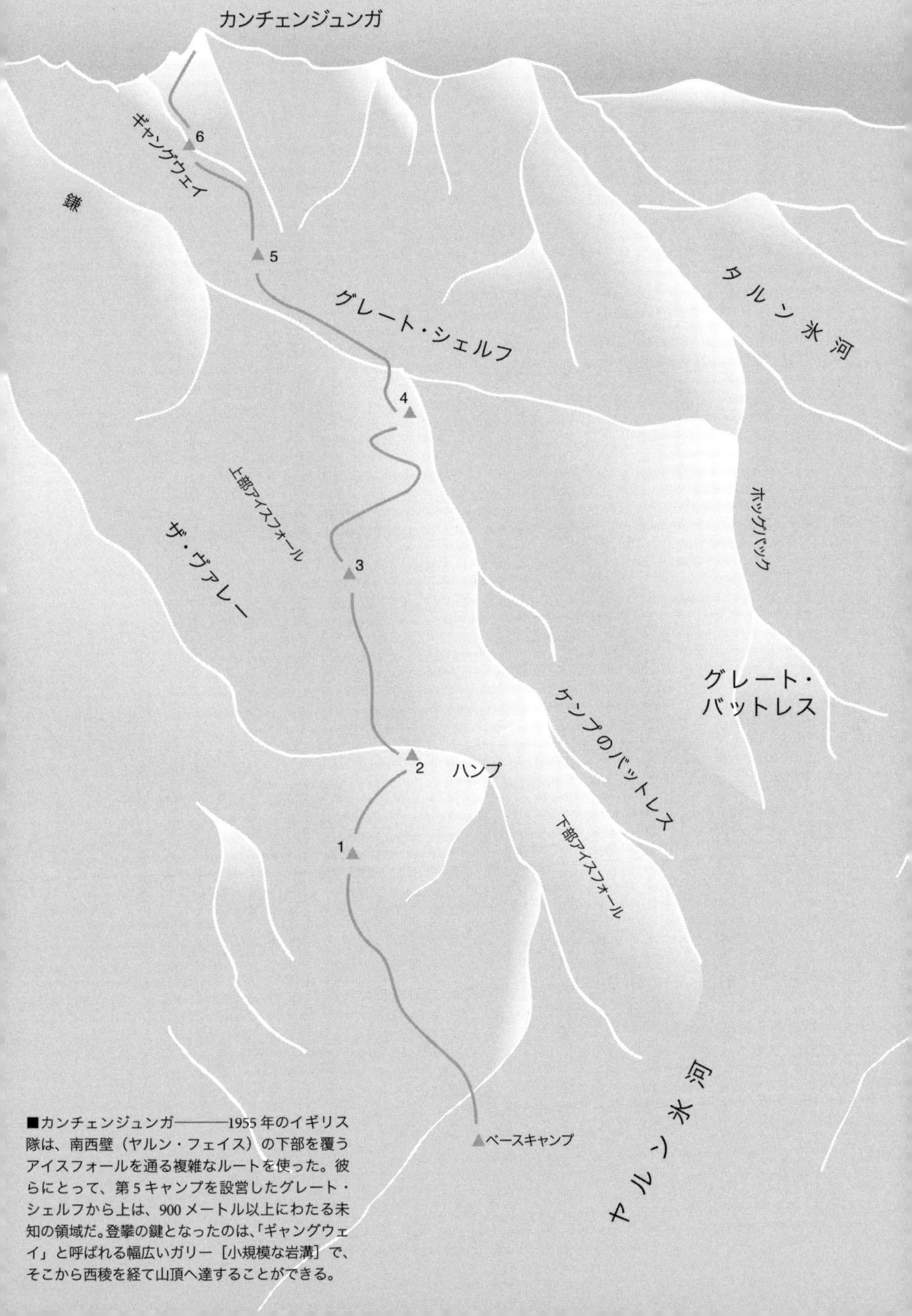

■カンチェンジュンガ――1955 年のイギリス隊は、南西壁（ヤルン・フェイス）の下部を覆うアイスフォールを通る複雑なルートを使った。彼らにとって、第 5 キャンプを設営したグレート・シェルフから上は、900 メートル以上にわたる未知の領域だ。登攀の鍵となったのは、「ギャングウェイ」と呼ばれる幅広いガリー［小規模な岩溝］で、そこから西稜を経て山頂へ達することができる。

◉カンチェンジュンガ偵察

カンチェンジュンガでは、１９５５年の遠征に先立って３回の偵察が実施された。１９５１年には、ウェールズの登山家ギルモア・ルイスとスイスの登山家ジョルジュ・フレイが、ヤルン氷河沿いを予備調査している。１９５３年には、ルイスがジョン・ケンプ（イギリス空軍の戦闘機パイロットを務めたあとインドで校長になり、後年スコットランドの名門パブリックスクール、ゴードンストン校の校長に就任した）とともに再びこの地に足を踏み入れ、ヤルン氷河をさらに詳しく踏査して、南西壁（ヤルン・フェイス）からの登攀が可能であると判断した。

ケンプは１９５４年に再び偵察に訪れた。このときは６人のパーティで、手近なところから登攀可能なルートを調べるのに注力し、最も重要なのは「グレート・シェルフ」の攻略だと結論づけた。これは南西壁の標高７１６３メートルから７７７２メートルにかけての急斜面にへばりついている巨大な懸垂氷河で、実際に足を踏み入れてみると、それは険しく不安定なアイスフォールの上にあり、「とてつもなく大きな問題」だということが判明した。また、山の上部の斜面が「とりわけ急峻なこと」にも恐れをなした。ケンプ隊は１９５４年末に山岳会で偵察の成果を発表し、今後の遠征では何よりも上部斜面で発生する雪崩を避けなければならないと警告している。こうした懸念事項はあったものの、ジョン・ハントのチームは偵察の成果から、翌年の遠征は実施できるという自信を深めたのだった。

チームが、カンチェンジュンガ山頂と隣のトゥインズをつなぐ尾根の主要なコル［鞍部］をめざしたが、この試みは失敗に終わっている。

第２次大戦後、シッキムが北の中国と南のインドからの独立を守ろうと国境を閉ざしたため、遠征隊はネパールからアプローチせざるを得なくなった（結局、シッキムは１９７５年にインドに併合された）。個人による偵察が３回行われたあと、イギリスによる１９５４年の偵察が実施され、翌５５年の本格的な遠征が実現する運びとなった。

遠征隊は３月初めにダージリンに到着し、徒歩でカンチェンジュンガ山群をめざした。３月23日にヤ

■登頂への期待（▶カラー図版 10）―――カンチェンジュンガの西稜の最上部に達したあと、ジョー・ブラウンが撮影したジョージ・バンドの姿。山頂までの高さは残り 60 メートルほどである。彼らの向こうには、カンチェンジュンガの西峰ヤルン・カンの頂上へ続く尾根が延びている。

ルン渓谷に到達すると、ヤルン氷河を登るルート探しに取りかかった。起伏が激しく、足場が不安定で、強風が容赦なく吹きすさぶ氷河を見て、メンバーのジョン・クレッグは「私が想像した地獄」だと表現している。氷河の最上部にベースキャンプを設営したのは4月12日のことで、ジョージ・バンドが数えたところによると、それから24時間のうちに南西壁で48回も雪崩の音を聞いたという。インド空軍が撮影した写真を見た登山家たちは、さらにひるむことになる。最後の尾根は恐れていた以上に険しい――「尾根はまるでナイフの刃のようで、途中にいくつかピナクル［小さな岩峰］が突き出ているうえ、両側はものすごい絶壁だ。（……）すっかり意気消沈してしまった」。

次の仕事は、「グレート・シェルフ」へのルートを見つけることだった。氷河の上にそびえる下部アイスフォールからのルートを工作しよう

と1週間あれこれと試行したが、結局そのルートはあまりにも危険すぎるという結論に至った。次に着目したのは、アイスフォールの端にある大岩壁「ウェスタン・ロック・バットレス」である。そこからのルートを工作するため、「パーシュの墓《パーシュズ・グレイヴ》」と呼ばれる小山に、ベースキャンプを移設した。ここは1905年に死亡した登山家が眠る場所だが、ルートとしては下部アイスフォールよりも安全で登りやすいことが判明した。とはいえ、先発隊はじょうご形の難しい地形を攻略するだけでなく、明らかに雪崩の危険がある斜面も登らなければならなかった。

その後、バンドとニュージーランド人のノーマン・ハーディが、バットレスにある特徴的な地形に到達し、そこを「ハンプ」と名づけた。そして、150メートルほどのガリー［小規模な岩溝］を下りて、悪名高き下部アイス

■グレート・シェルフ―――1955年の遠征隊が、カンチェンジュンガの南西壁にある険しい雪原を登る。上部アイスフォールを越えたあと、遠征隊はこの広大な氷原「グレート・シェルフ」の麓に第4キャンプを設営し、さらに上をめざした。

■山頂の姿（次ページ）―――第5キャンプから下りてくる、カンチェンジュンガ遠征隊のメンバー。第5キャンプはグレート・シェルフ最上部近くの標高7711メートル地点にある。アタック隊はそこから「ギャングウェイ」と呼ばれるガリーを経て、山頂右側の岩壁を登った。

フォールの最上部近くにたどり着き、標高6218メートルに第2キャンプを設営した。それより上の地形は予想よりも「安定していて、それほど怖くない」と、彼らは判断した。標高6645メートルの氷の台地に第3キャンプを設営すると、酸素補給器をはじめとする1・5トンもの物資をそこまで運び上げて、この場所をアドバンス・ベースキャンプに仕立てた。

5月12日、遠征隊は登攀を続け、標高7163メートルに第4キャンプを設営した。その翌日には、エヴァンズとハーディが「グレート・シェルフ」の麓まで到達して、この遠征の突破口を開く。2人はさらに上をめざし、標高7711メートルの険しい氷壁に第5キャンプを設営した。カンチェンジュンガでこの高さまで登った登山家は、2人が初めてだった。事前に予想していたように、この地点は人や物資の拠点という面でも、心理的な面でも、エヴェレストにおけるサウス・コルに相当する場所——つまり、山頂にアタックする「発射台」の役割を果たす場所である。この成果は別の面でも重要

だった。今回の遠征はあくまでも、翌年の本格的なアタックに向けた偵察にするはずだったのだ。5月14日、登山家たちはいったんベースキャンプまで下りて、ミーティングを開いた。エヴァンズの記録によると、彼は残された仕事として「最後の尾根の探査」などをそつなく挙げている。これとは対照的に、バンドは、登頂への期待が最高潮に達していたこのミーティングの様子をありのままに描写し、エヴァンズの到着を待つあいだテントにいた登山家たちに「期待感」が漂っていたと、はっきり述べている――「全員の体調が良かったので、誰もが心の中でアタック隊に選ばれたいと望んでいたに違いない」。

エヴァンズが片手にマグカップを持ってテントに入ってきた。そして、特に形式ばった話もなく、自らの意向を発表した。まず、高所のキャンプを補強したあと、バンドとブラウンが最初のアタックを行う。それに続く第2次アタック隊には、ストレザーとハーディが選ばれた。チームは、トマトスープと肉のシチュー、焼いたジャガイモとエンドウ豆、パイナップルとカスタードのデザート、そして、栄養飲料のオヴァルティンで祝宴を催し、その後、2本持ってきたうちの最後のラム酒を空けた。

第5キャンプに充分な量の物資が運び上げられたあと、バンドとブラウンは第4キャンプに登った。しかしその後、嵐のために60時間もテントの中で足止めを食うことになる。バンドの記述によると「まるで手ですくった砂が指のあいだからこぼれ落ちていくように、チャンスが次々と消えていくなか、座して待つほかになかった」。5月22日、天候が回復し、バンドとブラウンはサポート隊を伴って第5キャンプへと向かった。しかし、そこにたどり着いたチームが目にしたのは、雪崩に埋まったキャンプの無惨な姿だった。なんとかテントを掘り出したものの、食料は回収できず、その夜は不屈のシェルパが淹れてくれた紅茶を口にしただけだった。

5月24日、バンドとブラウンはサポート隊とともに「ギャングウェイ」まで歩みを進めた。そこは急な斜面に広がる雪原で、西稜とその先の山頂へ続くルートへの足がかりとなる。午後2時、標高8199メートルに到達すると、チームはテントを張るために雪を掘り、狭い棚をつくった。そこからはみ出してしまうテントがいかにも危険だったため、2人はマッチでくじ引きをして、どちらが外側に寝るかを決めた。結果は、バンドが「はずれ」を引き、まんじりとしない夜を過ごした。

5月25日、晴れの夜明けを迎えたブラウンとバンドは、午前8時15分に出発した。インド空軍が撮影した写真を事前に調べていた彼らは、ギャングウェイを出たあと、山頂へ続く険しそうな尾根に直接入るのではなく、山の南西壁を横切ることにしていた。だが、南西壁に出るのが早すぎて、貴重な90分を無駄に過ごしてしまう。正しいルートを見つけると、ところどころに氷雪が付着する急な岩壁（ミックス壁）を登り、尾根の上へと足を踏み入れた。出発してから、すでに5時間が経過していた。いったん立ち止まって酸素マスクを外し、レモネードを飲みながら、タフィー［砂糖やバターを煮詰めたキャンディ］とミントケーキを食べた。

時刻は午後2時、山頂までには高さにしてまだ122メートルある。夜になるまでに第6キャンプに戻るためには、午後3時には登頂しなければならない、とバンドは見積った。登攀の速度を上げたが、途中で尾根が切り立った岩壁に阻まれていることがわかった。バンドの記録によると、岩壁には長さ6メートルほどの亀裂がいくつか縦に入っていたという。ブラウンはそこを登りたい衝動に駆られた。「標高0メートルなら難なく登れそうな崖だった」とブラウンは語っている――「しかし、あの標高では自分の体力がどこまでもつかわからなかった」。ブラウンは酸素の流量を最大にして、あまり時間をかけずに岩壁の上まで登りきった――のちに彼はこの崖について、標高0メートルでも「かなり難しい」と述べている。崖の上に立つと、下に向かってこう呼びかけた――「ジョージ、やったぞ！」

続いて崖を登りきったバンドは、高さ1・5メートルの最後の小山の近くまで到達したことを確認した。カンチェンジュンガは地元では聖山として崇められている。その威厳を汚さぬよう、遠征隊長のエヴァンズは、山頂には足を踏み入れない旨をシッキムの当局に約束していた。今回はネパール側からの登攀だったものの、ブラウンとバンドはその約束を守った。とはいえこれは、実質的にカンチェンジュンガに登頂したと言える成果だ。ブラウンがのちに記したところによると、まず2人が抱いた感想は、もうこれ以上登らずに済むという安堵感と、「穏やかさと静けさに満ちた感情」だったという。

時刻は午後2時45分である。バンドとブラウンは互いの姿と、雲海から頂をのぞかせている周辺の峰々の偉容などの、頂上から望む景色を撮影した。130キロ近く先には、ローツェとマカルー、エヴェレストという3つの巨峰がそびえている。山頂で30分ほど過ごしたあと、バンドとブラウンは下山を開始した。その1時間後に酸素がなくなったものの、2人は事故もなく下山を続け、夕方には第6キャンプに到達してハーディとストレザーに祝福された。登攀中に短時間だけゴーグルを外したブラウンは、雪盲になってその夜苦しんだ。翌日にはハーディとストレザーが登頂して、ブラウンが果敢に登りきった岩壁を迂回し、その少し先にある雪の尾根を伝って山頂へ行けることを発見した。

遠征隊は5月28日には山を去った。「嬉しさのなかにも、悲しい出来事がひとつあった」と、バンドは書いている。シェルパのペミ・ドルジェが、2日前に発作で亡くなっていたのである。彼はヤルン氷河のパーシュの墓の近くに埋葬された。それを除けば、この遠征は、未知の領域が多い山でルートを工作するリスクにうまく対処しており、その熟練した手法で名高い。当時のいくつかの大規模な遠征では成果を台無しにするような論争が起きたが、カンチェンジュンガ遠征に関してはそうした問題もなく、実際のところ、イギリス人の意識を高めることにもほとんど貢献しなかった。おそらく、その2年前のエヴェレスト初登頂で満足しきっていたのだろう。今回の遠征で得られた満足感は、より個人的なものだった。ダージリンへの帰路に振り返ってカンチェンジュンガの峰を見たときのことを、エヴァンズはこのように振り返っている――「この山は、あらゆる辺境の地の魅力、つまり、そこに待ち受ける深い雪や隠れた渓谷の魅力を兼ね備えているように見えた」。

1956年のスイス隊――エヴェレストとローツェの連続登頂

1956年4月18日、エヴェレストのウェスタン・クウムにアドバンス・ベースキャンプを設営したスイス隊には、大きな期待とすばらしい来歴があった。その4年前、スイスの登山家たちは、立ちはだかる幾多の障壁を乗り越えてエヴェレストに挑み、エヴェレストとローツェの山頂へのルートを工作した。これは、翌年にイギリスがエヴェレスト初登頂を達成する基礎を築いた重要な成果である。スイス隊がローツェとエヴェレストに連続してアタックする1956年の遠征は、達成が長年待ち望まれていた任務であり、彼らが当然挑むべき使命だとの思いで実行された。

1952年のスイス隊は、危険なクーンブ・アイスフォールに初めて到達したほか、氷で覆われた巨大な谷ウェスタン・クウム（1921年にジョージ・マロリーが命名）に初めて足を踏み入れた。

その上には、ウェスタン・クウムの最上部から標高８５１６メートルのローツェの山頂まで達する、高さおよそ１５００メートルのローツェ西壁が立ちはだかる。北側では、ローツェ山頂に続く3つの尾根のひとつが、ローツェとエヴェレストの中間地点であるサウス・コルへと下っている。

イギリスは１９５１年のエヴェレスト偵察の成果を潔くスイスと共有した。そのなかでエリック・シプトンは、サウス・コルへはローツェの西壁からアプローチするのがいいと勧めている。しかし、スイス隊は、その下部を覆うアイスフォールを通るのは危険が大きすぎると考え、その北にある巨大な岩場（彼らは「ジュネーヴ稜」と呼んだ）を登るほうが安全だと判断した。その尾根を登るのは予想よりもはるかに難しかったものの、１９５２年5月、スイス隊は最終的にそこを越え、60メートルほど下りてサウス・コルに初めて到達し、さらなる歴史的な偉業を成し遂げた。その数日後には、レイモン・ランベールとテンジン・ノルゲイが、山頂まであと３００メートルほどの高度まで登っている。

同じ１９５２年のモンスーンのあと、スイスは登山隊のメンバーをほぼ一新して、再びエヴェレストに戻ってきた。最初はジュネーヴ稜にこだわっていたが、シェルパのひとりが落下してきた氷に当たって死亡すると、西壁へ移動し、アイスフォールを通るジグザグのルートを工作した。そのルートは予想していたほど怖くはなく、標高７１４８メートルと７４９８メートルにキャンプを設営し、サウス・コルをめざして左方向へ登った（これとほぼ同じルートは、今では、サウス・コル経由のエヴェレスト登山で必ずと言っていいほど使われている）。だが、この遠征でできることは限られていた。11月20日、ランベールは小さなグループを率いて山頂へアタックしたが、コルから少し登ったところで、寒さと風のために引き返さざるを得なかった。

■目の前の危険――1956年、エヴェレストとローツェへの登頂をめざすスイス隊がキャンプしたクーンブ・アイスフォールは、ウェスタン・クウムの下に横たわる「氷の激流」である。「その移ろいやすさと荒々しさに、全員が心を奪われていた」と遠征隊長のアルバート・エグラーは話している。

イギリスとは初登頂をめぐってライバル関係にあったが、スイスはローツェ西壁を登るルートの利点や特徴的な地形など、エヴェレストで得た知識と経験をイギリスに伝えるという潔い態度を見せた。イギリス隊は1953年春に同じルートをたどったが、西壁はあまりにも険しく、当初は登攀が行き詰まったかに見えたほどだった。見事な初登頂のあと、イギリス隊は帰国の途上でチューリッヒ空港に立ち寄り、1952年のスイス隊に出迎えられ、シャンパンの祝杯を受けた。イギリス隊はその返礼として、「この栄誉の半分」はスイス隊が受けるに値すると伝えている。

ローツェ登頂が魅力的で実行可能な目標との認識があるなかで、1955年のモンスーン明けに、スイスやオーストリアの登山家を含む国際チームがウェスタン・クウムに入った。チームを率いたのは、スイスとアメリカの市民権を持つ登山家ノーマン・ディーレンフルトだ（彼は

1963年にアメリカ隊を率いてエヴェレスト登頂を果たすことになる)。チームは1952年のモンスーン後にスイス隊が使ったルートを主にたどり、標高7589メートルに最上部のキャンプを設営した。10月16日、2人のシェルパを含めた4人のアタック隊が山頂をめざして出発したものの、3時間後に3人が引き返し、オーストリア人のエルンスト・ゼンが単独で登ることになる。ゼンは標高8108メートルに達したところで、山頂へ続くルートに横たわるクーロワール［小峡谷］に行く手を阻まれ、酸素を使いきってもいたため、そこでやむなく引き返した。吹雪のために第5キャンプで5日間も足止めを食ったものの、天候の回復後、無事に山を下りることができた。

■イエロー・バンド――ローツェ西壁を横切る石灰岩の地層イエロー・バンドを登る、スイス隊メンバー。隊はこの地層にロープを固定して、第5キャンプから第6キャンプへ荷揚げするシェルパを助けた。

このため、1956年に再びこの地に足を踏み入れたときのスイス隊は、登攀に関わる問題のほとんどは解決されているという自信を持っていた。残る課題は、「ローツェの岩溝」と呼ばれる最後の難しいクーロワールをいかに越えるかにある。スイス山岳研究財団は、1952年の遠征にはプロ意識と秩序が不足していたように感じており、そうした面を強化するために、ベルン出身の登山家で、法律家と兵士でもあるアルバート・エグラーを隊長に選出した。エグラーは、オーバーラントとローヌ川上流域からドイツ語を話す登山家を集め、1952年のモンスーン後の遠征に参加していたエルンスト・ライスを含む、計11人の登山家からなるチームを結成した。エグラーは周到にも、エヴェレストだけでなく、未踏峰としては当時最も高かった世界第4位の高峰ローツェに登頂する許可も得ていた。しかも、遠征の第1目標がどちらの峰にあるかも明言せず、選択肢を残しておく用心深さも見せた。

1956年のスイス隊は、1952年のモンスーン後と1955年の遠征で使われたルートを選択し、5月2日、ローツェ・アイスフォールに足を踏み入れた。1日目は高さにして198メートル登ったが、2日目は天候と氷雪の状態に恵まれて457メートルを登攀し、1953年のイギリス隊をはるかに上回るペースで高度を上げた。「我々の挑戦は成功すると確信した」と、エグラーは書いている。5月5日、先頭の登山家たちが1955年の遠征の第5キャンプ地点に達した。そこで、未使用の貴重な酸素ボンベ8本を見つけた彼らは、ありがたく自分たちの物資に追加し、その一方で、荷物を運び上げるシェルパを助けるための固定ロープを設置するなど、ルートの強化にも取り組んだ。

5月6日、エグラーをはじめとする7人の登山家が第3キャンプに集まり、今後の目標について検討した——ローツェとエヴェレストのどちらかにアタックすべきか、あるいは両方に挑むか、両方にするならどちらを最初にアタックすべきか。手短に言うと、彼らは一か八かで両方にアタックすることに決めた。まずエヴェレストへのアタックの準備のため、サウス・コルにキャンプを設営する。それと同時に、エグラーが言うところの「一度限りのローツェへのアタック」を最初のパーティが決行する。

翌日、登山家たちは再びローツェ・フェイスを登った。シェルパ隊のリーダーが病に倒れ、下山を余儀なくされるという重大な事態が起きたものの、5月9日には、エルンスト・シュミートとフリッツ・ルフジンガーの2人が、標高8001メートル地点で雪を掘って2人用のテントを張れるだけの土台をつくり、第6キャンプを設営した。それはジュネーヴ稜の最上部のすぐ下にあり、荷物運搬用のウィンチを設置することができた。これで、高さにして305メートル分の人力による運搬作業をしなくて済む。ローツェへのアタックを準備するには理想的な地点だったが、そこで天候の急変に見舞われ、すべての予定が1週間遅れることになった。

吹雪が弱まると、チームは最上部のキャンプを再びめざした。5月17日には、ルフジンガーと、1952年の遠征の経験者であるライスがキャンプに到達した。ルフジンガーはアプローチのときに虫垂炎を発症し、命も危ぶまれる事態に陥ったが、そこからなんとか回復したという「サバイバー」ぶりをすでに発揮している。5月18日の夜明けは寒く、強風で上の尾根から飛ばされた粉雪が辺りに舞っていた。不安で眠れない夜を過ごした2人は、午前9時にローツェの岩溝をめざしてキャンプを出発した。だが、出発早々に問題が起きる。使っていた酸素補給器は開放型だったが、ルフジンガーの補給器のホースが氷で詰まっていたのだ。持参していた予備の部品と交換するのに、貴重な時間を1時間も費やしてしまった。交換を終える頃には手足の感覚をすっかり失い、ようやく先に進めるようになったと

■ウェスタン・クウム―――大きな氷の谷間ウェスタン・クウムを行く、スイス隊の6人の登山家。ここはエヴェレストとローツェへの登攀における重要な地点である。奥にはローツェ西壁と、その下部を覆うアイスフォールがよく見える。

きには2人で胸をなでおろした。

雪の状態は良く、1時間後には悪名高きクーロワールの手前に到達した。そこでは、雪が固く締まっていて状態が良いという「嬉しい驚き」があった。その後、斜度が徐々に増して50度にまでなるなか、1時間に140メートル近くを登り、正午頃には、写真で登攀の最難関だと見ていた高さ30メートルの岩場にたどり着いた。そこを越えるのは登攀のなかでも最も大きな労力を要したが、溝のように狭くて急な雪の谷間を通って、なんとか突破した。クーロワールの最上部に近づくにつれて溝が広くなると、今度は勢いを増す強風に苦しめられる。険しい雪原に足を踏み入れ、ローツェの2つの峰に挟まれた鞍部に立った。

■山頂に立つ―――ローツェ山頂でエルンスト・ライスが撮影したフリッツ・ルフジンガー。奥に見えるのはローツェの主峰より低い南峰で、その先の尾根はヌプツェに通じる。

右にそびえる低い頂までに残る高さは30メートルで、左にそびえる主峰はそれよりも46メートル高い。緑色の岩石層を登り、ピッケルを使って足場を刻みながら、雪に覆われた最後の頂の下にある足場をめざした。ルフジンガーとライスはその足場でいったんしゃがんで風が弱まるのを待ってから、「ほどんどナイフの刃のように鋭い」頂によじ登った。見下ろすと、ローツェの東壁と南壁が雲に覆われていくのが見えた――「我々はローツェに登頂した」。

第6キャンプからの登攀には6時間を要し、2人は山頂でほとんど言葉を交わさなかった。「景色のたぐいまれな雄大さと荒々しさに圧倒された」と、ライスは書いている。2人は酸素マスクを外し、ピッケルを雪に突き刺して、リュックサックをそこに掛けた。そして、スイスとネパール両国の国旗と、お守りとし

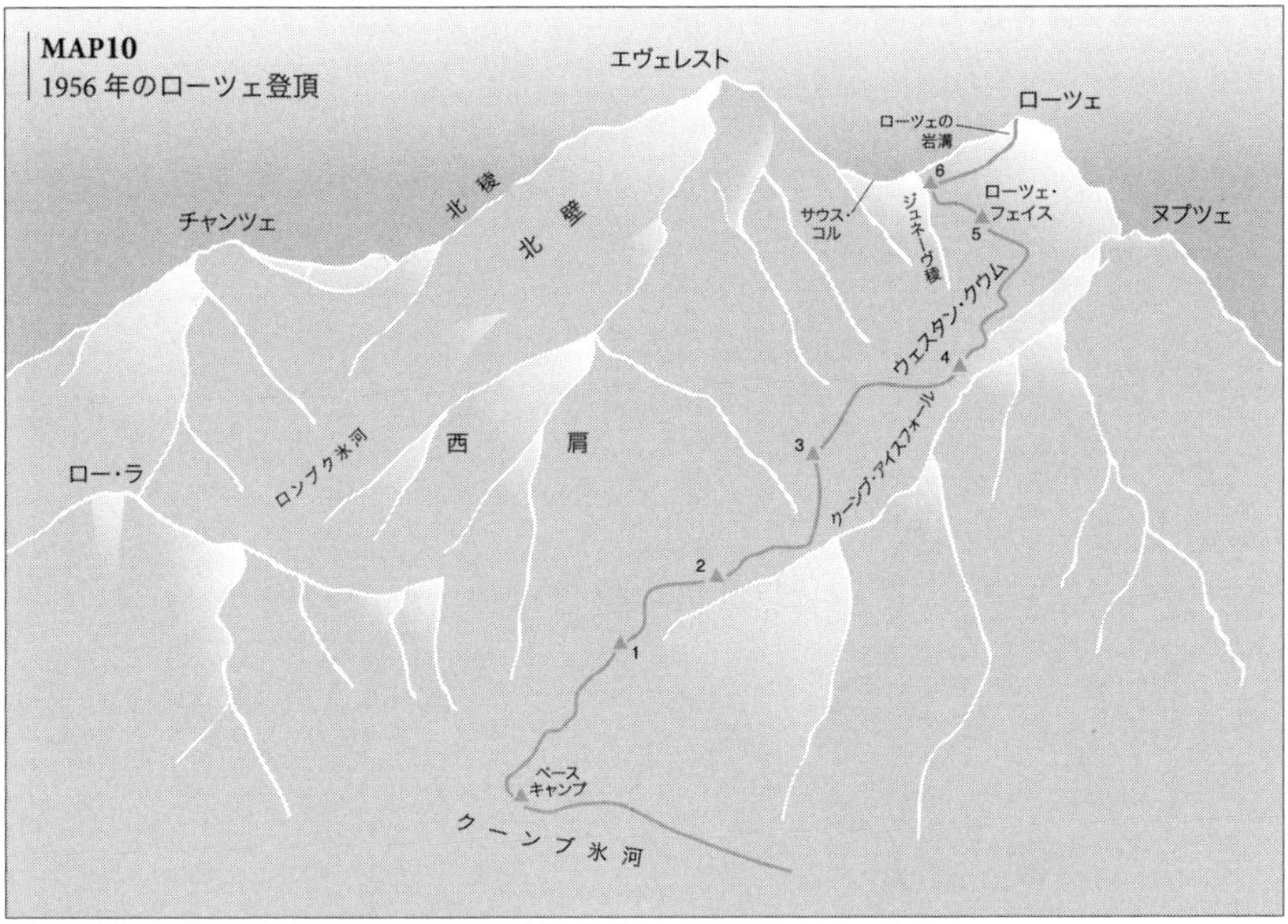

■ローツェ———1956年のスイス隊は、クーンブ・アイスフォールを通るルートをたどった。これは1951年のイギリスの偵察隊が工作し、1952年のスイス隊と1953年のイギリス隊も使ったルートだ。ローツェ・フェイスでは、ジュネーヴ稜を避け、サウス・コルの下に第6キャンプを設営した。そこから「ローツェの岩溝」を登り、6時間かけて山頂に到達した。

て持ってきたサルの人形をピッケルに結びつけた。体力がかなり消耗していたうえ、強風に吹かれながら狭い山頂に立っていたため、あらゆる方向に倒れて苦労し通しだったものの、決められた登頂の証明写真をなんとか撮影した。はるか下には、遠征の仲間たちが待つキャンプが見え、その向こうにはウェスタン・クウムの最上部と、エヴェレストの南西壁を望むことができた。45分ほど山頂に滞在したあと、2人は下山を始めた。

下りには3時間を要した。クーロワールは風の通り道になっていて、雪や氷が容赦なく顔面を襲う。クーロワールの岩場を下る際には、ロープを固定した。苦労しながら慎重に歩みを進め、第6キャンプにたどり着いたのは午後6時15分のことだった。雪に埋まったテントを掘りおこしたあと、ようやく温かいスープと茶をつくることができた。夜には、

■エヴェレストから――――エヴェレストの南東稜からスイス隊が撮影したローツェ。「ローツェの岩溝」と呼ばれる最後のクーロワールが、黒い峡谷となって、2つの峰を切り裂くように左上へ走っている。

新雪の重みでテントがつぶれ、登山靴を履いて外に出て、除雪しなければならなかった。夜が明けると、下山を続行し、第5キャンプでエグラーをはじめとする仲間に迎えられた。エグラーの記録によれば、2人はすっかり疲れきっているように見えたものの、その一方で「言葉にならないくらい幸せそうだった」という。2人とも手足の感覚がなくなっていたが、マッサージを受けて回復し、温かい粥とコ

ニャック1杯でもてなされた。

こうしてスイス隊は、当時の未踏峰で最も高い山への初登頂を成し遂げたばかりか、スイス人として初めて8000メートル峰への登頂を達成したのである。エグラーは書く――「我々は心の底から感動し、興奮に震えた」。

スイス隊は続いて、世界で2回目のエヴェレスト登頂に挑む決断をした。5月21日、サウス・コルにキャンプを設営すると、翌22日にはエルンスト・シュミートとユルク・マルメットが山頂へのアタックを開始した。その夜は標高8397メートル地点でキャンプし、5月23日の午後1時頃、2人はエヴェレストの山頂に立った。その翌日には、続いてアドルフ・ライストとハンスルドルフ・フォン・グンテンも登頂した。チームはよくまとまり、メンバー同士の息が合っていたからこそ、一度の遠征で複数の登頂を達成できたのだ。スイスがエヴェレスト初登頂に果たした重要な役割を考えれば、その国の登山家が受けるにふさわしい栄誉である。

5月29日、チーム全員がベースキャンプに帰還した。1953年のイギリス隊を率いたジョン・ハントと、初登頂メンバーのエドマンド・ヒラリーとテンジンから、BBC（英国放送協会）の中継を通して祝福の言葉が伝えられると、チームは歓びに沸いた。それはスイスが誇るべき瞬間だったと、エグラーは振り返っている。その3年前のイギリス隊の経験を生かせたからこそ達成できた成果でもあったからだ。エグラーはまた、3回の登頂を無事に終えられたことにも触れている――「全員が深い感謝の念を抱いていた。そして、この幸運への思いに、生涯でめったにない最高の日々がもう過ぎ去ってしまったのだという感慨が、徐々に加わってきたのである」。

第9章 新たなフロンティアを切り拓く（1961年から現在）

Opening New Frontiers: 1961–the Present

ダグ・スコット

1950年のアンナプルナ登頂からの10年間に、人類はさらに12座の8000メートル峰への登頂を成し遂げた。1895年にママリーがナンガ・パルバットにアタックしてからの55年間、ヒマラヤ登山における成果がほとんどなかったことを考えると、この10年間は驚くほど実りの多い期間だった。

この変化を促す重要な「触媒」となったのが、第2次大戦である。戦時中、登山用具の性能は大幅に向上しており、特にナイロンが発明されると、衣服やテントに使われる素材が軽くなり、その耐久性が増したほか、風を通しにくくもなった。防寒着にダウンが使われるのが当たり前になり、登山家の水分補給を重視すべきだという科学者の要求に応じて、登山靴の保温機能とストーブの性能も向上した。中央アジアの政治情勢が変わったことも大きい。中国がチベットを侵略して外国人の入国を禁じた一方で、結果としてネパールが登山の全面的な禁止措置を解除し、未踏の山々のいくつかに関して、外国人による偵察や登山を認めることになった。

移り変わる情勢

天候同様、政治情勢もまた移ろいやすいものだ。1962年に中国がインドに侵攻すると、同国ばかりかネパールやパキスタンまでもが国境地帯への進入を制限し、ヒマラヤの魅力的な峰々の大多数への登攀が不可能になった。ブータンもチベット同様に登山を禁止していたが、1978年にイランの登山家に許可を出すと、その翌年にはすべての登山が解禁された。チベットの広大な地域は常に立ち入り禁止の状態が続いていて、2008年には暴動のために、北京オリンピックまで制限が課された。とはいえ、全体として見れば、現在はどの時代よりもヒマラヤの山々に登りやすくなっていると言えるだろう。

戦争は政治地図を塗り替えただけでなく、社会や経済にも変化をもたらした。1960年頃から、登山には社会的な要素がだんだん加わるようになり、1970年代には、航空料金が下がって一般人の給料でも手が出るようになってきた。そして、多くの登山家やトレッカー、名所や旧跡をめぐる旅行者がヒマラヤを訪れるようになると、インフラを改良する資金も生まれた。裸足のポーターとラバの列しか足を踏み入れなかったようなヒマラヤの高所にまで、道路が整備された。パキスタンとインドでは、国境紛争が道路の建設を促進することになった。最も標高の高い集落にまで観光客が足を伸ばし、登山家もさらに上をめざすようになると、地元の経済はその恩恵を受けて成長した。しかしその一方で、旧来の伝統的な生活様式が欧米の物質主義に侵食され、環境や文化遺産への負荷も大きくなった。

戦後、イギリスの登山界は、山岳会や名門大学出身の登山家だけのものではなくなった。たとえば、マンチェスターで建設業に従事していたジョー・ブラウンが1955年のカンチェンジュンガ遠征の一員として招かれたほか、1960年代までには、国民の所得が向上するなか、自発性のある者であれば、旅費が比較的安くなったメリットを生かして登山に挑むこともできるようになった。オーストリアやドイツをはじめ、ほかのほとんどの国は、あらゆる社会階級の登山家を派遣する方向にすでに動いていた。

■天からの光（▶カラー図版13）――エヴェレスト南西壁に陽光が降り注ぐ。この世のものとは思えない神々しさ。

ルートとスタイル

登山の最前線では、当然ながら技術も進歩し、最も簡単かつ確実でリスクが少ない

ルートから、より難しいルートへと、登山家の関心が移っていった。1920年代と30年代のエヴェレスト登山のように、地域の政治情勢によって簡単なルートに入れず、最初に難しいルートが使われた例もある。しかしエヴェレストでは、まず1953年にヒラリーとテンジンが最も簡単なルートである南東稜を登って初登頂を達成しており、その後の1960年には中国隊が2番目に簡単な北稜ルートを採用して登頂し、1963年にはアメリカ隊がより険しい西稜から登頂したあとで南東稜から下山している。1964年から69年までは登山が禁止されたが、ネパール政府による解禁を受けて、日本隊が南西壁からの登頂に挑み、以後イギリス隊もまた6回の偵察とアタックを経た1975年にやはり南西壁からの登頂を達成した。南西壁からエヴェレストに登頂した登山隊はほかにもあり、1980年にはポーランド隊がサウス・ピラー［「ピラー」は柱状の岩］からのルートで成功を収めたほか、その2年後にはロシア隊が、イギリス隊のルートの左側を通るさらに険しいルートを使って登頂した。北東稜やカンシュン・フェイス（東壁）を含めた北側でも、主要な

■無酸素コンビ———1978年、エヴェレストにアタックする直前のラインホルト・メスナー（左）とペーター・ハーベラー（右）。このあと2人は無酸素での初登頂を達成した。途中、ハーベラーが食中毒に見舞われるなどのトラブルもあったが、それでも2人はサウス・コルから8時間で山頂に立つことができた。

■夜の登攀（次ページ）———アドバンス・ベースキャンプを出発するメスナーとハーベラー。2人は独立した登山隊として登っていたが、より規模の大きいオーストリア隊と一緒になり、彼らの設備を使うことができた。ヒラリー・ステップに挑む直前には、テントで待望の茶にありつき、その後、エヴェレスト無酸素登頂を成し遂げた。

ルートを使った登頂の試みがあった。ほかにも、主要ルートのあいだを埋めるかのように、新しいルートやそのバリエーションが数多く開拓されている。

登山における最大の関心事は山の探査にあるとはいえ、登山スタイルも進歩している。主に試みられたのは、アタックにかける人数と機材を減らすスタイルだ。その結果、1978年には、ラインホルト・メスナーとペーター・ハーベラーが無酸素でエヴェレストに登頂している。エヴェレスト登山は、大規模な「包囲法」から、少人数で登頂をめざすアルパインスタイルへと徐々に変わり、1980年には、メスナーが再びエヴェレストに挑戦し、今度は誰の助けも借りない単独登頂を成し遂げた。同じ年には、ポーランドのアンジェイ・ザワダが冬期登山の達人たちを率いて、エヴェレストの冬期登頂に挑んでいる。1980年2月16日、その隊のレシェク・チヒとクシストフ・ヴィエリツキが、サウス・コルから冬の厳しい寒さをものともしない最大限の努力の末に、冬期初登頂を達成した。

このような登山の変遷は、アフリカから北極圏まで、アンデス山脈からアラスカまで、そしてヨーロッパからアジアまでの世界の主要な峰々で見られる。とはいえ、新たなルートの開拓に誰もが血眼になっていたわけではない。実際のところ、ヒマラヤ登山が本格化する1970年代まで、この山脈に挑んだ登山家の大半は旧来のルートをたどっており、新たなルートを開拓することはほとんどなかった。1970年までに新ルートがつくられたのは、エヴェレストとナンガ・パルバットだけだった。

エヴェレストの「ウェスト・サイド物語」

エヴェレスト北稜は、戦間期にイギリスが何度も挑戦しては失敗しているが、1960年、ついに3人の中国人が北稜経由での登頂を果たしている。山頂付近の岩壁である第2ステップを裸足で登り、夜に山頂に立ったと伝えられたものの、登頂の証しとなる確たる写真がなく、当初はその主張に異議を唱える声が上がった。しかし、改めて写真の詳しい調査が実施され、1975年にも中国隊がエヴェレスト登頂を果たしたことが確認されると、1960年の登頂に関しても登山専門家に受け入れられることとなった。

中国隊が登頂した3年後、今度はアメリカ隊がエヴェレストに挑んだ。1回目は従来のルートをたどって登頂し、その3週間後の1963年5月22日には、西稜《ウェスト・リッジ》を登る新ルートを採用して登頂したあと従来のルートをたどって下山するという偉業を成し遂げた。登攀と下山のルートを別にするのは伝統的に登山家の理想とされ、アメリカ隊の成果は今でも後続の人々を奮い立たせている。この「西側《ウェスト・サイド》の

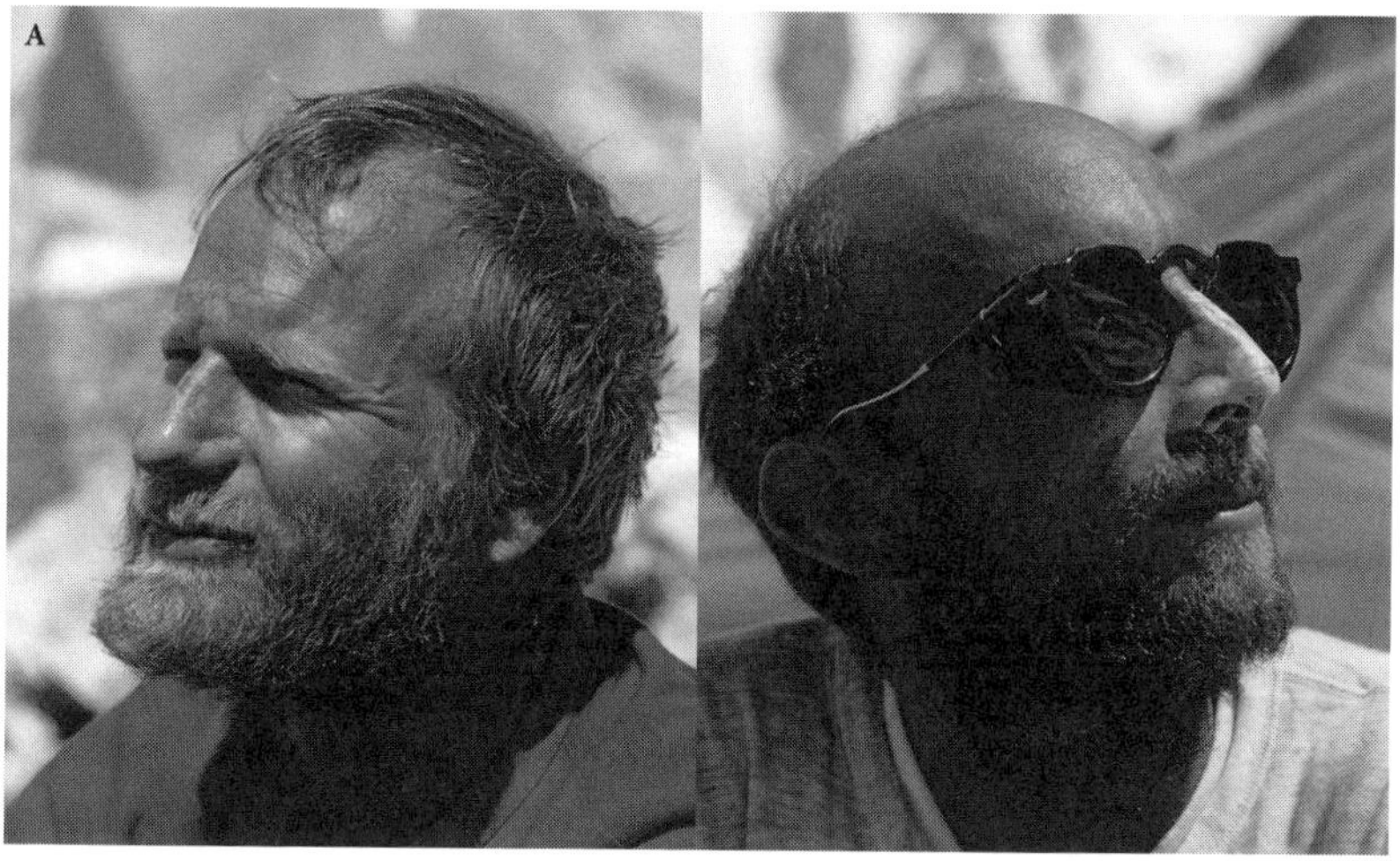

物語」は、エヴェレストの登山史でどのように位置づけたらよいのだろうかと問うならば、どの部類にも属さない独特の成果と答えてよく、どんな登攀よりも長く人々の記憶に刻まれ、確固たる評価を得ている。西稜ルートで登頂したトム・ホーンバインとウィリー・アンソールドは、登攀の難しさと変わりやすい天候に打ち勝たなければならなかったばかりか、隊長のノーマン・ディーレンフルトを含めたほかの遠征メンバーが西稜ルートでのアタックに関心を持ち続けるように配慮する必要もあった。

　遠征隊は大きな期待を背負ってアメリカを出発した。いちばんの目的は、サウス・コル経由でアメリカ人の初登頂を達成し、ローツェとヌプツェにも登頂することにあった。エヴェレストの西稜に新たなルートをつくるという案は、レーニア山での訓練登山のとき

■ウェストサイド・クライマーズ———アメリカ隊による 1963 年のエヴェレスト遠征で西稜に挑む計画を強力に推し進めた、トム・ホーンバイン（右）とウィリー・アンソールド［ph A］。人員や物資が南東稜ルートに投入されたあとも、新ルートでのアタックをあきらめなかった。西稜に続く雪に覆われた岩場「西肩」を偵察中、2 人は西稜を見上げ、絶景を目にすることができた［ph B、次ページ］。後日ホーンバインはこう書いている——「堆積した砂利、黒い岩石、黄色い岩石、灰色の岩石の斜面を 1 マイルほど目で追っていくと、山頂が見えた」。

B

に挙がっただけだった。最も強く興味を持っていたホーンバインとアンソールドの働きかけが実を結び、エヴェレストに向けたアプローチの途中で、遠征の予定に西稜ルートを含める最終決定が下されたが、代わりにヌプツェが予定から外されて、ローツェは酸素が充分に残っていた場合にのみアタックすることになった。19人のメンバーからなるこの大規模な遠征隊は、もともとの友人関係から自然に「サウス・コル・グループ」と「西稜グループ」に分かれた。まず登頂を第一とするメンバーと、新ルートでの登頂のほうに関心があるメンバーというグループ分けである。当然ながら、2つのグループのあいだで摩擦が起きることもあった。ジェイムズ・ラムゼイ・アルマンが執筆した遠征の公式書籍『エヴェレスト登頂記　1963年アメリカ隊』［丹部節雄訳、ベースボール・マガジン社（以下の引用は独自訳を採った）］には、こう書かれている――「トムが西稜ルートにこだわり続けたため、議論は長時間にわたり、ときに白熱することもあった。トムに賛同するメンバーは、彼のことを理想家で、確実に成功する楽な道を選ばない真の開拓者かつ冒険家だと考えた。一方、反対するメンバーは、共通の目標より自分の好みを優先する狂信者だと言ってはばからなかった」。意見の相違が解消されたのは、ジム・ウィッタカーがシェルパのゴンブとともに山頂に立ち、アメリカ人としてエヴェレスト初登頂を達成したあとのことだった。

その後、遠征隊の全員が満足できる現実的な計画が示された。西稜ルートでの登頂をめざすパーティのほか、そのサポートのために別のパーティが南東稜ルートで登り、山頂で「西稜グループ」と合流してサウス・コルまで一緒に下山するというものだ。こうすることで、南東稜ルートで登頂したいメンバーの希望も満たした。

西稜では、アル・オートンとバリー・コーベット、ディック・エマースンが、多くのシェルパとともに何日もかけて第4キャンプへ荷物を運んだ。病気や猛吹雪、ハリケーンのように強い西風と闘いながらの作業である。そして5月15日、ホーンバインとアンソールドが最後の荷物を運び上げ、キャンプの設営を完全に終えた。2人はそのままキャンプで一夜を明かし、翌日、「斜めの岩溝《ダイアゴナル・ディッチ》」と名づけたガリーの調査に向かった。西稜そのものは険しい岩場であるため、それを避けてこの岩溝をたどれば、比較的簡単に上の雪原に到達し、そこからクーロワールを登っていけるのではないかと考えたのだ。これはホーンバインの案だったことから、そのクーロワールは「ホーンバイン・クーロワール」と呼ばれるようになった。とはいえ当時は、本当に登攀が可能かということさえわからない状況だった。クーロワールは上のほうで狭まり、黄色い岩の地層イエロー・バンドを抜け、カーブして視界から消えていたのである。

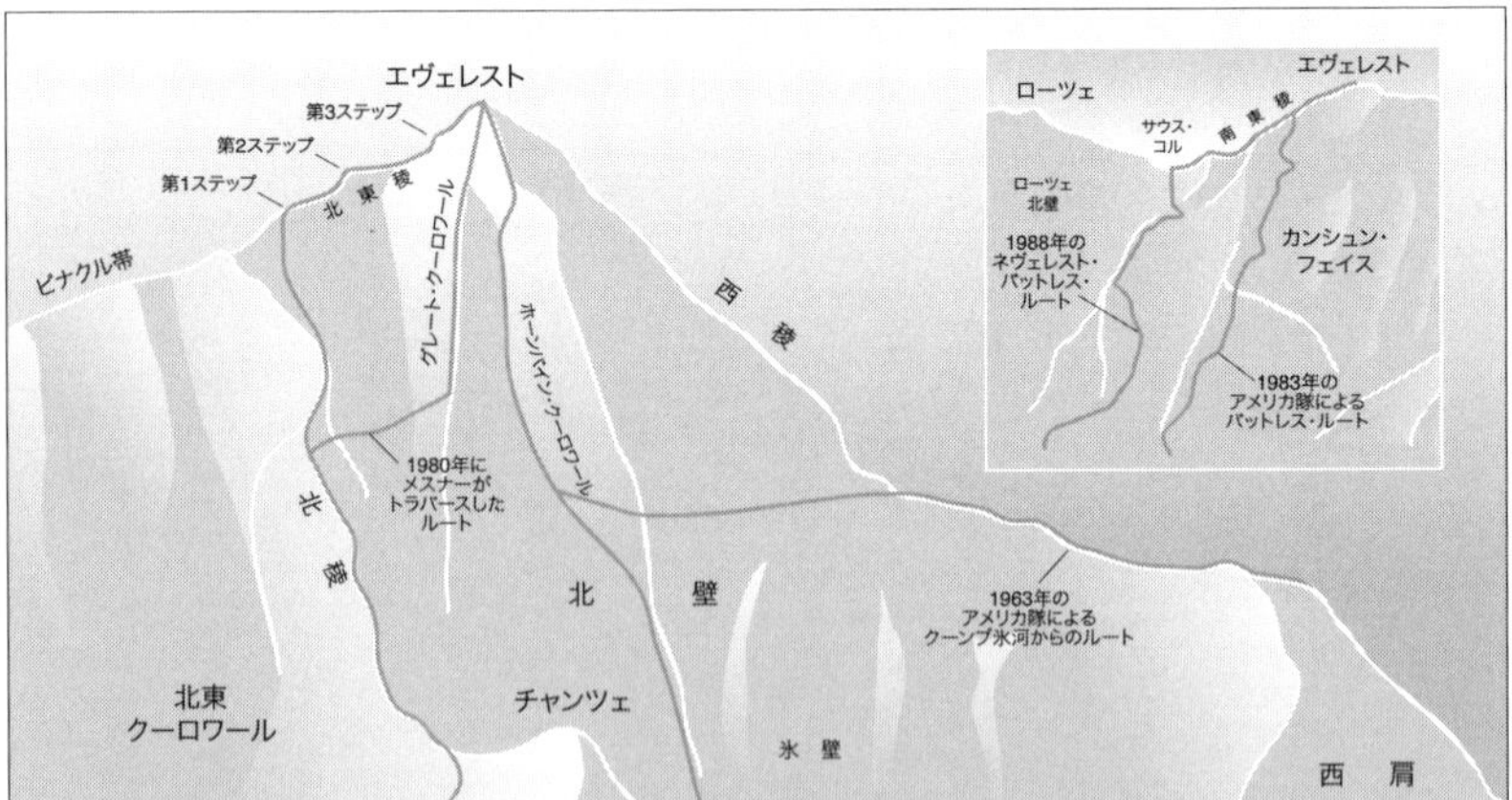

MAP11
エヴェレスト山頂への諸ルート

■さまざまなルート———エヴェレストでは、1953年の南東稜経由での初登頂以降、10以上の新たなルートで登頂が達成されている。たとえば、1960年には中国隊が北東稜を経由したルートを切り拓き、1963年にはアメリカ隊が西稜から北壁を横断するルートを開拓した。

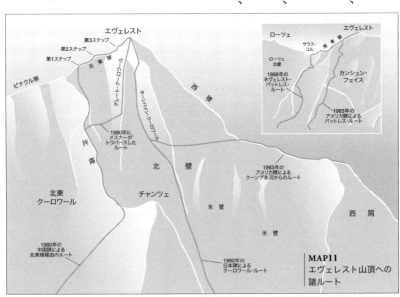

物資の補強は続き、最終的に第4キャンプには3つのテントが張られた。だが、5月18日の真夜中には、コーベットとオートンのテントが吹雪のなかで突然、斜面を下り出し、まったく制御が効かなくなる緊急事態が発生した。幸いにも、テントは奇跡的に45メートルほど下の窪地で止まったが、一行は第3キャンプへの退却を余儀なくされた。メンバーの体力が消耗し、物資も減るなかで、西稜ルートでアタックするチームの数をひとつに減らす決定が下される。エマースンは体調を崩し、オートンはサポート役に徹するという考えを変えなかった。ホーンバインとアンソールドは特別な絆で固く結ばれていたことから、コーベットは潔くアタックの辞退を申し出たのだった。

5月20日、天候がすっかり回復し、参加できるメンバー全員が、荒れ果てた第4キャンプへと戻った。次の目標は、クーロワールに第5キャンプを設営することである。翌朝、オートンとコーベットが「斜めの岩溝」を越えてクーロワールに足を踏み入れ、重い荷物を背負った後発のシェルパのために、数多くのステップを切った。そして午後2時には、標高8300メートル付近で、イエロー・バンドの下に、2人用のテントがちょうど収まるくらいの岩棚を発見した。オートンとコーベット、そしてシェルパは、ルート工作と足場づくりという重要な仕事を成し遂げると、サポート役に回ったエマースンがいる地点まで、固定ロープをたどって下りた。ホーンバインとアンソールドがキャンプを出発する際には、それぞれのメンバーが胸に熱い思いを抱き、冷静ではいられなかった。彼らは長いあいだ数々の山をともに登った仲間であり、前人未踏の地へと足を踏み入れることを心に思い描いてきた。残り約542メートルの地点で、ホーンバインとアンソールドはテントを張った。テントを固定するペグは、もろいイエロー・バンドに1センチほどしか入っておらず、テントの外側の角を止めているピッケルは、軟らかい

◉ヒマラヤ登山と薬物の使用

2009年5月19日、サウス・コル・ルートでエヴェレスト登頂をめざしていた商業登山隊のアメリカ人ジェシー・イースタリングが、デキサメタゾン（通称デックス）というステロイドの過剰摂取によってベースキャンプから急遽病院へと搬送された。カトマンズ病院の集中治療室における処置によって一命は取りとめたものの、イースタリングはルクラ（エヴェレスト）の滑走路に到着してからというもの、1カ月にわたって1日に数回もデキサメタゾンを摂取していたのだという。妄想に苦しみ、精神が崩壊する寸前までになっていて、輸血を受けたあとにようやく空路で帰国することができた。

長年、薬物は極限状態に置かれた登山家を助けるために携帯され、しばしば使用されてきた。ヘルマン・ブールはアルプスで登山中にクレバスに落ちたあと、ペルビチン［覚醒剤の一種、アンフェタミン］を服用した。すぐに体力が回復したように感じ、その抜群の効果に大きな感銘を受けている。1957年のナンガ・パルバット遠征では、単独でのアタック中にバジン・ギャップでペルビチンを2錠のみ、登頂を果たしたあと、わずかな防寒着だけでビバークしなければならなくなって、さらに3錠服用した。その助けもあって、出発から41時間後、最上部のキャンプで待っていた仲間と落ち合うことができた。

1963年には、エヴェレストをトラバース中に疲労困憊したサポート隊のルート・ジャースタッドとバリー・ビショップに対し、医師であるトム・ホーンバインがデキセドリン錠を投与している。1996年には、エヴェレストのサウス・コルで8人の登山者とガイドが吹雪で命を落としたとき、死んだものと判断されて置き去りにされた男性が、自力で息を吹き返す出来事があった。その男性、ベック・ウィザーズは雪上で倒れ、吹きさらしのなかで一夜を明かした。顔と手足にはひどい凍傷を負い、視力は大幅に低下したものの、彼は立ち上がり、ふらふらした足取りでテントまでたどり着き、その場にいたメンバーに自分の存在を気づかせた。彼が生き延びるとは誰も考えておらず、まさかローツェ・フェイスとクーンブ・アイスフォールを下ってくるとは思わなかった。エヴェレストに何度も登頂した経験があるピート・アセンズは、自分の計画を中止して、救助に専念することにした。自分自身も何度かデキサメタゾンを打った経験があることから、彼はウィザーズの太股に4ミリグラムを注射した。これが効いたのか、ウィザーズは奇跡的な回復を見せ、アセンズとトッド・バーレスンの手を借りながら下山し、その後帰国して妻や家族と再会することができた。

アウトドア誌『アウトサイド』の2013年4月号の記事「登山家の小さな助手」Climbers Little Helperにあるように、「瀕死の人物を生き返らせる」可能性がある薬物を山に持ち込むことに異議を唱える者はいない。しかし、イースタリングの一件があってからというもの、デキサメタゾン、シルデナフィル、EPO（エリスロポエチン）といった、体力や能力を高める薬物の使用は登山界で疑問視されるようになった。

　今やエヴェレスト登山者の大部分が山岳トレッキングを取り扱う旅行会社を使っているため、旅行会社は高所で薬物を摂取することの危険性を顧客に知らせる責任がある。国際山岳連盟（UIAA）医療委員長を務めるイギリス人医師デイヴィッド・ヒルブラントが懸念しているのは、登山家がこうした薬物をオンラインの通信販売で簡単に手に入れ、インターネットで見つけた情報を参考にそれを使っていることだ。登山家は偏りのない情報を見つけ、そして正直になるべきだと、彼は訴える――「まず何よりも、自分自身と仲間に対して正直であること。ロッククライミングでエイド（ボルトやハーケン）を使った地点の申告が求められるように、薬物の助けを借りたことも申告すべきだ」。ヒルブラントは同僚の委員とともに、高所での薬物摂取に伴う問題に関する指針を発行しようと考えている。体力や能力を高める薬物をレクリエーション登山で使うことと、アイスクライミングや室内クライミングの競技会で使うことはまた別の問題だ。競技会での薬物使用は世界アンチ・ドーピング機関（WADA）が取り締まり、ドーピング規則の遵守や検査の徹底によって競技会の健全性を保っている。


雪にできるだけ奥まで突き刺してあるだけだ。それを充分承知のうえで、2人はテントのなかへと入った。アンソールドは、シェルパのひとりが残していったチベットの祈りの旗を掲げて言った――「これに頼ったほうがいいと思う」。

　2人はテントとともに無事に夜を過ごし、午前4時に目を覚ますと、ブタン・ストーブで雪を解かし始めた。旧式の灯油ストーブと比べて性能は良いが、それでも朝の準備を終えて出発するまでに3時間を要した。午前11時までにイエロー・バンド、雪、硬い氷の斜面を登った高さは、わずか122メートルだった。ひと休みしたあと、ホーンバインが先頭に立って高さ18メートルの風化した岩壁に挑んだ。「つかむ場所は選び放題で、ほとんどが持ちこたえた」という。そのあと再びアンソールドが先頭に立ち、2時間登ったものの、まだ標高８５０４メートルにしか達していない。無線でベースキャンプを呼び出し、ジム・ウィッタカーと話すと、懸垂下降するよう提案された。それに対し、アンソールドはこう答える——「ジム、懸垂下降できるポイントはどこにもない。ロープを固定する場所が見当たらないから今日は登って終えるしか方法がない」。このときの状況について、ホーンバインは次のように書いている——「たとえ下りられたとしても、あそこで下山していれば、そうしなければどうなっていたかという大きな疑問が将来にわたって残ったはずだ。それは仲間の言うことを受け入れる云々ではなく、我々自身がいかに耐えるかという単純な問題だった。まだ助け合える余地は残っていた」。

それから30メートル登るとイエロー・バンドを抜け、硬い雪の上に足を踏み入れて2人で一緒に登れるようになり、少し楽になった。昼食をとろうと立ち止まり、みぞれのように凍ったレモネードを飲みながら、凍った魚の燻製を食べた。その後、風化した頁岩と雪の上を斜めに登り、西稜の頂点の岩場に立った。眼下には、２４００メートル下のウェスタン・クウムに設営されたアドバンス・ベースキャンプのテントが見える。しっかりした岩場をアイゼンなしで歩き、「小さな穴に慎重に足を置いて歩く歓びを味わった」とホーンバインは書いている——「ロッキー山脈を登っているかのような、すばらしい歓びだった」。再び雪の上に来ると、アイゼンを着けて上をめざす。そしてついに、ジム・ウィッタカーとシェルパのゴンブが3週間前に掲げたぼろぼろの星条旗がはためく頂上に立った。時刻は午後6時15分、日が暮れる直前の最後の陽光が、横から頂上を照らしていた。20分間の滞在ののち、2人は登頂のことを忘れ、下山に集中するよう頭を切り替えた。

雪の上に残った足跡を見ると、サポート隊のルート・ジャースタッドとバリー・ビショップが登頂してから、まだそれほど時間が経っていないようだ。登攀のときにはアンソールドがほとんどの道のりで先導していたので、下りるときにはホーンバインが後ろで支える「アンカーマン」を務め、尾根を足早に下りた。ヒラリー・ステップも難なくクリアし、ルートを案内してくれる足跡の助けもあって、午後7時15分には南峰《サウス・サミット》に到達した。午後7時30分には、辺りが暗くなった。懐中電灯の明かりが弱まり、足跡をたどるのがだんだん難しくなる。つまずきながら下をめざし、第6キャンプの位置を確かめようと、突風に向かって叫び、返事はないかと耳を澄ませた。午後9時30分、第6キャンプの300メートルほど上方の地点で、ようやく声が聞こえてきた。それは、疲労困憊したジャースタッドとビショップだった。体をぶるぶる震わせながら、雪のなかで身を寄せ合っている。ホーンバインの強い希望によって、彼を先頭に、4人全員でこのまま下りることにした。疲れきったビショップが何度も倒れ、そのたびに全員で立ち止まりながらの下山である。3時間経っても、まだ120メートルほどしか下りていない。その地点で岩場に差しかかり、安全に通れそうなルートを見つけられなくなった。ホーンバインとアンソールドは互いに抱き合い、ジャースタッドとビショップはそれぞれ単独で横たわった。ホーンバインは自分の足先を相棒の腹で暖めたが、アンソールドは同じことをしてもいいとの相棒からの申し出を残念ながら丁重に断った。

夜が明けると、4人全員で下山を再開した。第6キャンプにたどり着くと、デイヴ・ディングマンとギルミ・シェルパが淹れた茶を飲み、その後ローツェ・フェイスとウェスタン・クウムを下りて、午後10時にふらつく足取りでアドバンス・ベースキャンプになんとか到達した。疲労が激しいメンバーと負傷者は、それから数日かけてナムチェバザールまで行き、そこからアンソールドとビショップがヘリコプターでカトマンズまで輸送され、帰国した。数週間のつらい休息は、手足の指の切断で終わった。残ったホーンバインはこんな心境を伝えている――「彼が去って、自分の半分がなくなってしまったようだ。もう片方の半分は、誰にも共有できない経験を抱え、そして、あまりにも大事な何かが終わるという感情を胸に、仲間から孤立していた」。

日本隊がエヴェレスト南西壁に挑む

1969年までには、ネパール側からの登山が解禁され、日本の登山家もヒマラヤで他国に劣らない経験を積んだ。日本隊は、1956年に世界第8位の高峰マナスル（8156メートル）に初登頂したのを皮切りに、1958年にチョゴリザ（7654メートル）、1960年にヒマルチュリ（7864メートル）とアピ（7132メートル）、ノシャック（7492メートル）、1962年にチャムラン（7319メートル）とサルトロ・カンリ（7742メートル）、1963年にバルトロ・カンリ（7312メートル）とサイパル（7034メートル）、シャルプ（7100メートル）、1964年にギャチュン・カン（7922メートル）とアンナプルナ南峰（7256メートル）、1965年にゴジュンバ・カンII峰（7646メートル）の初登頂も次々と成し遂げた。その後、ネパール政府が再び登山を禁止する。

神道や仏教の信者が多い日本では、山々は巡礼の地とされ、そこが人里離れた辺境であっても寺社仏閣が建立されて崇められている。しかし、第2次大戦後に日本の社会が一変する前、近代登山に打ち込める機会を持つことができたのは、特権階級出身のエリート学生に限られており、海外で登山するとなればそれもなおさらだった。戦前に日本隊がヒマラヤで実施した登山では、1931年に東京の立教大学隊がガルワール・ヒマラヤのナンダ・コート（6861メートル）を北東稜から登った遠征がよく知られている。誰も日本以外での登山経験はなく、あらゆる用具が日本製だった。日本の登山界の未来は明るく輝いているように見えたが、それを阻んだのが太平洋戦争の勃発である。

1952年にアメリカの占領が終わる頃には、日本のあらゆる暮らしや活動の場面に民主主義が行き渡り、以前はごく少数の人々しかできなかったことを誰もが試せるようになった。近代登山もその例に漏れず、多くの国民がレクリエーションとしての山登りに興味を覚え始めた。戦時中に抑圧された不自由な生活を送り、不満を募らせていた者にとって、解放されたエネルギーのはけ口となったのである。

1965年までに、日本は64もの遠征隊をヒマラヤへと送り込み、22峰で初登頂を達成した。こうしたことから、日本の登山家にはネパールの登山解禁を利用する資格が充分にあった。エヴェレストで高さ2286メートルの南西壁に挑む目標を定めたのは、ごく自然な流れである。

1969年、日本山岳会はまずモンスーンが始まる前のシーズンに小規模な第1次偵察隊を派遣した。同年秋には、規模を大きくした第2次偵察隊が再びエヴェレストに入る。そのとき天候は完璧で、風もほとんどなく、南西壁の下部斜面を覆う雪も締まっているという稀有な好条件に恵まれた。日本隊は10月いっぱいをかけて、中央のクーロワールを登り、3カ所にキャンプを設営した。10月31日、最上部の標高7785メートルに設けた第5キャンプから、さらにルートを登り、ロック・バンド［帯状の岩壁］の基底部まで到達した。先発隊のメンバーは、植村直己、小西政継、中島寛、佐藤之敏である。彼らはルートに関して貴重な情報を得たほか、クーロワールの最上部に雪が少なく、テントの設営が難しいことも突き止めた。テントを張るには、特別な土台を運び上げなければならない。隊は日本に戻って偵察の結果を報告し、1970年春の本格的なアタックに向けて計画を練った。

1970年の遠征では、ひとつのグループがエヴェレストの南西壁に挑み、もうひとつのグループが従来の南東稜ルートでの登頂をめざすことになった。日本は39人の登山家と77人のシェルパを送り込み、まずチーム全員でウェスタン・クウムにアドバンス・ベースキャンプを設営した。そこで遠征隊は二手に分かれることになるが、運営側がグループ分けを一方的に進めたために、チーム内にはその決定に不満を訴えるメンバーも出た。

従来のルートではなく、新しいルートで登りたいメンバーからの圧力を受けて、登攀隊長の大塚博美は何度か考えを変えたが、結局、遠征隊の物資と人員の大半を従来ルートでのアタックに注ぎ込んだ。植村直己と松浦輝夫は5月11日に従来ルートで頂上に立ち、その翌日には平林克敏とシェルパのチョタレイも登頂を果たす。平林は南峰から少しだけ下りて南西壁の上部を調べたが、冬の風でほとんどの雪が吹き飛ばされ、荒々しい岩肌が姿を見せていて、登攀はきわめて難しいというのが彼の印象だった。そして、現実もその通りとなる。

南西壁チームは、2回の偵察に参加した植村を欠き、人数も少なかったが、順調に高度を上げ、5月6日に第4キャンプを設営した。テントはジュラルミンの土台の上に張った。5月8日、小西政継と吉川昭が標高7800メートル付近に到達し、その2日後には加納巖と嵯峨野宏が2人のシェルパとともに、良好な天候のもとで雪のない地点まで登り、そこでアイゼンを外して岩肌を120メートルほど登って、左側のロック・バンドの基底部に当たる標高８０５０メートルにたどり着いた。そこから見ると、西稜に通じる斜面がはっきりと確認できる。その斜面が始まったすぐ上では、狭い割れ目が右へと曲がり、ロック・バンドを通って、細長く雪が積もった上の領域まで達している。この割れ目を登るのは簡単ではないが、なんとか登れそうだ。そう前向きに判断すると、一行はいったんアドバンス・ベースキャンプまで下りて休息をとることにした。だが、そこで事故が起きた。下山中に加納が落石を受けて負傷したほか、同日の午後には中島も落ちてきた石に当たってしまったのである。落石の危険があるだけでなく、モンスーン到来までの登頂は時間的に無理だろうと判断し、大塚は即座にアタック中止を宣言した。その後、従来の南東稜ルートでの登頂をめざすように目標を変更したものの、天候が崩れ出したために、遠征は5月20日で打ち切られた。仮に日本隊がすべての物資や人員を南西壁ルートでのアタックに投入していたら、エヴェレストで新たなルートを開拓する偉業を達成できただろうか――どうしてもこのような疑問を抱いてしまうが、おそらく成功したのではないかという印象を持たずにはいられない。

１９７１年の南西壁遠征

１９７１年春、ノーマン・ディーレンフルトが国際遠征隊の隊長としてエヴェレストに帰ってきた。副隊長にジミー・ロバーツを置き、南西壁だけでなく、西稜から直接登るルートにも挑むのだ。南西壁からの登攀には9人、西稜には10人の登山家を充てた。ロバーツはベースキャンプでシェルパ隊の割り振りに当たり、ディーレンフルトはベースキャンプとアドバンス・ベースキャンプのあいだでの作業を取り仕切る。日本隊の大塚とは異なり、指揮における民主的なスタイルを固く信じていたディーレンフルトは、2つのグループに分ける際にメンバーの自主性を尊重した。

すべてが順調に行っているかに思えたその矢先、西稜隊のメンバーでインド出身のハッシュ・バフグナが、最悪の状況で非業の死を遂げた。吹雪が急速に悪化するなか、尾根から下りているときに固定ロープに引っかかってしまったのである。その場から身動きがとれなくなり、ほかのメンバーが到着したときには、すでに救出不能な状態だった。ドン・ウィランズが最後に決死の救出を試みたが失敗に終わり、アドバンス・ベースキャンプからさほど遠くない地点に、バフグナを10日間にわたってぶら下がったままで放置するしかなかった。吹雪が過ぎ去ると、チームの多くのメンバーがウイルスに感染して衰弱し、食料不足が判明したほか、2回のアタックをこなせる数のシェルパがいないことも明らかになった。西稜チームの何人かは登頂の可能性を高めたいと考えていたこともあり、西稜ルートでのアタックはあきらめ、サウス・コルと南東稜からのアタックに変更することになった。

だが、ゴラクシェプでのバフグナの葬儀と埋葬から戻ったあとになって、両チームの物資を補給するポーターの数も足りないことまで判明してしまう。そこでジミー・ロバーツは、従来ルートでのアタックをやめ、南西壁からのアタックに物資と人員を注ぎ込む提案をする。ディーレンフルトはこの案を、シェルパを含めて投票にかけた。ミシェルとイヴェットのヴォシェ夫妻はアイスフォールに出かけていて欠席だったが、サウス・コルに票を投じたのはカルロ・マウリとピエール・マゾーだけだった。シェルパは当然ながら、サウス・コルまで登る長い道のりを嫌がり、南西壁の雪の斜面をまっすぐ登る短いルートのほうを好んだ。

これは、なんとしてでもイギリス人を登頂させたいというアングロサクスンの陰謀ではないか――そう考えたフランス人のヴォシェ夫妻とマゾー、イタリア人のマウリは、大激論の末、帰国することに決めた。特にイヴェットは、エヴェレストへの女性初登頂、さらには夫婦での初登頂のチャンスを奪われて、投票の結果に怒り心頭だった。

残ったメンバーには、病気の影響が重くのしかかった。ウイルスに感染して動けなくなったディーレンフルトは、遠征隊長の役割をジミー・ロバーツに引き継ぎ、ドン・ウィランズが登攀隊長となった。その時点で体調が良かったほかの登山家は、ドゥーガル・ハストンと伊藤礼造、植村直己、そしてオーストリア人のヴォルフガング・アクストとレオ・シュロマーだけだった。

4月末、チームは南西壁に戻り、前年に日本隊が設置したジュラルミンの土台を利用して、ウィランズが設計したボックス型のテントを設営した。5月5日には、標高7925メートルの第5キャンプに到達し、そこを拠点に、ウィランズとハストンがロック・バンドを抜ける左側の割れ目を調べた。だが、日本隊が前年に見たときとは明らかに状況が変わっていた。斜面があまりにも険しく、キャンプを設営できる場所がなくなっていたのである。それでも2人は岩壁の右側に割れ目を見つけ、標高8291メートルに第6キャンプを設営することができた。たびたび天候が悪化し、チームのほとんどが休息と物資節約のために下りていたが、ウィランズとハストンはとどまった。その結果、チーム内に軋轢が生じ、シュロマーとアクストが遠征隊を去ってしまい、「イギリス人の陰謀説」がさらに信憑性を増すことになる。伊藤と植村の日本人2人は、誰がルートを切り拓いたかにはまったくこだわっていないかのように、引き続き忠実に支援を続けた。

ウィランズとハストンは第6キャンプからさらに登り、右側を向いて南西壁の縁辺部を望んだときに、起伏の激しい山肌を横断して南東稜まで続く比較的簡単なルートを見つけた。だが、そのルートを使うことは受け入れられない。そこで、雪に覆われた場所や南峰の直下のガリーを引き続き調べることにした。そうして90メートルほど登ったあと、ウィランズがその最高到達点から下りてくると、2人はアタックを断念することで合意した。物資は断続的に入ってきていたが、そこからおよそ250メートル上の岩壁の頂上に到達する本格的な登攀に挑むには充分ではなかったし、たとえ岩壁を登りきったとしても、そこから山頂までにまだ長い道のりが残っている。アタックを断念した主な理由は、標高8200メートルを超える地点で酸素ボンベを背負い、高所用の登山靴と防寒着を身に着けて険しい岩壁を登らなければならない点にあった。

1975年、南西壁からの登頂に成功

翌年の春にはドイツ隊が、秋にはイギリス隊が南西壁ルートでの登頂に挑んだが、いずれも失敗に終わる。ドイツ隊は数々の困難に見舞われた。フェリックス・クーエンとアディ・フーバーは標高8300メートルに到達したところで、強風と物資不足のために断念せざるを得なかった。この遠征における新たな収穫と言えば、つわもの揃いの登山家であっても優れたリーダーシップのもとで一致団結する必要があることを再確認したくらいだった。それは、クリス・ボニントン率いるイギリス隊が、

10月から11月にかけて遠征したときも同じだったが、ただ到着が遅すぎたことで問題が起こった。アタック隊のハストンとダグ・スコットは、吹きすさぶ西風に阻まれてウィランズの最高到達点にもたどり着けなかったのである。仮に次の挑戦があるとすれば、シーズン中のもっと早くにアタックし、左側のガリーに向かわなければならないだろう。

翌73年秋には、日本隊が再びやって来た。前回と同じく、南西壁に挑むチームと、従来のサウス・コルから登るチームに登山隊は分けられ、前者が第6キャンプまで到達したもののそれ以上は進めず、10月末まで続いた悪天候のために登頂を断念した。しかし、サウス・コルからのアタックを行った後者のほうは、2人の日本人登山家が10月26日に山頂に立ち、エヴェレストのポストモ

■女性初の快挙――――1975年5月16日、エヴェレスト山頂で祖国とネパールの国旗を掲げる日本の田部井淳子。登攀中に雪崩に遭いながらも、女性として世界で初めてエヴェレストに登頂した。1992年には、7大陸の最高峰すべてに登頂した初めての女性登山家となった。

ンスーン期（秋期）初登頂となる快挙を成し遂げている。

ボニントンが再度のエヴェレスト遠征をなんとか「予約」したのは1975年秋のことである。それまでに、彼のチーム中6人が――しかもそのうち3人は2度にわたって――南西壁の登攀に参加しており、これほど経験豊富なメンバーがそろった遠征隊はそれまでにもなかった。この利点を生かすために隊は早めに現地入りし、モンスーン期にエヴェレストへと向かって歩を進め始めた。モンスーン後に西からのジェット気流が吹き始めるまでのわずかな隙間を縫って、アタックしようというのだ。ベースキャンプの設営地に着いたのは、8月22日である。

クーンブ・アイスフォールを通る安全なルートを1グループずつ登ったあと、イギリス隊は壮麗なウエスタン・クウムに沿って高度を上げた。進捗はきわめて順調で、第2キャンプには、隊長の最も楽観的な予測より数日も早く到着した。ボニントンは1960年にアンナプルナII峰（7937メートル）に登頂し、1961年にはヌプツェ（7861メートル）で南壁から山頂に立ったほか、1970年にはアンナプルナ南壁からの登頂に成功した登山隊を率いている。そんな彼の計画性と熱意、そして、デイヴ・クラークとマイク・トンプスン（食料）、エイドリアン・ゴードン（第1キャンプの準備）、マイク・チェーンのシェルパ隊による優れた仕事があったからこそ、登山隊は第5キャンプまで迅速に進むことができたのである。雪崩に遭う危険があった第4キャンプは、位置を以前よりも下げて防護壁となる岩壁の下に設営し、第5キャンプを中央のクーロワールの右側に設けた。エヴェレスト登山の経験がある隊員たちが、1972年に雪崩、落石、そして冬の強風で16張のテントを失った事故をよく覚えていたのである。数多くのシェルパと登山家たち全員が、キャンプの補強に取り組んだ。アレン・ファイフ、ロニー・リチャード、ミック・バーク、ダグ・スコットは第3キャンプまで、ニック・エストコートとポール・ブレイスウェイトは第4キャンプまで、ハストンとピーター・ボードマン、マーティン・ボイゼン、ハミッシュ・マッキネスは第5キャンプまでの補強にそれぞれ力を注いだ。

第5キャンプからは、ボニントン、リチャード、スコットが中央のクーロワールを登り、左側のガリーにおよそ45メートルの固定ロープを設置した。ガリーへと通じる雪の領域が上まで続いているのか、そして上の雪原とつながっているのか把握しきれないまま、2人はいったんロープを伝って下りた。翌日、ブレイスウェイトとエストコートが、その確認のために上をめざす。前回の最高到達点を超えると、ブレイスウェイトは長いピッチ［ひとつの確保点から次の確保点までの行程］を先導し、粉雪で覆われたもろい岩の急斜面を登った。岩場は不安定で登攀は困難をきわめたが、なんとかガリーの基底部にたどり着いた。2人はチョックストーン［割れ目に挟まった石］を越え、雪崩によって固く締まった雪の上に足を踏み入れて、古代ローマの円形劇場のような形をした最上部まで登った。今度はエストコートが先導して、ところどころ雪に覆われた右手の岩場を登る。斜度65度のもろい岩場を厚さ5センチほどの粉雪が覆っているだけで、アイゼンはなんの役にも立たず、表面を引っかくだけだったが、なんとか登り、上の雪原へ通じるルートがあると確認したところで引き返した。ロック・バンドの上に第6キャンプを設営できる場所もありそうだ。ここは南西壁でも最も困難な区間で、2人が酸素を使いきるほどの重労働だった。

9月22日、ハストンとスコットが固定ロープを登って大きな割れ目に入り、そこを抜けて、それまでの最高到達点にたどり着いた。さらにスコットは、テントを運ぶアン・プルバを先導しながら、難しい斜面を90メートル登り、雪で覆われた尾根上の第6キャンプの設営地に到達した。トンプスン、ボニントン、バーク、ペルテンバも、重要な物資を担いで上がってきた。ボニントンは第5キャンプから上に9日間も滞在していた。そんな状況のなかで荷揚げしてくれたことを考えると、彼らのサポートに感嘆せざるを得ない。彼らが下りていくと、ハストンとスコットだけが残ってテントを張った。最初のアタックが失敗しても次のパーティの助けになるように、上の雪原に固定するロープを多めにしておくよう、ボニントンから要請を受けていた。2人は450メートルを超える長さのロープを張り、第6キャンプに戻ってアタックに備えた。

翌朝、コーンビーフの炒め物と紅茶の朝食をとると、ハストンとスコットは、ストーブと湯沸かし用のブリキ容器、ビレイ・プレート［安全確保用の器具］、ハーケン4本、ハンマー1本を入れた軽いリュックサックを背負って、キャンプを出発した。固定ロープの終点から先導役を交代しながら進んだが、南峰の麓まで来たところで、ハストンの酸素補給器が氷結して詰まってしまった。スイス製の折り畳み式ナイフを使って氷を取り除くのに1時間を要し、高さ9メートルで斜度65度の黄色い岩場を登るのに、さらに多くの時間がかかった。スコットはこの岩場で3本のハーケンを使い、4本目でハストンを確保して上げた。そして2人は、クーロワールを登って南峰をめざす。粉雪で覆われた斜面で進みは遅くなり、ようやく南峰にたどり着いたのは午後3時30分だった。南峰の雪のほうが固く締まっているのを確認すると、2人は尾根沿いに歩みを進める。モンスーンの雪をかぶったヒラリー・ステップをハストンが登ったあと、スコットの先導で山頂をめざした。

午後6時、2人は山頂に立つと、ひと休みして食べ物を口にし、夕日に染まる峰々の絶景をカメラに収めた。下山中には、ヒラリー・ステップでヘッドランプが故障し、酸素もなくなった。登る途中で茶を飲みながら休憩したときにつくった小さな穴が南峰にあったことから、その穴を広げてビバークするのが賢明だと2人は判断し、摂氏氷点下40度という厳しい寒さのなか、リュックサックの上に座って9時間を過ごした。エヴェレスト山頂のわずか100メートル下で、寝袋も酸素もない状態で一夜を明かす。これはビバーク地点としては世界最高だったが、2人が凍傷を負うことはなかった。このことは、彼らにとっても、ほかの登山家にとっても、将来の登山の手法に関して自信を深める出来事となった。

経験豊かで結束力のある登山隊が、充分な数の人員と物資を投入し、大勢のシェルパを雇い、酸素と固定ロープを使って最上部のキャンプまで効率良く導かれ、まずまずの天候と雪の状態に恵まれれば、ヒマラヤ最高峰の岩壁を通っても登頂を果たすことができる――エヴェレスト南西壁の登攀は、それを示していた。これは、1970年にクリス・ボニントンが率いたアンナプルナ南壁とナンガ・パルバットのルパール壁への遠征でも示されている。そこに参加したすべてのメンバーが、シェルパや酸素、固定ロープの助けを借りる機会を減らしながら、登山を続けている。世界屈指の高峰を含めたその他の山でも、基本に戻る流れが進行していた。

アルパインスタイルへ向かうヒマラヤ登山

K2(イタリア隊)、エヴェレスト(イギリス隊)、カンチェンジュンガ、ナンガ・パルバット(ドイツ/オーストリア隊)といった国家的な大遠征に注目していると忘れがちだが、ヒマラヤ登山はそもそも小規模かつ少人数で始まり、その後も大半が同様だった。なかには、固定ロープを使わず、登攀と降下を繰り

■最後のステップ———1975年のイギリス隊の南西壁遠征で、エヴェレスト山頂の手前に立ちはだかる最後の難関ヒラリー・ステップを登るドゥーガル・ハストン。モンスーンの雪は粗く、登攀に伴う危険が大きい。ハストンと仲間のダグ・スコットは、イギリス人として初めてエヴェレストに登頂した。

返す固定キャンプの設営や物資の荷揚げも行わずに頂上をめざす「アルパインスタイル」で、ヒマラヤに挑む登山家もいた。たとえば、トム・ロングスタッフはカルビル・ブラトキとブロシュレル兄弟とともにトリスル(7120メートル)に登っている。1907年6月12日、トリスル氷河(約5290メートル)から1日かけて純粋なアルパインスタイルをもって挑戦した彼らは、当時としては最も高い登頂記録を樹立している。同年には、ノルウェー人のイングヴァルド・モンラード・アースとカール・ヴィルヘルム・ルーベンソンが、カンチェンジュンガの南11キロに位置するカブルー(7394メートル)に挑んだ。10月20日、2人は高所キャンプ(6706メートル)を出発し、カブルーの2つの峰をつなぐ尾根に到達したが、山から吹き飛ばされそうなほど猛烈な暴風に襲われ、主峰の頂上まであと30メートルというところで引き返さざるを得なかった。スコットランドのアバディーン出身の化学者アレグザンダー・ケラスは、シェルパの助けを借りながらではあるものの、軽装備・少人数のスタイルを採用しながら主にシッキム・ヒマラヤで数多くの峰に登頂しており、1911年にはパウフンリ(7125メートル)とチョモ・ユンモ(6829メートル)に登っている。

1930年には、スイスの登山隊がジョンソン・ピーク(7462メートル)に登り、1931年にはフランク・スマイス率いるイギリスの遠征隊がカメット(7756メートル)の初登頂を達成し、1936年にはビル・ティルマンとノエル・オデルがナンダ・デヴィ(7816メートル)に登頂している。これらすべては、エヴェレストで実施された遠征に比べれば、その登山手法も投入された人員の数も小規模だった。

1954年10月19日のオーストリア隊によるチョー・オユー(8201メートル)初登頂は、純粋なアルパインスタイルではないものの、それまでの8000メートル峰への登頂に比べれば少ない人員と物資で成し遂げられ、当時としては時代を先取りしていた。メンバーはアイガー北壁を制覇したゼップ・ヨヒラー、地質学者で探検家、アマチュア登山家のヘルベルト・ティッチー、そしてパサン・ダワ・ラマの面々で、ポストモンスーン期に軽装備・少人数のスタイルで8000メートル峰に登頂した初の事例となった。パサンは経験豊かで強靭な登山家であり、1939年にはアメリカのK2遠征に参加し、隊長のフリッツ・ウィスナーとともに登頂寸前まで行っているが、このチョー・オユー遠征においても、誰よりも目覚ましい活躍を見せた。10月16日、ナムチェバザールで物資を調達してベースキャンプへ戻る途中、あの屈強なスイス隊がガウリサンカール登頂を断念し、チョー・オユーに登ろうとしているとい

■牙をむく岩壁——世界第6位の高峰チョー・オユー（8201メートル）を、のこぎりの歯のような岩壁が取り囲む。チョー・オユーには、1952年にイギリスのエヴェレスト偵察隊が初めて本格的にアタックしたが、氷壁に阻まれて断念した。1954年5月には、オーストリアのティッチーとヨヒラー、ネパールのパサン・ダワ・ラマが初登頂を達成し、チョー・オユーは5番目に登頂された8000メートル峰となった。

う話を聞きつけたパサンは、その朝ターメ（３８００メートル）を出発して急いでナンパ・ラ（５７１６メートル）を越え、10月17日のうちにオーストリア隊のベースキャンプにたどり着いたうえに、18日には標高７０１０メートルの第4キャンプまで登り、19日には標高８２０１メートルの山頂に立ったのである。パサンがオーストリア隊に会ったときの第一声は、「スイス隊は登頂したか？」だったという。まだだ、という答えを聞いて彼はこう言った──「よかった。もし登頂していたならすべては終わりだった」。これほど意欲的なシェルパは、当時そうはいなかったし、４日間でヒマラヤの荒れ地を４４０１メートルも登って、標高８２０１メートルの未踏峰に初登頂する離れ業をやってのけるような人物もまた稀で、今でもなかなかいない

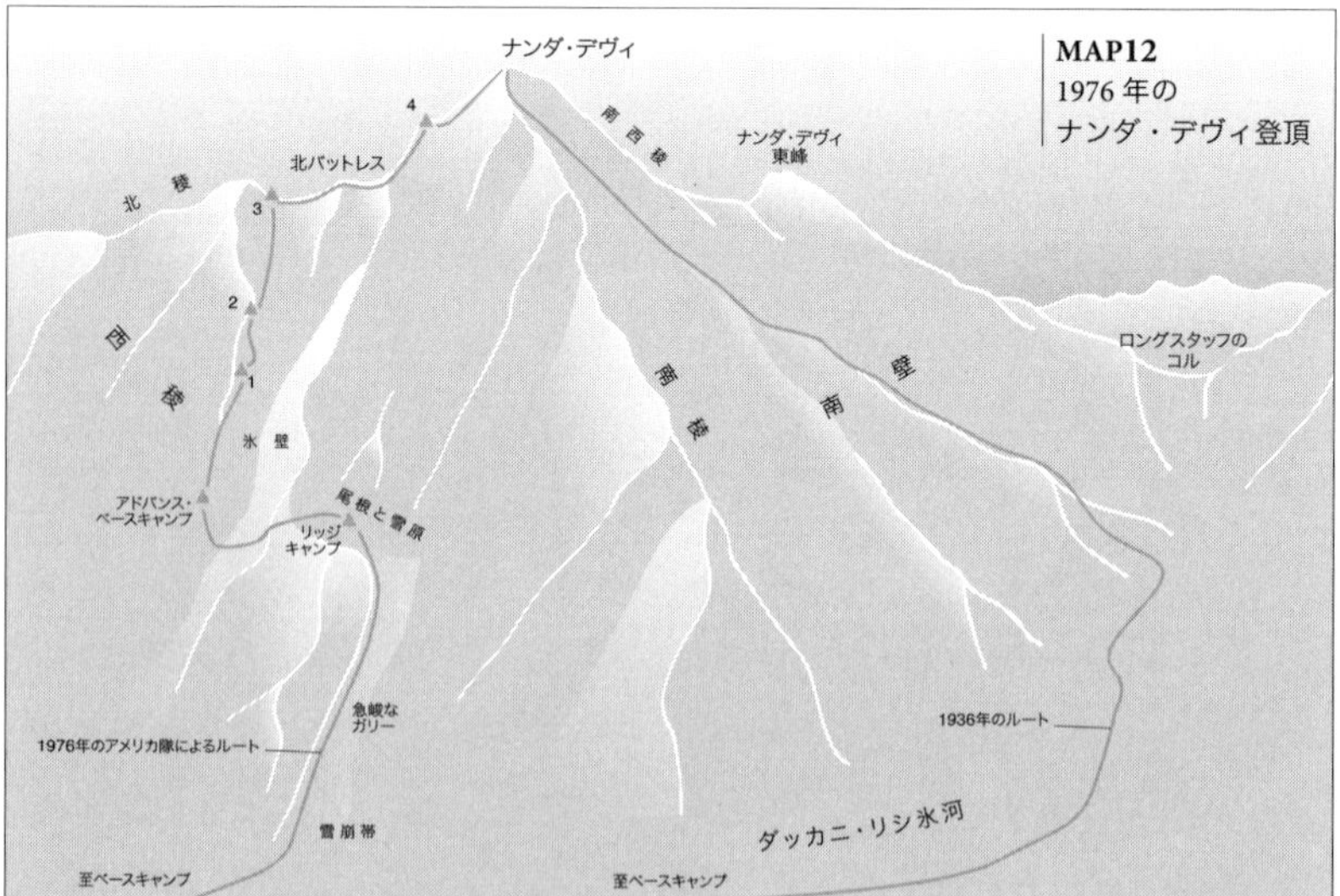

■新たなアプローチ──アメリカ隊による1976年のナンダ・デヴィ遠征では、大人数で荷揚げをする従来の「包囲法」を支持するジョン・ロスケリーらと、少人数・軽装備のアルパインスタイルを支持するウィリー・アンソールドらのあいだで意見の相違があった。1936年に初登頂した遠征隊とは異なり、アメリカ隊は西壁を登り、難関の北バットレスを越えて、9月1日に山頂に立った。だがアンソールドは、この山にちなんで名づけた娘のナンダ・デヴィをこの遠征で亡くしてしまう。

だろう。

1957年には、オーストリアの登山隊がアルパインスタイルでの登山に向けて、再び一歩前進した。無酸素でブロード・ピーク初登頂をめざそうというのである。彼らは、ポーターの助けを借りずに8000メートル峰にアタックした初めてのグループで、6月9日にマルクス・シュムック、フリッツ・ヴィンターシュテラー、クルト・ディームベルガー、ヘルマン・ブールが登頂を果たしている。しかし、この偉業に関しては計画段階から賛否両論があり、アタック中にも論争はやまず、それ以降も現在まで議論は続いていている。残念なことに、ナンガ・パルバットに単独で初登頂した登山史上屈指のアルピニストであるヘルマン・ブールは、ブロード・ピークに登頂した後、ディームベルガーとチョゴリザに登攀しているときに雪庇を踏み抜いて落下する事故に遭った。彼の遺体はいまだに回収されていない。一方、ブロード・ピークでの偉業とブールの事故死への関心の高さに比べて、スキルブルム（7360メートル）への登頂はあまり注目されていないが、シュムックとヴィンターシュテラーは6月18日にブロード・ピークの標高6000メートルのベースキャンプを出発し、翌日の午後4時にスキルブルムの山頂に立ったあと、翌朝8時30分にベースキャンプに帰還している。実に52時間におよぶ山頂との往復を誰の手も借りずに、つまりアルパインスタイルで成し遂げた偉業だ。

エヴェレストでは、包囲法を使った大規模な遠征が引き続き実施される一方で、冒険心を持った少人数の登山隊が、ときどき軽装備で新たなルートを開拓しようとやって来た。1982年、クリス・ボニントンは未踏の北東稜に挑むために、ディック・レンショー、ピーター・ボードマン、ジョー・タスカーからなる小さなチームを率いて、エヴェレストに足を踏み入れた。一行は北東稜の標高7850メー

■峰々のパノラマ―――ヒマラヤのブロード・ピークからチョゴリザにかけての絶景を一望する。チョゴリザでは、1957年6月にオーストリア屈指の登山家ヘルマン・ブールが雪庇の崩壊によって落下死している。初登頂は1958年に日本隊が成し遂げた。

トル地点までの3カ所に雪洞を掘り、5月4日、最初のピナクルまで登りながらルートの大部分にロープを固定し、いったんベースキャンプまで下りた。レンショーはピナクルで軽い発作を起こし、これ以上登る体力は残っていないとボニントンに判断され、ボードマンとタスカーだけが登攀を続けることになった。固定ロープから上は、アルパインスタイルで山頂をめざす。だが2人は、5月15日の夕方に第2ピナクルの基底部にいるのを望遠鏡で目撃されたのを最後に姿を消した。ボードマンが見つかったのは、消息を絶ってから10年後の1992年のことである。遺体が雪に埋もれているのを、カザフスタンの登山隊が発見したのだ。おそらくタスカーは滑落し、ボードマンは単独で引き返す途中で力尽きて倒れたのだろう。

1988年8月5日には、ラッセル・ブライスとハリー・テイラーがピナクル帯を登りきり、北稜との合流点まで到達した。しかし、その時点で体力を使い果たしていたため、2人は北稜とノース・コルを通ってベースキャンプまで引き返した。

1995年、日本大学の13人の登山家と31人のシェルパからなる大規模な遠征隊が、北東稜やピナクルとその周辺に大量の固定ロープを設置し、そこから北稜に足を踏み入れ、5月11日にエヴェレスト登頂を果たした。その後、山頂を午前8時15分に出発すると、固定ロープを滑り下り、ピナクルのあいだをロープ沿いに大急ぎで下って、日が暮れる直前の同日午後6時16分、アドバンス・ベースキャンプに到達した。固定ロープが果たす役割がいかに大きいかが、よくわかる事例だ。こうした固定ロープと固定のキャンプ、そしてシェルパの支援により、エヴェレストではあらゆる種類の記録が破られることになったわけだが、純粋な登山技術の発展だけでそれは果たせなかったことだろう。今や、体になにがしかのハンディを負った人々もエヴェレストに登るようになり、登頂者の年齢の幅も広がった。２０１３年5月には、80歳の三浦雄一郎が息子の豪太とともに、世界最高齢でのエヴェレスト登頂を成し遂げている。

　それとはまったく対照的に、スイスのエアハルト・ロレタンとジャン・トロワイエは、ダウラギリ登頂を短期間で果たしたあと、エヴェレスト北壁から完全なアルパインスタイルで登頂する難業に挑むことにした。１９８６年8月28日、2人は北壁の麓までスキーを使い、午後11時からヘッドランプの明かりを頼りに登攀を開始した。ホーンバイン・クーロワールの麓にたどり着いたところで長時間の休息をとってから、翌日の夕刻に再び出発し、そこから31時間に及ぶ登攀ののち、8月30日の午後2時にエヴェレスト山頂を踏んだ。下山はさらに壮観で、ほとんどの区間を座った状態で制動滑降《グリセード》して、3時間半で下りきる荒業だった。すでに確立されていたルートを通ったとはいえ、寝袋もテントもロープも持たずにエヴェレスト登頂に挑むにはそれなりの勇気が必要だが、ここで言っておかなければならないのは、2人とも世界屈指の優れた登山家であり、安全を確保する術を知っているということだ。

◉K２――新たなルートに挑む

エヴェレストに比べると、ほかの山では新ルートが開拓されるペースが遅い。とはいえ、登山の危険性や魅力はエヴェレストと同じくらい大きい。K２で従来のルートに代わるルートが見つかったのは、１９７８年のことだった。これはアメリカのルー・ライヒャルトとジム・ウィックワイヤーが切り拓いたルートで、２人は初めて北東稜を経由し、従来ルートの「肩」を延々と通って横断するルートで登頂を果たした。このときライヒャルトは無酸素で登頂している。１９８１年、日本の登山隊が、並外れた体力と登山技術を持つ地元の登山家ナジール・サビールとともに、K２西稜からの登頂を果たした。サビールは危機的な状況にあってもチームを鼓舞し、ルートのほとんどで先導役を務め、８月７日、大谷映芳とともに山頂に立った。

K２の中国側に外国人が入れるようになると、日本は手早く遠征隊を組んで、１９８２年に北稜から登頂した（写真は、１９８２年８月14日に日中両国の国旗を掲げる坂下直枝）。１９８６年にはポーランド隊が南壁の中央の岩稜から登頂し、同年にはポーランドとスロバキアの登山隊が、「マジックライン」と呼ばれる南南西稜から山頂に立った。

　フランス屈指の強靱なアルピニスト、ピエール・ベジャンとクリストフ・プロフィは、友人２人をベースキャンプに配置するだけのサポートで、北西稜と北稜を登った。このフランス隊の登攀は新たなルートを開拓するものではなかったが、従来の２本のルートを組み合わせて山頂までの登攀と下山を２日で達成する、きわめて大胆な成果となった。コンコルディアにいた別のフランスのトレッキング隊は、８月15日の夕暮れに２人が登頂写真を撮っているのを目撃し、数千メートル上で懐中電灯の明かりが山頂を下り始めたのを見て驚いたという。ベジャンとプロフィは夜通し歩いてテントまでたどり着き、世界第２位の巨峰にアルパインスタイルで登頂する偉業を達成した。

　１９９４年には、ヨーロッパのバスク地方の登山隊が、K２の南南東稜を経て登頂している。これは１９８３年に英仏の合同チームが「肩」まで開拓したルートで、バスク隊は初めてこの尾根から山頂まで登りきり、アブルッツィ稜を経由するよりも、おそらく容易な新ルートを切り拓いた。

2007年には、ロシアの大規模な登山隊が、西壁を直接登る固定ロープを設置しにやって来た。このロシア隊には、ジャヌー北壁に数週間かけて何千メートルもの固定ロープとボルト、ポータレッジ［崖に吊す簡易ベッド］を使って登頂した、経験豊かなメンバーもいた。それまでにもK2西壁をアルパインスタイルで登る可能性を探ったチームはいくつかあったが、条件が良くないことを理由にいずれも断念していた。ロシア隊はロープを固定する以外の目的を持たず、2カ月半にわたって標高およそ7850メートルまで固定ロープを設置し、7カ所にキャンプを設営したのち、10月21日と22日に2度のK2登頂を達成した。16人のメンバーのうち11人が登頂し、まさにチーム全体で達成した成果だ。しかし、アメリカ山岳会が発行する雑誌『アメリカン・アルパイン・ジャーナル』の編集者はこの成果に批判的で、それまで何回もの挑戦をはねつけた難ルートを攻略することの是非はともかく、「何千フィートもの固定ロープと何百ポンドもの用具や物資をK2の斜面に置き去りにしてくるのは、倫理に反する」と書いている。

ナンガ・パルバットでのアルパインスタイル

1978年にラインホルト・メスナーがディアミール壁から単独登頂を成し遂げて以来（これは8000メートル峰に新ルートで単独登頂した人類初の偉業である）、ナンガ・パルバットは革新的なクライミングが披露される場となってきた。2005年には、アメリカ人のヴィンス・アンダースンとスティーヴ・ハウスが、ルパール壁の中央ピラーを登った（これは、1970年にメスナーが使ったルートと1985年にククチカとカルソリオが使ったルートのあいだで、どちらも固定ロープを使用している）。2人は、ヒマラヤ全体で最も高い岩壁の最も険しい区間を通り、完全なアルパインスタイルで挑んだ。1日目、2人はベースキャンプからおよそ1600メートルを登り、その後の5日間もビレイ［ロープなどで安全を確保すること］できる場所が少ないなか、たびたび落石に見舞われながら、ところどころ氷に覆われた急峻な岩壁を登り続け、9月6日、日が暮れる頃に登頂を果たした。2人が使ったのは、8000メートル峰の登山では屈指の難しいルートだった。

2012年には、マゼノ稜の全区間を通って登頂し、キンスホーファー・ルートに沿って下山する偉業が達成されている。これは全長およそ13キロの行程である。マゼノ稜ルートでは、1992年にセルゲイ・エフィモフ、ダグ・スコット、アン・プルバ、ガ・テンバがアルパインスタイルでアタックしている。各人が25キロの荷物を背負い、2回のビバークを経てマゼノ稜に到達し、標高6825メートル、6880メートル、6970メートルの各ピークを5日間かけて越えたところで、疲労が極限に達してアタックを断念した。

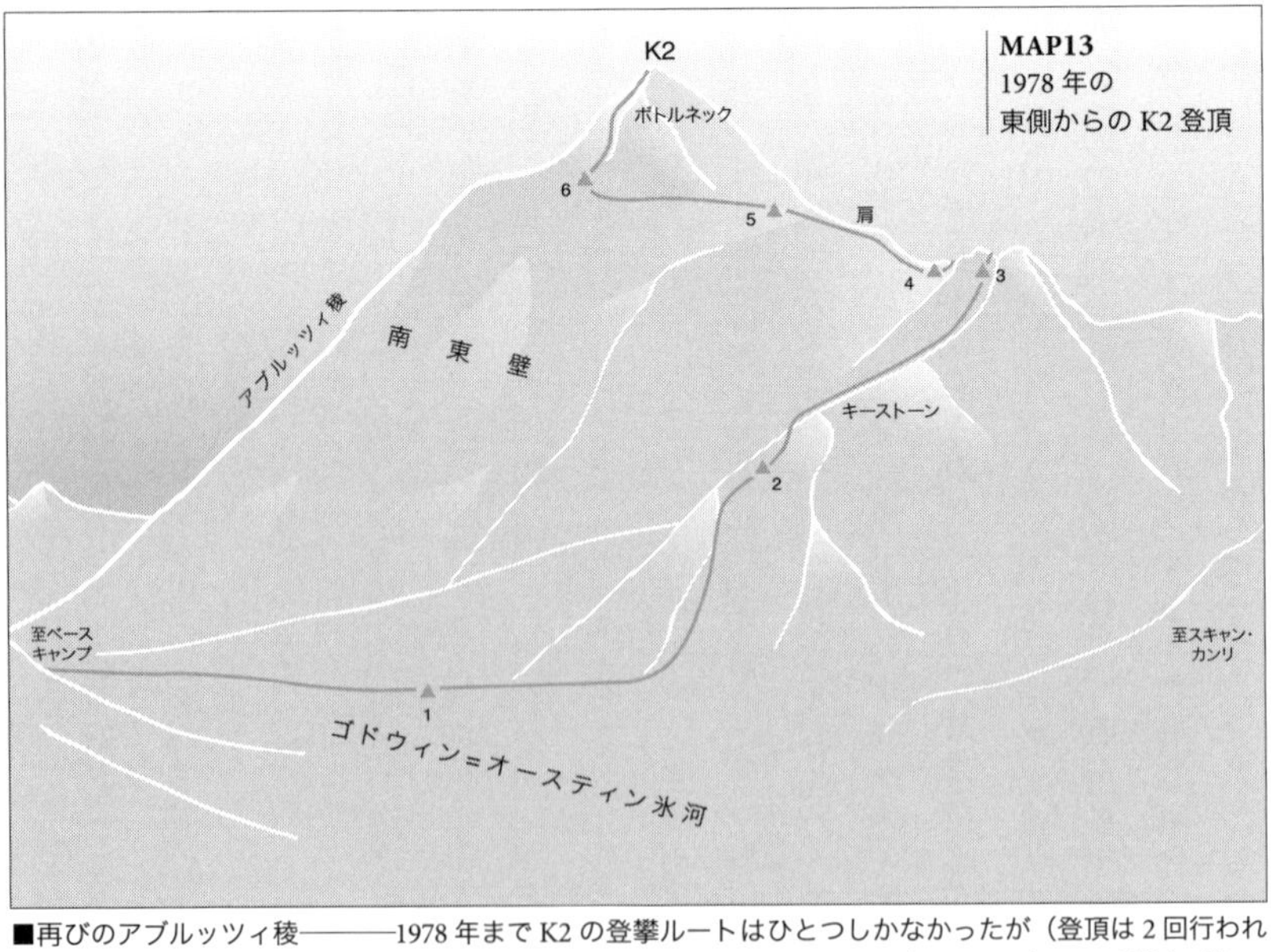

■再びのアブルッツィ稜――1978年までK2の登攀ルートはひとつしかなかったが（登頂は2回行われた）、同年、新ルートに挑む2つの遠征隊が登場した。ひとつは、クリス・ボニントン率いるイギリス隊で、西稜に挑んだもののニック・エストコートが雪崩に巻き込まれて死亡し、撤退を余儀なくされた。もうひとつのジム・ウィッタカー率いるアメリカ隊は、北東稜経由で山頂をめざした。しかし、北東稜を直接登るのは困難であることが判明したため、アタック隊は東壁を横断してアブルッツィ稜に移り、1954年イタリア隊の登攀ルートを通って山頂に立った。

２００４年には、アメリカのスティーヴ・スウェンスンとダグ・シャボーが、ついにマゼノ稜の全8ピークを越えてマゼノ・ギャップまでたどり着いた。残念ながら、そこで体調不良と天候悪化のためにシェル・ルートを通って下山せざるを得なかったものの、たった1本のロープと最小限の用具だけを

◉カンチェンジュンガの新ルート開拓

カンチェンジュンガで新しい登頂ルートが開拓されたのは、初登頂後22年経ってからのことだった。総勢16人の登山家からなるインド軍の登山隊が、山岳地専門の部隊ラダック・スカウトの助けを借りて、北東稜を経由する新ルートでの登頂に挑み、１９７７年５月31日、プレム・チャンドとニマ・ドルジェが見事なアタックの末に登頂を果たした。

　これとは対照的に、次に新ルートを切り拓いたのは、４人の登山家と２人のシェルパだけの少人数・軽装備のチームである。フランス人のジョルジュ・ベタンブールが最後のビバーク地点までサポートし、その後、ボードマンとスコット、タスカーが険しい西壁［写真］と北稜を通って、１９７９年5月16日、無酸素で山頂に立った。これは、少人数・軽装備のスタイルかつ無酸素で主要峰に登頂した初めての事例だった。その後、カンチェンジュンガの主峰や周囲の衛星峰では、数多くの新たなルートや難ルートが開拓された。１９８９年には、カザフスタンとウクライナの合同登山隊が、「雪の五宝」と言われるカンチェンジュンガの5峰を縦走している。

　カンチェンジュンガで切り拓かれた数あるルートのなかでも、スロベニア隊の南峰（８４７６メートル）登頂はすばらしい。１９９１年4月30日、マルコ・プレゼリとアンドレイ・シュトレムフェリが5回のビバークを経て、南陵経由で山頂に立った。岩場はグレードⅥで、氷壁はときには垂直にそそり立ち、場所によってはオーバーハングしていたが、２人は完全なアルパインスタイルで、しばしば単独で登った。標高８１００メートル地点でロシアルートに入り、そこから、ロシア隊が設置した固定ロープを使って登頂した。この登攀により、２人は最初のピオレドール賞を受賞している。

使った見事なスタイルのアタックだった。

２０１２年、イギリスの登山家リック・アレンとサンディ・アランが、大規模な登山隊の一員として、ヒマラヤ登山で屈指の偉業を達成した。６月下旬、リックとサンディは、キャシー・オダウドと３人のシェルパとともに標高６２００メートル地点まで到達し、食料や用具を置き、短い区間に固定ロープを設置して、いったんベースキャンプに戻った。７月２日、高度順化を完璧に終えたところで、マゼノ稜に足を踏み入れた。８つのピークすべてを越え、マゼノ・ギャップをめざす。ルートのほぼ全区間が標高７０００メートル前後で、グレードⅣ〔以下、巻末の参考文献に挙げられた http://www.spadout.com/wiki/index.php/Climbing_Grades に記載されているグレードを用いている〕の氷があり、複雑な岩場もあるほか、軟らかく不安定な雪の区間も多い。登攀は難航をきわめた。ようやくマゼノ・ギャップに着いたのは7月10日のことで、リックとサンディだけが引き続き頂上をめざすことにし、残りのメンバーは7月13日にシェル・ルートを通って下山した。

リックとサンディは尾根の上を進もうとしたが、岩壁に行く手を阻まれたため、北側に下りて厚い雲のなか起伏の激しい岩場を迂回せざるを得なかった。登頂を果たしたのは7月15日である。下山には、キンスホーファー・ルートを使うことにした。２人は２００９年に大勢の登山家とこのルートを登った経験があったが、今は深い雪に閉ざされており、人影はまったくなかった。7月19日、ベースキャンプにいたチェコの遠征隊に無事に迎えられ、彼らとともに休息して食事をとり、水分を補給することができた。ライターの点火用の石を落とした2人は雪を解かせず、２日間も水分をとっていなかったのだ。

高所で、しかも気まぐれな天候に翻弄されやすい尾根で大半の時間を過ごしながらの、18日間にわたる登山――これは誰が見てもすばらしい偉業だ。しかし、この登山が特別なのは、このときサンディが

56歳で、リックが58歳だったことである。2013年4月には、登山界でこの偉業が認められ、2人には、ほかの5つの遠征隊とともに、世界の優れた登山家に贈られるピオレドール賞がフランスのシャモニーで授与された。

高度な技術を要する登山

特に1970年以降は、ヒマラヤ登山への関心が急激に高まったため、成果の数も多い。紙幅の関係で、近年実施された新たな登山に関しては、短く概要だけを紹介することにする。勇敢で革新的な登山家は数多くおり、すべてを紹介するのは難しい。ここに挙げるのは、主に標高6000メートルから7000メートルの山で実施された高度な登山であり、世界屈指の優れたアルピニストやロッククライマーが、いかに技術的な難しさを加味しながら高所登山に挑んできたかがよくわかる事例である。

◉最後の8000メートル峰

8000メートル峰のなかで最後に人類が登頂したのは、シシャパンマ（8013メートル）だ。中国とチベットの登山隊による長期戦で、雪に覆われた北稜を経由して、10人ものメンバーが1964年5月2日に登頂を果たした。

シシャパンマで別の新たなルートが開拓されたのは、1982年のことだった。ロジャー・バクスター・ジョーンズ、アレックス・マッキンタイア、ダグ・スコットが、近くのプンパ・リ（7445メートル）にアルパインスタイルで3日かけてアタックし、初登頂を達成した。

その時点で完全に高度順化していた彼らは、そこから、高さ3000メートルの前人未踏のシシャパンマ南壁に挑み、5月28日に山頂に立つと、南壁の右側にあるクーロワールを通って下山した。この行程では、4日間にわたって貴重な好天に恵まれ、ビバークを3回行っている。

1990年秋には、ヴォイテク・クルティカ、エアハルト・ロレタン、ジャン・トロワイエが南壁の別ルートに挑んだ。3人は左側のクーロワールを通って中央峰まで登り、午前10時に主峰に立った。ベースキャンプを出発してから登頂を経て帰還するまでを24時間以内でこなす高速登山だった。

まずは、ジョー・タスカーとディック・レンショーによる1975年のガルワール遠征を紹介しよう。2人は小さなベースキャンプを設け、無人のテントを残してドゥナギリ（7066メートル）の南壁からアタックし、頂上までの約1500メートルを6日にわたって登り続けて、山頂に立った。よくある荒天や降雪と闘いながら5日間かけて下山したが、そのあいだにレンショーは手の指に深刻な凍傷を負った。これは優れた登山のひとつであり、その後の挑戦を示唆するような成果だった。同じ年には、ラインホルト・メスナーとペーター・ハーベラーがカラコルムのガッシャーブルムI峰（ヒドゥン・ピーク）で、標高6700メートル地点に物資を置き、北西壁の新たなルートを使って登頂した。これは、タスカーとレンショーの登攀より技術的に難しくはないものの、見事な登攀という点では同じだ。ハーベラーとタスカー、レンショーは、ヒマラヤ初挑戦で登頂を成し遂げた。それを考えれば、すばらしい成果だと言える。

ドゥナギリでの成功に勢いづいたのか、タスカーは翌76年、ピーター・ボードマンとともにチャンガバンの西壁に挑んでいる。当時、2人組で行われるものとしては技術的に最も難しい登山のひとつだった。実に40日もの日数をかけて、2人は高さ1539メートルの西壁に合計610メートルのロープを固定し、秋の厳しい寒さに耐えつつ、途中、絶壁に簡易ベッドを吊り下げてビバークしながら、困難な岩壁を高度なロッククライミング技術で登りきった。

1977年には、ヒンドゥークシュにそびえるコー・イ・バンダカー（6840メートル）の高さ約2400メートルの東壁に挑んだグループがいた。アレックス・マッキンタイア、ジョン・ポーター、ジャン・ウルフ、ヴォイテク・クルティカという面々である（クルティカは、この東壁について、アイガー北壁よりも難しく危険だと考えていた）。4人は、険しい氷壁と不安定なロック・バンドからなるこの恐ろしい絶壁を、6日間かけてアルパインスタイルで登りきった。この遠征隊を率いたアンジェイ・ザワダは、テリー・キングとコンビで、コー・イ・マンダラスにある高さ2000メートル近い危険な北壁を、5日間かけてアルパインスタイルで制覇した。この頃には、イギリスとポーランド共同の登山隊が数多くの成果を残している。

同じ年には、技術的にさらに高度な登山が実施された。アメリカのキム・シュミッツ、デニス・ヘネック、ジョン・ロスケリー、ガレン・ローウェル、ジム・モリッシーによるグレート・トランゴ・タワー（6257メートル）登攀である。大岩壁のクライミングを得意とする精鋭たちのチームで、氷の斜面とグレード5・8A1の急峻な花崗岩の岩壁を4日かけて登った。

1977年夏の同じ頃、ボニントンとスコッ

■極寒のキャンプ――――チョラツェ山頂の台地でビバークする、アメリカのジョン・ロスケリー。標高6440メートルのこの山は、クーンブ渓谷周辺の主要峰では最後の未踏峰だったが、ロスケリーとヴァーン・クレヴェンジャー、ガレン・ローウェル、ビル・オコーナーが、1982年4月に南西稜経由で初登頂した。

トが軽装備・少人数のスタイルでオーガ（別名バインター・ブラック、７２８５メートル）に挑んだ。氷原を出発し、グレード５・９Ａ１のピッチを攻略して登頂を果たしたが、下山中には、スコットが最初の懸垂下降で両足を骨折し、その４日後にはボニントンが肋骨を折るなど、トラブルが頻発した。モー・アントワーヌとクライヴ・ローランドの助けがあったおかげで、２人は８日かけて氷河までなんとか下りることができた。その24年後にオーガで２番目の登頂を達成した登山家たちは、最後の岩塔について、当時この高度で登頂されたなかで最も難しかったはずだと考えている。

翌１９７８年には、アメリカのジョージ・ロウとジェフ・ロウ、ジム・ドニーニ、マイケル・ケネディが、ラトックI峰（７１４５メートル）の北稜にある、高さ約２１００メートルの花崗岩の絶壁と氷に覆われたガリーを登った。だが、途中でジェフ・ロウが体調を崩したために、高さにしてあと１５０メートルという地点でアタックを断念した。その後、数多くの登山隊が挑んでいるが、まだ誰も登頂を果たしていない。同じ年、ガルワールでは、マッキンタイアとポーター、ジュレク、クルティカが、チャンガバンの南壁をベースキャンプから８日間かけて登攀した。これは、難易度がきわめて高いロッククライミングだった。

１９７９年には、ロスケリーとシュミッツが、ロン・コークとビル・フォレストとともに、ウリ・ビアホー・タワー（６１０９メートル）の高さ約１０７０メートルの東壁の麓まで、７６０メートルほどの狭いガリーを登って到達した。そこから、10夜をハンモックで過ごし、12日間かけてこの急峻な岩壁を登りきった。彼らの評価では、東壁のグレードはⅦ（Ａ４）で、それまでに行われたヒマラヤにおける大岩壁のクライミングのなかで、最も困難な登攀だった。この偉業を達成する前の同年には、ロスケリーは従来の包囲法を使って、ガウリサンカール（7115メートル）で恐ろしい西壁から初登頂を成し遂げている。

1981年、ダグ・スコットとジョルジュ・ベタンブールが、オーストラリアのグレッグ・チャイルドとリック・ホワイトとともに、シヴリンの東稜とその上の絶壁を13日間登り続け、険しい岩壁（グレード5・9 A3）とミックス壁（アルプスで使われるフランスのグレードではTD-ED［非常に困難〜極度に困難］）を乗り越えて登頂した。大岩壁のクライミングを、雪に覆われたやせ尾根やガリーの氷を登る作業と組み合わせるのはなかなか難しい。使う用具がそれぞれ異なるが、すべてを持ち運ぶのは困難で、重さの関係で運べない用具もあったために、どの区間でもかなりの苦労があって、時間がかかってしまった。それに、毎日のように降る雪にも対処しなければならなかった。

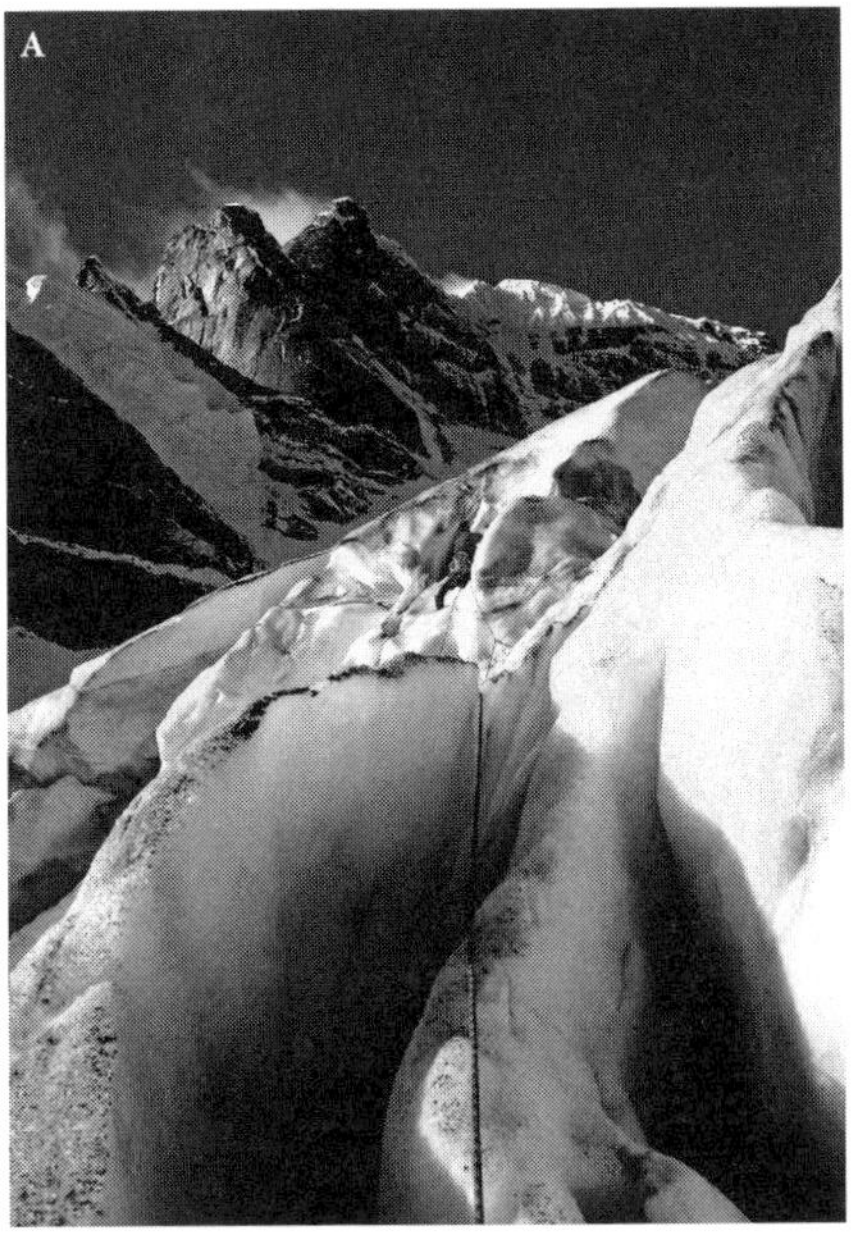

ロスケリーとローウェルは、1982年に再びネパール入りした。今度は、アメリカのヴァーン・クレヴェンジャーとイギリスのビル・オコーナーとともに、チョラツェ（6440メートル）に挑もうと

■絶壁に挑む――――カシミールにあるキシュトワール・シヴリンで、氷の斜面を登るディック・レンショー［ph A］。1983年9月10日、仲間のスティーヴン・ヴェナブルズとともに標高6040メートルの山頂に世界で初めて立った。パキスタンのグレート・トランゴ・タワー東壁は、バルトロ氷河の北にそびえ立つ花崗岩の尖峰のひとつだ［ph B、次ページ］。その絶壁はほぼ垂直で、世界で最も急峻な斜面だが、1977年にアメリカのシュミッツとヘネック、ロスケリー、ローウェル、モリッシーが見事に初登頂を成し遂げた。

いうのである。彼らは南西稜を通り、およそ30ピッチの硬い氷を乗り越えて、見事初登頂を果たした。ヒマラヤの同種の登攀のなかでも最難関の部類に入ると、ロスケリーは考えている。インドのガンゴトリ山群では、スコットランドの登山家アレン・ファイフとボブ・バートンが、シヴリンからガンゴトリ氷河を挟んで対岸に位置するバギラティⅢ峰（6454メートル）で、南西バットレスの花崗岩の大岩壁に挑んだ。最初に7本のロープを固定したあと、11日間にわたって登り続けたが、山頂付近で硬い花崗岩がもろい岩石や頁岩に変わり、撤退を余儀なくされた。下山は北稜を通って1日で終えている。翌年には、クリス・ボニントンとジム・フォザリンガムが、シヴリンの未踏峰である西峰に挑み、岩場と氷が混じる新ルートを開拓した。2人は5日間にわたる果敢な登攀の末に、山頂に立っている。

　ほかにもインドでは、レンショーとスティーヴン・ヴェナブルズがキシュトワール・シヴリン（6040メートル）で高さ1500メートルの北壁を5日かけて登り、初登頂を達成した。ここは見事な花崗

◉登山者数の増加

かつて、ネパールの山に入れる遠征隊の数は1シーズンにつき1隊に制限されていたが、1986年、ネパール政府はこの制限をなくし、所定の料金を払えれば、誰でも入山できるようにした。1987年までは、エヴェレストのベースキャンプに滞在する人々の数は250人強だったが、今では、5月になると南側のベースキャンプに1000人以上の登山者がひしめく。チベット側でも、とりわけ北側のベースキャンプまでの舗装道路が敷設されてからは、同じような状況となった。多くの登山家を惹き寄せるのは、エヴェレストだけではない。ほかの8000メートル峰やアマ・ダブラムといった人気の山でも、エヴェレストほどではないにしろ、従来ルートで静けさや穏やかさを味わうことは、もはやできなくなった。実際、2013年春には、個人の遠征で来ていた3人の登山者と、商業登山のためにローツェ・フェイスにロープを固定していたシェルパとのあいだで乱闘騒ぎが起きている。

　廃棄物の放棄や、薪にする木の伐採など、登山者数の増加に伴って起きる問題のいくつかには対策がとられている。対処されていないのは、8000メートル峰で商業登山への参加者数が多数にのぼるという問題だ。エヴェレストでは、ヒラリー・ステップ（上の写真は、234人が登頂した2012年5月19日の混雑状況）で何時間も待たされたために低体温症や浮腫で死亡する登山家が出てきている。登り下りするガイドや登山者が最大300人も入り乱れるために、エヴェレストで「大渋滞」が起きるのだ。

　エヴェレストは大混雑したごみ捨て場でしかない――そんなふうに思い込んだ大衆の目には、世界最高峰がすっかり権威を失墜させたように映るに違いない。雪の上で死にそうになっているほかの登山者を置き去りにする事例もある。2006年、イギリス人のデイヴィッド・シャープが北東稜の第1ステップのすぐ下で衰弱していたのだが、彼のそばを40人の登山者とガイドが素通りしていた。シャープが座っていた場所の隣には、その10年前に遭難したインド人登山者の遺体が横たわっていた。そのインド人登山者は2人の同行者を伴っていたが、その場で動けなくなり、通りがかった日本人登山者たちに助けを求めたが、彼らは登るときも下山するときも救助を拒否したという。デイヴィッド・シャープを無視した登山者のなかには、彼の姿が目に入らなかったという者もいるだろう。酸素マスクやゴーグルを着けているために視界が狭まっていたり、念願の登頂を達成しようとして周りが見えなくなっていたりしたのだ。登山者のあいだには「困っている人に手を差しのべるサマリア人の良心」がもはや存在していないと、タブロイド紙は書いている。

　とはいえ、自分の念願をあきらめて他者を助ける登山家のほうが多いのも事実である。たとえば、1957年にマッシャーブルム（7821メートル）初登頂をめざしていたドン・ウィランズは、頂上まであと45メートルというところで、仲間のジョー・ウォームズリーが極度の疲労と低体温症に陥ったために、登頂をあきらめ、仲間を連れて下山した。2008年には、アンナプルナの高所で発作を起こしたスペインの登山家イナキ・オチョアを救助するために、さまざまな国の登山家が立ち上がり、救助隊を結成した。圧倒的な登攀スピードを誇るスイスの登山家ウーリー・ステックが現場に急行するなど、懸命な救助活動が行われたものの、残念ながらオチョアの命を救うことはできなかった。しかし、スティーヴン・ヴェナブルズはこう書いている。「救助隊がイナキを救うことはできなかったが（……）彼はひとりきりで死んだわけではなかった」。

岩の岩壁で、グレードはVとVIである。ルートには、クラックやスラブ、オープンコーナーがあり、氷の絶壁も立ちはだかる。

　1984年になる頃には、ヒマラヤとカラコルムの高所でも屈指の険しい岩壁を、固定ロープなしで臆することなく果敢に登るクライマーの姿が、毎日のごとく見られるようになった。ノルウェーのハンス・クリスチャン・ドセトとフィン・デーリは、グレート・トランゴ・タワーの巨大な南東壁を登りきった。この大岩壁の登攀には、おそらくヒマラヤで最高難度の技術を要するだろう。残念ながら、2人は下山中に事故に遭い、ヘリコプターによる捜索のあと、無惨な姿で遺体となって発見された。

　1984年秋には、イギリスの登山家ニック・ケークスとリック・アレンが、ガネッシュII峰（7111

■困難を乗り越える――――1988 年に国際登山隊がエヴェレストのカンシュン・フェイスに挑んだ遠征で、アメリカのエド・ウェブスターがほぼ垂直の不安定な氷壁を登る。この新たな難ルートを通って登頂するうえで、ロッククライマーとしてのウェブスターの経験は不可欠だった。

◉ヘリコプターによる救助

通信機器やヘリコプターの性能が向上するにつれ、ヒマラヤ登山に注がれる労力も減少してきた。戦前の登山家は、何週間とは言わないまでも、何日にもわたる航海の末に南アジアに上陸し、遠征の物資の検疫が済むのを長期間待たされたあとに、ようやくヒマラヤをめざす徒歩の旅に出発する。風雨にさらされる山道を延々と歩き、危なっかしく揺れる吊り橋をいくつも渡ってベースキャンプにたどり着くのは、さらに数週間先だ。ラワルピンディやカトマンズ、デリーに戻るまで、祖国からの便りも受け取れない。故郷や都市を離れて山に入った登山隊は、敵の前線の背後で作戦を遂行している特殊部隊のようなもので、救助サービスを受けることはできないため、何もかもを自力でこなす自己完結型のパーティでなければならなかった。

現在、気の知れた登山仲間とヒマラヤに入るグループは、相応の保険に入ったうえで、仮に事故に遭ってもヘリコプターでの救助を期待できる。フランスのエキュレイユＡＳ３５０Ｂ３など、高性能のヘリコプターが導入されたことにより、アルプスなどで身動きがとれなくなるなどの事態に陥った場合には、ヘリコプターで救助してもらえる可能性が高いと考える登山家が増えてきているのだ。

こうした現状に対する議論は、かつてないほど高まっている。そのきっかけとなったのが、スロベニアのトマジ・フマルが２００５年に遭った事故だ。フマルはダウラギリ南壁を登ったことがある優れた登山家で、２００５年にはナンガ・パルバットのルパール壁に挑んでいた。ライバルのアメリカ隊の先を越そうと、悪天候のなか登攀していたが、途中で深刻な問題が起きて身動きがとれなくなり、救助を要請した。それに応えたのは、パキスタン軍のヘリコプターである［写真の機体は、捜索に向かっているところだ］。標高およそ６０００メートル地点にいたフマルを、不時着寸前の状態にまでなりながら、勇敢にもウィンチで引き上げる作戦に出た。フマルは体が冷えきっていて、体に巻きつけたロープを解くことができなかったが、幸運にも、ヘリコプターが引っぱった力でロープが切れ、空中へと解き放たれた。その勢いでヘリコプターにぶつかりそうになったが、優秀なパイロットが機体を傾けて衝突を回避し、事なきを得た。

２００９年、フマルは再び単独での登山に挑む。今度は、ネパールにそびえるランタン・リルンの巨大な南壁に登ろうというのである。だが、下山中に転落して背骨を折り、携帯電話でヘリコプターの救助を要請した。残念ながら、今回は救助が間に合わず、彼は11月8日に標高6300メートル付近で力尽き、遺体となって発見された（2010年にはアンナプルナの標高7000メートル付近から3人の登山家が救助されているほか、2005年にはヘリコプターがエヴェレスト上空を旋回中、その着陸脚が山頂に接触したこともある）。

2010年には、経験豊かな登山家2人がアマ・ダブラムで新ルートに挑んでいるときに、危険な雪に阻まれて身動きがとれなくなり、救助を要請した。やって来たのは、フランスの新型ヘリコプターだ。まず登山家のひとり、ドイツのダーフィット・ゲットラーを救出し、そのあとすぐに、もうひとりの登山家である日本の平出和也を救出しに戻ってきた。しかし、ヘリコプターは平出の数センチ上まで降下したところで、ローターのブレードが雪庇に接触してバランスを崩し、北東壁に激突した。この事故でパイロットのサビン・バスニャットと救助員のプルナ・アワレが死亡したが、翌日、勇敢にも別のパイロットがヘリコプターで出動し、無事、平出を救出した。

ヒマラヤの標高6000メートルを超える高所でヘリコプターを使って救助するのは、アルプスの標高4000メートルでの救助ほど簡単ではない。アマ・ダブラムでの悲劇は、その厳しい現実をまざまざと見せつけた。イタリアの優れた登山家でヘリコプターのパイロットでもあるシモーネ・モロは、登山家は救助に期待しすぎてはいけないと釘を刺す――「このような飛行を成し遂げる技術と覚悟を持ったパイロットは、ほとんどいない。（……）普段の力を発揮しようと思っても、標高6300メートル以上での救助には充分でないことが多い」。

メートル）を巨大な南壁から9日間かけて登頂した。岩壁はグレードVの難易度で、切り立った氷壁が長く続く区間もあり、下山には3日を要した。ケークスはこれ以前にカランカとシヴリン、アンナプルナIII峰に挑んだときには失敗や悲劇を経験してきたが、その苦労がようやく報われたかたちだ。

10月3日には、スペインはカタルーニャのニルス・ボイーガスとエンリック・ルカスが、高さ3000メートルの巨大な南壁からアンナプルナの主峰に登頂した。まずアンナプルナ・サンクチュアリでテント・ピークとフルーテッド・ピークに登り、5週間かけて完壁に高度順化してから、南壁の登攀にとりかかり、グレードV+／A2の岩壁と垂直に近い氷壁を6日間登り続けて山頂に立った。その後、新たに開拓したルートの左手にのびる「ポーランド稜」を通り、18時間かけて下山した。このとき用具を使い果たし、最後の懸垂下降は、残り1本のハーケンだけが頼りだったという。規模や危険の大きさ、効率的かつ迅速なクライミングが要求されること、岩壁とガリーの難易度の高さ、高度な技術、強い信念と忍耐力が必要であることから、これは画期的な登攀だったと考えられている。

◉酸素について

酸素ボンベの使用をめぐる議論は、1920年代の初期のエヴェレスト遠征で巻き起こって以来、今日まで続いている。酸素の使用に賛成した初期の人物のひとりジョージ・フィンチは、酸素ボンベだけを使うのではなく、防寒着とスノーゴーグル、保温ボトルを改良し、興奮剤としてカフェインを利用することを想定していた。仮に酸素の錠剤を製造できるのであれば、「その使用に反対する人は誰もいないだろう」とフィンチは想像している。

現在では、能力や体力を高める薬物に加え、そうした錠剤を服用することに反対する者が多い。酸素の錠剤が近い将来に登場することはないだろうから、エヴェレスト登山者の大半はこれからも酸素ボンベを携行するように思われる。とはいえ興味深いのは、宇宙産業の技術を使ったロシア製の軽量型が近年になって発売されるまで、重い酸素ボンベを運搬することによる負荷が、その中身を吸い込むことで得られる生理学上の恩恵を上回っていたことだ。

一般的に、高度順化にはそれに代わる手段がない。登山家は手軽に目的を達成しようとするのではなく、1日1日着実に高度順化していくほうが、結果的にずっと大きな満足感を得られるし、危険な目に遭うことも少なくなるだろう。デイヴィッド・ヒルブラント医師の見解［本章冒頭のコラム参照］は、きわめて賢明なものだ。何を服用するかは個人の判断に委ねられるが、登山はルールブックがないとはいえ一定の規範に基づいて行われるスポーツであり、他者に対して登山の成果を報告する際には正直に申告しなければならない。たとえ酸素と固定ロープを使ったとしても、酸素ボトルやロープ、キャンプに使った用具をすべて山から回収し、「飛ぶ鳥跡を濁さず」の原則を守ったならば、誰にも文句を言われないだろう。

ライホルト・メスナーは、1986年10月までに無酸素でのエヴェレスト登頂、新ルートでのナンガ・パルバット単独登頂、エヴェレスト単独登頂を果たしただけでなく、14座の8000メートル峰すべてに登頂した世界初の登山家となった。その後、メスナーは地球の自然や環境へと関心を移し、灼熱の砂漠や荒涼とした極地を横断する大遠征を敢行したほか、北イタリアに山岳博物館を開設している。一方、ポーランドの著名な登山家イェジ・ククチカは、1987年に史上2人目の8000メートル峰14座の完登者となった。そのうち冬期登山が4回、バリエーションを含めた新ルートでの登頂が10回という偉業である。

1985年には、ククチカの登山パートナーだったポーランドのヴォイテク・クルティカが、オーストリアのロベルト・シャウアーとともに、ガッシャーブルムⅣ峰（7924メートル）の西壁にアルパインスタイルで挑んだ。これは世界屈指の難しい登攀ルートであり、2人は目の詰まった大理石の岩壁を13日かけて登った。掘削用の器具を持たなかったため、どのピッチでも、ビレイする地点を見つけるのが困難だったという。リュックサックに食料と燃料をたっぷり詰め込んで臨んだ自力でのアタックだったが、大雪のために予定よりも登攀に手こずり、途中で食料と燃料を使い果たしてしまい、深い雪に阻まれて登頂は果たせなかった。

1988年の6月24日から7月14日にかけて、クルティカはエアハルト・ロレタンとトランゴ・タワーズのネームレス・タワーに東壁から挑んで、初登頂を達成している。29ピッチという大岩壁を登る技術的な難しさと吹雪を乗り越え、3回のアタックの末にようやく成し遂げた偉業だ。2年後の1990年には、クルティカ、ロレタン、ジャン・トロワイエがチョー・オユー登頂とシシャパンマの南壁からの登頂を1日で成し遂げた。ロレタンはその後、8000メートル峰14座すべての登頂を果たし、3人目の完登者となった。

最近の25年

エヴェレスト登山の状況が変化するなかでも、山の東側は登山者の数が少なく、登山仲間との小さなチームで新しいルートを開拓するチャンスがある。たとえば、1988年には英米合同のチームがカンシュン・フェイスからサウス・コルに登っている。このあとスティーヴン・ヴェナブルズが南東稜を登り、無酸素での登頂を果たした。

過去25年間には、この例をはじめ、人心を奮い立たせるような登攀が数多く実施されている。1987年にはミック・ファウラーとヴィクター・ソーンダーズがカラコルムのスパンティーク（7028メートル）で高さ2100メートルのゴールデン・ピラーを登っている。1992年には、スロヴェニアのマルコ・プレゼリとアンドレイ・シュトレムフェリがメルンツェ（メンルンツェ）で高さ2000メートルの恐ろしい南東壁から初登頂し、登攀から下山までを2日半で達成した。ファウラーは1997年の夏に再びヒマラヤにやって来て、今度はスティーヴ・サスタッドとともに、アンディ・ケイヴとブレンダン・マーフィの後を追ってチャンガバンの北壁を登攀した。このとき、セカンド［2番目に登るクライマー］は登高器《ユマール》をまったく使わずにすべてのピッチを登っている。オーストラリアのアンドルー・リンドブレードとニュージーランドのアソール・ウィンプは、優れたスタイルでテレイ・サガールの北

■カラコルムの冬（▶カラー図版 12）―――2011 年 2 月の夜明け、ガッシャーブルムⅡ峰を着実に登るカザフスタンのデニス・ウルブコとイタリアのシモーネ・モロ。このあと冬期初登頂を達成した。モロはブロード・ピークの山頂まであと 200 メートルの地点で撤退を余儀なくされた経験があり、カラコルムの 8000 メートル峰に冬期に登頂できることを証明してみせると意気込んでいた。写真を撮影した 3 人目のメンバー、アメリカのコーリー・リチャーズは、この遠征を記録した映画『コールド』で賞を授与された。

壁を直接登った。２００１年には、ジュールズ・カートライトとリチャード・クロスが、アマ・ダブラムでそれまで10回も挑戦されてきたルートを使い、10日間登り続けて山頂に立っている。ロシアの登山家ワレリー・ババノフは同じ２００１年、メルー中央峰に単独で登頂し、２００３年にはユーリ・コシェレンコとともにヌプツェ南壁を新たなルートで登りきった。２００２年、ミック・ファウラーとポール・ラムズデンが中国の四姑娘山（６２５０メートル）の北壁で、氷に覆われた溝を通って登頂を果たした。フランスの登山家ヤニック・グラツィアーニとクリスチャン・トロムスドルフは、プマリ・チッシュ・サウス（７３５０メートル）の南壁を通る見事なルートをアルパインスタイルで５日間かけて登り、初登頂を達成している。２００８

年には、日本の平出和也と谷口ケイがカメット（7756メートル）の東壁に挑み、誰も挑戦したことのない1800メートルのラインを登りきる偉業を達成した。今ではこのルートは「サムライ・ダイレクト」と呼ばれている。2011年8月には、アメリカの登山家マーク・リッチー、スティーヴ・スウェンスン、フレディ・ウィルキンスンが、未踏峰のなかで世界第2位の高さだったサセル・カンリII東峰に、アルパインスタイルによる最初のアタックで登頂している。

2013年のピオレドール賞の審査員は、2012年に登山で優れた功績を収めた6人の候補者全員に、黄金のピッケルを授与した。登山とは、勝ち負けを争うものではなく、ただ自分のためだけの営みである。これはその黎明期から受け継がれてきた考え方であり、今でも大部分の登山家がそんな精神で山に挑んでいる。2013年のピオレドール賞の審査員は、勝ち負けにこだわらない登山の性質に光を当てたかったのだろう。

壮大な旅をし、厳しい自然をものともせずに頂上をめざし、前人未踏の領域に初めて足を踏み入れる。登山家の功績が広く関心を集めるのは、それが人間の性質だからではないだろうか。登山という営みが始まった頃から、エヴェレスト登頂をめざす数々の遠征をはじめ、登山家の偉業には熱い視線が注がれてきた。「いつの時代も人間を最も魅了するのは、未知である」と述べたのは前1世紀の政治家キケロだが、こんな性質を持つ人類は、この先100年、いやそれ以上の歳月にわたって、ヒマラヤの未知に挑む探求を続けていくことだろう。

訳者あとがき

100超のヒマラヤ未踏峰を開放――2014年5月23日、CNNがこんな見出しのニュースをインターネット上で報じた。折しも、エヴェレストで大規模な雪崩が起き、シェルパら16人が命を落とす痛ましい事故を受けて、世界最高峰への登山中止が相次いでいた時期である。「登山者の選択肢を増やしたい」とのネパール政府当局者のコメントが記事に掲載されているが、開放の背景には、エヴェレスト登山を断念した登山者への配慮もあったのだろう。

それから半年後、8000メートル峰14座の完登者である竹内洋岳は、開放された6000メートル級のマランフランにさっそく挑んでいる。本人の公式ブログによると、残念ながら登頂はできなかったそうだが、これは登山の技術や用具が発達した現在でも、未踏峰への挑戦がいかに難しいかを示すと同時に、ヒマラヤには人類の興味をかきたてる「未知」がまだまだ残されているということに気づかせてくれる事例である。

本書に記されたヒマラヤ探検の長い歴史からすれば、日本人はまだ「新参者」の部類に入るのかもしれない。それでも、9章を執筆した登山家ダグ・スコットは、戦前からの日本のヒマラヤ登山史を振り返り、1965年の時点で「日本の登山家には、ネパールの登山解禁を利用する資格が十分にあった」としている。日本隊のエヴェレスト初登頂と日本大学のエヴェレスト北東稜遠征に紙幅を割き、田部井淳子、平出和也、谷口ケイ、三浦雄一郎らの成果に触れていることからも、彼が戦後のヒマラヤ登山における日本の役割を評価していることがうかがえる。

一方、本書を翻訳していて辛かったのは、数多くの登山家やシェルパがヒマラヤで非業の死を遂げたことを訳さなければならないことだった。未知への探求は人間の性（さが）であるからこそ、登山家や探検家には、無事生還して山で得た知識や経験を広く伝えてほしい。シェルパなどの協力者の命が犠牲にならないように対策が講じられることも、切に願っている。

最後になりましたが、編集の労をとってくださった東洋書林の加藤修さんには、訳文に関して貴重なアドバイスを頂戴し、訳注の作成にもご尽力をいただきました。この場を借りて御礼申し上げます。

2014年12月、三浦半島の山中にて

藤原多伽夫

煎本孝『ラダック仏教僧院と祭礼』、法藏館、2014
エヴァンス＝ヴェンツ『チベット密教の祖 パドマサンバヴァの生涯』、加藤千晶、鈴木智子訳、春秋社、2000
小谷汪之編『世界歴史大系 南アジア史〈2〉中世・近世』、山川出版社、2007
シェイクスピア『ハムレット』、全集23所収、小田島雄志訳、白水社、1983
シプトン『わが半生の山々』、『世界山岳名著全集』11所収、吉沢一郎訳、あかね書房、1967
スチール『エベレスト南壁　1971国際隊の悲劇』、丹部節雄訳、時事通信社、1972
田部井淳子『山の単語帳』、世界文化社、2012
デエ『チベット史』、今枝由郎訳、春秋社、2005
日本山岳会『1970年エベレスト登山隊報告書』、日本山岳会、1972
メスナー『ナンガ・パルバート単独行』、横川文雄訳、山と溪谷社、2000
深田久弥『ヒマラヤの高峰』全3巻、白水社、1973
ヘロドトス『歴史』全3巻、松平千秋訳、岩波文庫、1978
法顕、楊衒之『法顕伝・宋雲行紀』、長沢和俊訳、平凡社、1971
ポーロ『東方見聞録』全2巻、愛宕松男訳、平凡社ライブラリー、2000
薬師義美『大ヒマラヤ探検史　インド測量局とその密偵たち』、白水社、2006
山田孝子『ラダック 西チベットにおける病いと治療の民族誌』、京都大学学術出版会、2009
山と溪谷社編『実用 登山用語データブック』、山と溪谷社、2011
山本高樹『ラダック ザンスカール トラベルガイド インドの中の小さなチベット』、ダイヤモンド・ビッグ社、2012

*

ウェールズ語表記
http://www.walesjapanclub.com/local-life/79-welsh_pronunciation.html
クライミングのグレード
http://www.spadout.com/wiki/index.php/Climbing_Grades
『パンチ』誌の風刺記事「Himalayans at Play」
http://www.gutenberg.org/files/11908/11908-h/11908-h.htm
歴代ダライ・ラマ法王
http://www.tibethouse.jp/dalai_lama/successive.html

■図版出典

Alamy/David Gee 64; Urban Golob 164-165; MARKA 241; Mary Evans Picture Library 90; Galen Rowell/Mountain Light 329; The Photolibrary Wales 113; Mikhail Turnovskiy 192. **Archiv des Deutschen Alpenvereins, München** 151, 152, 236, 240, 244. **Archives Reinhold Messner** 291. **Corbis**/Bettmann 322; Franck Charton/Hemis 69; Fridmar Damm 78; Paul Harris/JAI 63; Hulton-Deutsch Collection 140; Image Plan 94; Christian Kober/JAI 317; Colin Monteath/Hedgehog House/Minden Pictures 41, 189, 250; National Geographic Society 74; Galen Rowell 154, 169; Jochen Schlenker/Robert Harding World Imagery 54; Nichole Sobecki 58. **Courtesy of Club Alpino Italiano - National Library, Torino** 126. © 2013 - **Fondazione Sella, Biella, Italy** 106, 130-131, 134. **Getty Images**/Alinari via Getty Images 33; Anindo Dey Photography 101; Apic 60; Barry C. Bishop/National Geographic 293 left and right, 294; British Library/Robana via Getty Images 102; English School 72; fotoVoyager 48; Lee Frost 67; Ace Kvale 332; Mondadori via Getty Images 257, 259; Amir Mukhtar 242; Ignacio Palacios 86; Planet Observer 36; Popperfoto 38, 233; Cory Richards 341; SSPL via Getty Images 89, 93; Alex Treadway 39; W. & D. Downey 109; Werner Forman Archive 81. **Georgios T. Halkias** 60, 63. **Robert Harding**/Gavin Hellier 189. **Hedgehoghouse New Zealand**/Colin Monteath 176, 181. **Peter Hillary** 27. **John Lee** 23-24. **Nature Picture Library**/Leo & Mandy Dickinson 200. **NASA Images** 30. **Christina Partsalaki** 57, 59, 61, 68. **Press Association Images**/AP 309, 336. **Rex Features**/Galen Rowell/Mountain Light 19. **Royal Geographical Society** 76, 100, 120, 157, 193 bottom, 200, 204, 222, 223 right; George Band 228, 264, 271; Joe Brown 269; L.V. Bryant 160; Charles Evans 266, 270; Alfred Gregory 186, 209, 212, 213, 217, 224, 234; Edmund Hillary 223 left, 226; John Hunt 210; A.M. Kellas 133; George Lowe 211, 214, 229; Maull & Polyblank 95; J.B. Noel 146; Hermann de Schlagintweit 97; A.F.R. Wollaston 143. **Doug Scott** 314-315, 130, 325. **Swiss Institute for Alpine Research** 277, 278, 281, 282, 284-285. **Subin Thakuri (Utmost Adventure Trekking/www.utmostadventure. com)** 333. **The Bridgeman Art Library**/Private Collection 75. **TopFoto** 193 top; The Granger Collection 128; Ullsteinbild 175. **Stephen Venables** 331. **Ed Webster** 144, 172-173, 177, 204, 256, 289, 335.

Dittert, René, Chevalley, Gabriel and Lambert, Raymond. *Forerunners to Everest: An Account of the Two Swiss Expeditions to Everest in 1952*. George Allen & Unwin: London, 1954.
Douglas, Ed. 'A Quiet Triumph' (interview with George Band) in BMC, Manchester (posted at www.thebmc.co.uk.), 22 May, 2005.
Eggler, Albert. *The Everest-Lhotse Adventure*. George Allen & Unwin: London, 1957. ［エグラー『雲表に聳ゆる山々』、『世界山岳全集』6所収、横川文雄訳、朋文堂、1960］
Eggler, Albert. 'The Swiss Expedition to Everest and Lhotse, 1956' in *The Himalayan Journal*. Volume 20, 1957.
Evans, Charles. *Kangchenjunga: The Untrodden Peak*. Hodder & Stoughton: London, 1956. ［エヴァンズ『カンチェンジュンガ　その成功の記録』、島田巽訳、朝日新聞社、1957］
Herligkoffer, Karl. *Nanga Parbat*. Elek Books: London, 1954.
Hunt, John. *The Ascent of Everest*. Hodder & Stoughton: London, 1953.［ハント『エベレスト登頂』、『世界山岳全集』6所収、朝日新聞社訳、朋文堂、1960］
Isserman, Maurice and Weaver, Stewart. *Fallen Giants: A History of Himalayan Mountaineering from the Age of Empire to the Age of Extremes*. Yale University Press: New Haven and London, 2008.
Kurz, Marcel (Edited by). *Mountain World 1952*. George Allen & Unwin, London, 1953.
Marshall, Robert. 'Re-writing the History of K2 ~ a story *all'italiana*' in *The Alpine Journal*. Volume 110, No. 354, London, 2005, pages 193–200.
Marshall, Robert. *K2: Lies and Treachery*. Carreg: Ross-on-Wye, 2009.
Messner, Reinhold. *The Naked Mountain*. The Crowood Press: Marlborough, 2003. ［メスナー『裸の山　ナンガ・パルバート』、平井吉夫訳、山と渓谷社、2010］
Murray, W.H. *The Story of Everest*. Dent: London, 1953. ［マーリ『はるかなるエベレスト』、『世界山岳名著全集』9所収、山崎安治訳、あかね書房、1966］
Sale, Richard and Cleare, John. *On Top of the World: Climbing the World's 14 Highest Peaks*. CollinsWillow: London, 2000.
Viesturs, Ed with Roberts, David. *K2: Life and Death on the World's Most Dangerous Mountain*. Broadway Books: New York, 2009.

第9章

Bonington, Chris. *Everest the Hard Way: The First Ascent of the South West Face*. Hodder and Stoughton: London, 1976. ［ボニントン『エベレスト南西壁　英国隊初登頂の記録』、大浦暁生、平林克敏訳、集英社、1977］
Bonington, Chris; Boysen, Martin; Hankinson, Alan; Haston, Dougal; Sandhu, Balwant; and Scott, Doug. *Changabang*. Heinemann: London, 1975.
Brown, Joe. *The Hard Years: His Autobiography*. Gollancz: London, 1967.
Venables, Stephen and Fanshawe, Andy. *Himalaya Alpine-Style: The Most Challenging Routes on the Highest Peaks*. Diadem Books: London, 1995.
Habeler, Peter. *The Lonely Victory: Mount Everest '78*. Simon & Schuster: New York, 1979.
Harvard, Andrew and Thompson, Todd. *Mountain of Storms: The American Expeditions to Dhaulagiri*. New York University Press: New York, 1974.
Hornbein, Thomas F. *Everest: The West Ridge*. The Sierra Club: San Francisco, 1965.
Krakauer, John. *Into Thin Air: A Personal Account of the Mt. Everest Disaster*. Villard: New York, 1997.
Messner, Reinhold. *The Crystal Horizon: Everest – The First Solo Ascent*. Mountaineers Books: Seattle, 1989.
Ridgeway, Rick. *The Last Step: The American Ascent of K2*. Mountaineers Books: Seattle, 1980.
Roper, Robert. *Fatal Mountaineer: The High-Altitude Life and Death of Willi Unsoeld, American Himalayan Legend*. St. Martin's Griffin: New York, 2003.
Roskelley, John. *Nanda Devi: The Tragic Expedition*. Stackpole Books: New York, 1987.
Stevens, Stanley F. *Claiming the High Ground: Sherpas, Subsistence, and Environmental Change in the Highest Himalaya*. University of California Press: Berkeley, 1993.
Tasker, Joe. *Everest the Cruel Way*. Eyre Methuen: London, 1981.
Venables, Stephen. *Everest: Kangshung Face*. Odyssey Books: London, 1989.
A full and detailed guide to the international climbing grades employed in this chapter can be found at: http://www.spadout.com/wiki/index.php/Climbing_Grades

---

■邦訳参考文献

＊訳出時に参照した前項未出の文献を挙げた

相沢裕文『エベレスト　日本隊初登頂の記録』、あかね書房、1982
アルマン『エヴェレスト登頂記　1963年アメリカ隊』、丹部節雄訳、ベースボール・マガジン社、1978

第５章

Curran, Jim. *K2: The Story of the Savage Mountain*. Hodder & Stoughton: London, 1995.

French, Patrick. *Younghusband: The Last Great Imperial Adventurer*. HarperCollins: London,1994.

Isserman, Maurice and Weaver, Stewart. *Fallen Giants: A History of Himalayan Mountaineering from the Age of Empire to the Age of Extremes*. Yale University Press: New Haven and London, 2010.

Mason, Kenneth. *Abode of Snow: A History of Himalayan Exploration and Mountaineering from Earliest Times to the Ascent of Everest*. Diadem Books: London, 1987.

Mitchell Ian R. and Rodway, George W. *Prelude to Everest*. Luath Press Ltd.: Edinburgh, 2011.

Tenderini, Mirella and Shandrick, Michael. *The Duke of the Abruzzi: An Explorer's Life*. Bâton Wicks Publications: London, 1997.

第６章

Howard-Bury, C.K. *The Reconnaissance of Mount Everest, 1921*. Edward Arnold & Co.: London, 1922.

Mason, Kenneth. *Abode of Snow: A History of Himalayan Exploration and Mountaineering from Earliest Times to the Ascent of Everest*. Diadem Books: London, 1987.

Pallis, Marco. *Peaks and Lamas: A Classic Book on Mountaineering, Buddhism and Tibet*. Shoemaker & Hoard: New York, 2004.

Sale, Richard and Cleare, John. *On Top of the World: Climbing the World's 14 Highest Peaks*. CollinsWillow: London, 2000.

Shipton, Eric. *Eric Shipton: The Six Mountain-Travel Books*. Bâton Wicks Publications: London, 2011.

Smythe, Frank. *The Six Alpine/Himalayan Climbing Books*. Bâton Wicks Publications: London, 2000.

Tilman, W.H. *The Seven Mountain Travel Books*. Diadem Books: London, 1991.

Unsworth, Walt. *Everest: The Mountaineering History*. The Mountaineers: Seattle, 2000.

Venables, Stephen and Fanshawe, Andy. *Himalaya Alpine-Style: The Most Challenging Routes on the Highest Peaks*. Diadem Books: London, 1995.

第７章

Douglas, Ed. *Tenzing: Hero of Everest*. National Geographic Books: Washington, D.C., 2003.

Herzog, Maurice. *Annapurna: The First 8,000 metre Peak*. Cape: London, 1952. ［エルゾーグ『処女峰アンナプルナ　最初の 8000m 峰登頂』、近藤等訳、山と渓谷社、2012］

Hillary, Edmund. *High Adventure*. Hodder & Stoughton: London, 1955. ［ヒラリー『わがエヴェレスト』、松方三郎他訳、朝日新聞社、1956］

Hunt, John. *The Ascent of Everest*. Hodder & Stoughton: London, 1953.［ハント『エベレスト登頂』、『世界山岳全集』6 所収、朝日新聞社訳、朋文堂、1960］

Izzard, Ralph. *The Innocent on Everest*. Hodder & Stoughton: London, 1955.

Morris, James. *Coronation Everest*. Faber & Faber: London, 1958.

Norgay, Tenzing. *Tiger of the Snows: The Autobiography of Tenzing of Everest with James Ramsay Ullman*. Putnam: New York, 1955.

Noyce, Wilfrid. *South Col: One Man's Adventure on the Ascent of Everest, 1953*. William Heinemann: London, 1956. ［ノイス『エヴェレスト』、『現代世界ノンフィクション全集』21 所収、浦松佐美太郎訳、筑摩書房］

Shipton, Eric. *That Untravelled World: An Autobiography*. Hodder & Stoughton: London, 1969. ［シプトン『未踏の山河　シプトン自叙伝』、大賀二郎他訳、名渓堂、1972］

Unsworth, Walt. *Everest: The Mountaineering History*. (3rd edition.) Bâton Wicks Publications: London, 2000.

第８章

Band, George C. 'The Conquest of Kanchenjunga' in *Sports Illustrated*. Volume 3, No. 14, 3 October 1955, pages 46–55.

George Band, Tony Streather, Michael Westmacott, Doug Scott, with Dr Peter Catterall. 'A Kangchenjunga Seminar' in *The Alpine Journal*. Volume 101, No. 345, London, 1996, pages 17–30. Brown, Joe. *The Hard Years: his autobiography*. Gollancz: London, 1967.

Braham, T.H. 'Kangchenjunga Reconnaissance; 1954' in *The Himalayan Journal*. Volume 19, 1955–1956.

Braham, Trevor. 'Kangchenunga: The 1954 Reconnaissance' in *The Alpine Journal*. Volume 101, No. 345, London, 1996, pages 33–35.

Buhl, Hermann. *Nanga Parbat Pilgrimage: The Lonely Challenge*. Hodder & Stoughton, London, 1956.［ブール『8000 メートルの上と下』、『世界山岳名著全集』12 所収、横川文雄訳、あかね書房、1967］

Curran, Jim. *K2: The Story of the Savage Mountain*. Hodder & Stoughton: London, 1995.

Desio, Ardito. *Ascent of K2*. Elek Books: London, 1955.

■参考文献

Isserman, Maurice and Weaver, Stewart. *Fallen Giants: A History of Himalayan Mountaineering from the Age of Empire to the Age of Extremes.* Yale University Press: New Haven 2008

Baume, Louis C. *Sivalaya: Explorations of the 8000 Metre Peaks of the Himalaya.* Mountaineers Books: Seattle, 1979.

Mason, Kenneth. *Abode of Snow: A History of Himalayan Exploration and Mountaineering from Earliest Times to the Ascent of Everest.* E.P. Dutton & Co.: New York 1955.［メイスン『ヒマラヤ　その探検と登山の歴史』、田辺主計、望月達夫訳、白水社、1975］

第 1 章

Burrard, Sidney Gerald. *A Sketch of the Geography and Geology of the Himalaya Mountains and Tibet.* Superintendent Government Printing: Calcutta, 1907–1908.

Isserman, Maurice and Weaver, Stewart. *Fallen Giants: A History of Himalayan Mountaineering from the Age of Empire to the Age of Extremes.* Yale University Press: New Haven and London, 2010.

Mason, Kenneth. *Abode of Snow: A History of Himalayan Exploration and Mountaineering from Earliest Times to the Ascent of Everest.* Diadem Books: London, 1987.

Molnar, Paul and Tapponnier, Paul. 'The Collision between India and Eurasia' in *Scientific American.* Volume 236, No. 4, April 1977, pages 30–41.

Zeitler, Peter K. and Meltzer, Anne S., et al. 'Erosion, Himalayan Geodynamics, and the Geomorphology of Metamorphism' in *GSA Today.* Volume 11, January 2001, pages 4–9.

Zurick, David and Pacheco, Julsun. *Illustrated Atlas of the Himalaya.* University Press of Kentucky: Lexington, 2006.

第 2 章

Aris, Michael. *Bhutan: The Early History of a Himalayan Kingdom.* Aris & Phillips Ltd: Warminster, 1979.

McKay, Alex and Balikci-Denjongpa, Anna. (Eds.) *Buddhist Himalaya: Studies in Religion, History and Culture.* Namgyal Institute of Tibetology: Gangtok, 2008.

Petech, Luciano. *Mediaeval History of Nepal (c. 750–1480).* Istituto Italiano per il Medio ed Estremo Oriente: Rome, 1958.

Rizvi, Janet. *Trans-Himalayan Caravans: Merchant Princes and Peasant Traders in Ladakh.* Oxford University Press: New Delhi, 1979.

Singh, Madanjeet. *Himalayan Art: Wall-Painting and Sculpture in Ladakh, Lahaul and Spiti, the Siwalik Ranges, Nepal, Sikkim and Bhutan.* Macmillan: London, 1968.

Snellgrove, David L. and Skorupski, Tadeusz. *The Cultural Heritage of Ladakh.* Prajna Press, Boulder, 1977.

Tobdan. *History and Religions of Lahaul: From the Earliest to Circa A.D. 1950.* Books Today: Delhi, 1984.

第 3 章

Cameron, Ian. *Mountains Of The Gods: The Himalaya and the Mountains of Central Asia.* Facts on File Publications: New York, 1984.

Fleming, Peter. *Bayonets to Lhasa: The First Full Account of the British Invasion of Tibet in 1904.* Harper: New York, 1961.

Hopkirk, Peter. *The Great Game: On Secret Service in High Asia.* John Murray: London, 1990.［ホップカーク『ザ・グレート・ゲーム　内陸アジアをめぐる英露のスパイ合戦』、京谷公雄訳、中央公論社、1992］

Hopkirk, Peter. *Trespassers on the Roof of the World: The Secret Exploration of Tibet.* John Murray: London, 1990.［ホップカーク『チベットの潜入者たち　ラサ一番乗りをめざして』、今枝由郎他訳、白水社、2004］

Keay, John. *Explorers of the Western Himalayas, 1820–1895.* John Murray: London, 1996.

第 4 章

Keay, John. *The Great Arc: The Dramatic Tale of How India Was Mapped and Everest Was Named.* Harper Collins: New York, 2000.

Mason, Kenneth. *Abode of Snow: A History of Himalayan Exploration and Mountaineering from Earliest Times to the Ascent of Everest.* E.P. Dutton & Co.: New York, 1955.［メイスン『ヒマラヤ　その探検と登山の歴史』、田辺主計、望月達夫訳、白水社、1975］

Meyer, Karl and Brysac, Shareen. *Tournament of Shadows: The Great Game and the Race for Empire in Central Asia.* Counterpoint: Washington, D.C., 1999.

Waller, Derek. *The Pundits: British Exploration of Tibet and Central Asia.* University Press of Kentucky: Lexington, 1988.

Wessels, C.J. *Early Jesuit Travellers in Central Asia, 1603–1721.* Nijhoff: The Hague, 1924.

■人名・一般索引

■地名索引

■フィリップ・パーカー（Philip Parker）
歴史家（古代史、中世史）、作家。編書に *The Great Trade Routes: A History of Cargoes and Commerce Over Land and Sea*（2012）、山岳関連の寄稿書に *Mountaineers: Great Tales of Bravery and Conquest*（2011）がある。著書：*The Empire Stops Here: A Journey around the Frontiers of the Roman Empire*（2009）、*Eyewitness Companion Guide to World History*（2010）、*The Northmen's Fury: A History of the Viking World*（2014）など。

■藤原多伽夫（Takao Fujiwara）
翻訳家、自然科学誌の編集者。訳書：イルドス、バルデッリ編『自然の楽園　美しい世界の国立公園大図鑑』、クラーク『ヴィクトリア朝の昆虫学』、ズック『考える寄生体』、フェイガン編『氷河時代　地球冷却のシステムと、ヒトと動物の物語』など。

ヒマラヤ探検史　地勢・文化から現代登山まで

２０１５年２月28日　第１刷発行（口絵込３５４頁）
［編　　者］フィリップ・パーカー
［訳　　者］藤原多伽夫
［装 丁 者］桂川　潤
［発 行 人］成瀬雅人
［発 行 所］
株式会社 東洋書林
〒１６２-０８０１
東京都新宿区山吹町　４-７　新宿山吹町ビル
ＴＥＬ　０３-５２０６-７８４０
ＦＡＸ　０３-５２０６-７８４３
［印刷］三永印刷／［製本］小髙製本
ＩＳＢＮ９７８-４-８８７２１-８２０-８

定価はカバーに表示してあります